本教材由四川师范大学资助出版

内部控制

理论、工具与实训

INTERNAL CONTROL

THEORY, TOOLS

AND PRACTICAL TRAINING

吕 垚 ● 主 编

李 洋 ● 副主编

社会科学文献出版社

SOCIAL SCIENCES ACADEMIC PRESS (CHINA)

C目录
CONTENTS

上编　内部控制理论与工具

下编　内部控制实训

上编
内部控制理论与工具

第一章 内部控制总论

学习目标

1. 了解内部控制的发展历程，熟悉各个阶段的特征及标志性成果。

2. 理解内部控制对企业及社会的价值，了解内部控制手册的作用及构成。

3. 掌握我国企业内部控制规范体系的构成，熟悉各组成部分文件的主要内容及作用。

4. 掌握内部控制的定义，领悟内部控制的局限性。

5. 运用内部控制五要素框架分析企业的内部控制体系。

课程思政融入点

1. 通过典型合规案例，培养学生的合规意识，理解合规管理的价值。

2. 通过国内外典型舞弊案例的剖析，加强学生社会主义核心价值观培养，塑造反舞弊信念。

3. 对比美国和中国内部控制规范的内容，体会创新精神，坚定"四个自信"。

4. 学习内部控制的局限性，感悟辩证思维。

河南新野纺织股份有限公司 2023 年度否定意见内部控制审计报告

1-1 河南新野 2023 年
内部控制审计报告

河南新野纺织股份有限公司：

按照《企业内部控制审计指引》及中国注册会计师执业准则的相关要求，我们审计了河南新野纺织股份有限公司（以下简称"新野纺织"）2023 年 12 月 31 日的财务报告内部控制的有效性。

（中略）

四、导致否定意见的事项

重大缺陷是内部控制中存在的、可能导致不能及时防止或发现并纠正财务报表出现重大错报的一项控制缺陷或多项控制缺陷的组合。

（一）财务报表的编制与列报

新野纺织在编制 2023 年度年报时，对 2016~2022 年度前期会计差错进行了更正，且涉及金额较大，使相关会计年度盈亏性质发生改变，同时影响到了 2023 年定期报告中的相关财务数据。该事项说明，新野纺织在与财务报表编制列报相关的内部控制方面存在重大缺陷。

（二）实物资产管理

新野纺织实物资产管理混乱，收发控制松散，ERP 系统中材料出入库信息、线下库存台账和实际出入库情况不一致，期末实物数量、金额与财务数据不一致，存货和固定资产的核算与计量不准确。该事项说明，该公司在与实物资产管理相关的内部控制方面存在重大缺陷。

（三）信息系统

新野纺织至今仍未建立支持企业规范化管理的信息系统，导致公司经营过程中产生的信息未能及时传递至财务管理部门，进而影响了财务核算的及时有效性。有效的内部控制能够为财务报告及相关信息的真实完整性提供合理保证，而上述重大缺陷使新野纺织内部控制失去这一功能。新野纺织管理层已识别出上述重大缺陷，并将其包含在企业内部控制评价报告中。

资料来源：《*ST 新纺：内部控制审计报告》，巨潮资讯网，http://www.cninfo.

com. cn/new/disclosure/detail？ plate ＝ szse&orgId ＝ 9900001421&stockCode ＝ 002087&
announcementId＝1219927154&announcementTime＝2024-04-30。

第一节　内部控制的产生与发展

内部控制从出现到发展已经有 5000 多年的历史，大体上经历了内部牵制、内部控制系统、内部控制结构、内部控制整合框架和全面风险管理整合框架五个阶段[①]。

一　内部牵制阶段

早在公元前 3600 年前，内部控制的原始形态已悄然诞生。当时财务管理活动虽简单，但为了确保财物安全并防止其遗失或被不当使用，经手钱财的人员会运用各种符号和标志来详细记载财物的产生、流转以及使用情况，实现了对财物的监控。

到了 15 世纪末，随着资本主义经济的初步兴起，内部牵制制度也迎来了新的发展阶段。以意大利出现的复式记账方法为显著标志，内部牵制制度逐渐走向成熟。其核心在于账目间的交互核对以及一定程度的岗位分离。随着经济和企业的蓬勃发展，为了防范企业财产物资在流转和管理过程中可能出现的舞弊行为，在公司管理层面开始逐步引入职责分工、会计记账、人员轮换等控制手段。这些手段主要基于职务分离和交互核对的原则，重点关注钱、账、物等关键事项，它们构成了现代内部控制理论中组织控制和职务分离控制的初步形态。

内部牵制的主要特点是任何个人或部门不能单独控制任何一项或一部分业务的对应权力，组织通过分工设计使得每项业务均需基于其他个人或部门的功能实现交叉检查或交叉控制。内部牵制之所以能够发挥作用，主要基于两个假定：①在相互牵制的前提下，经办一项交易或事项时，两个或两个以上人员或部门无意识地犯同样错误的概率远远低于一个人或部门；②两个或两个以上人员或部门有意识地合伙舞弊的难度远远高于一个人或部门。

---

① 池国华等：《内部控制学》（第二版），高等教育出版社，2023。

延伸阅读 1-1

常见的四种牵制手段

一般认为，内部牵制的具体实施方式有四种：一是实物牵制，这是由两个以上人员共同掌管必要的实物工具，共同完成一定程序的牵制；二是机械牵制，这是指只有按照正确的程序操作机械，才能实现解开控制的目的；三是体制牵制，这是为防止错误和舞弊，对每一项经济业务的处理，都要求有两人或两人以上共同分工负责，以相互牵制、互相制约的机制；四是簿记牵制，这是原始凭证与记账凭证、会计凭证与账簿、账簿与账簿、账簿与会计报表之间核对的牵制。无论采用何种牵制方式，其立足点均在于增设核对点和平衡点，以加强上下、左右的制约。

资料来源：李心合《企业内部控制研究的中国化系列之四——内部制衡机制及其构造》，《财务与会计》2022 年第 11 期，第 4~12 页。

作为一种管理制度，内部牵制基本上不涉及会计信息真实性的保证和工作效率的提高，因此，其应用范围和管理作用都比较有限。同时，内部牵制阶段产生的内部牵制基本理念虽然在内部控制中发挥着重要作用，但此阶段只强调牵制机制的简单运用，存在系统性不强的问题。

二　内部控制系统阶段

20 世纪 30 年代至 70 年代初，内部控制制度的概念在内部牵制思想的基础上逐渐成形。这一阶段是内部牵制理念与古典管理理论相互融合的产物，其形成得益于社会化大生产的推进、企业规模的持续扩大、新技术的广泛应用以及公司股份制形式的兴起等多重因素的共同推动。

1934~1972 年，美国政府、美国注册会计师协会等机构围绕内部控制及内部控制审计做出了一系列规定，认为内部控制不仅能提升管理有效性，同时也对财务信息有重要作用。美国注册会计师协会于 1953 年在其颁布的《审计程序说明》第 19 号中，正式将内部控制按照其特点分为会计控制和管理控制两个部分。前者旨在确保企业资产的安全与完整，检查会计数据的准确性和可靠性，为企业提供稳健的财务基础；后者则聚焦于提升经营效率，推动相关人员遵循既定的管理方针，确保企业运营的有序和高效。这种划分主要是为了规范内部控制检查和评价的范围，缩小注册会计师的责任范围。由此，内部控制进入"制度二分法"或"二要素"阶段。

但在实践中审计人员发现很难准确区分会计控制和管理控制，而且后者对前者有很大影响，无法在审计时完全忽略。

三　内部控制结构阶段

20世纪80年代，资本主义进入发展的黄金阶段，人们对内部控制的理解逐步从一般含义向具体内容深化。在实践中，管理者思想等内部环境类因素被认为会对企业内部控制有效性产生巨大影响。于是，1988年美国注册会计师协会发布《审计准则公告第55号》（SAS55），首次以"内部控制结构"的概念代替"内部控制制度"。该公告认为，内部控制结构由下列三个要素组成。

（一）控制环境

控制环境是指对形成、提升或降低特定政策与程序的效率有重大影响的各种因素，包括管理者的思想和经营作风、组织结构、董事会及其所属委员会、人力资源政策及其执行等。

（二）会计制度

会计制度是指为确认、归类、分析、登记和编报各项经济业务，明确资产与负债的经管责任而规定的各种方法。

（三）控制程序

控制程序是指企业为保证控制目标的实现而建立的政策和程序，如：经济业务的适当授权；明确各个人员的职责分工，如会计和出纳由不同人员担任，以防止有关人员对货币资金图谋不轨和隐匿错弊；账簿和凭证的设置、记录与使用，以保证经济业务活动得到正确的记载，如账账、账证核对等；资产安全保护，如定期的盘点等。

内部控制结构阶段首次将控制环境纳入内部控制的范畴，控制环境被认为是充分有效的内部控制体系建立和运行的坚实基础及有力保障。此时，内部控制从"制度二分法"步入了"三要素"阶段。

四 内部控制整合框架阶段

1992 年 9 月，COSO[①] 发布了著名的《内部控制——整合框架》（*Internal Control—Integrated Framework*），并于 1994 年进行了修订。全球范围的各类组织广泛应用了这一报告对内部控制的定义。该报告对内部控制发展的贡献可以概括为"一个定义、三项目标、五种要素"。

"一个定义"是指该报告对内部控制下了一个被广泛应用的定义："内部控制是由企业董事会、经理阶层以及其他员工实施的，旨在为营运的效率和效果、财务报告的可靠性、相关法律法规的遵循性等目标的实现提供合理保证的过程。"

"三项目标"是指内部控制具有三项目标，包括经营目标、报告目标和合规目标。其中，内部控制的经营目标聚焦提高经营效率和效果；报告目标聚焦确保财务报告及相关信息的真实完整；合规目标则聚焦确保企业的经营管理活动合法合规。这三个目标共同构成了内部控制的核心目标体系，保障企业的稳健运营和长期发展。

"五种要素"是指内部控制是由五个相互独立而又相互联系的要素组成。这五种要素包括控制环境、风险评估、控制活动、信息与沟通和监控，五种要素的具体内容参见第二章。

五 全面风险管理整合框架阶段

自 COSO 报告发布以来，内部控制相关理论得到了较大发展，但理论界和实务界也纷纷提出其对风险的强调不够，使得内部控制无法与企业风险管理相结合。伴随着美国安然、世界通讯公司等财务报表造假舞弊事件的发生，2004 年 9 月，COSO 在往期内部控制研究报告的基础上，结合《萨班斯-奥克斯利法案》在财务报告方面的具体要求，发表了新的研究报告《企业风险管理框架》（*Enterprise Risk Management Framework*，简称 ERM 框架）。

---

① COSO（Committee of Sponsoring Organizations）是 Treadway 委员会的发起组织委员会的简称。Treadway 委员会即反欺诈财务报告全国委员会（National Commission on Fraudulent Financial Reporting），因其首任主席的姓名而通常被称为 Treadway 委员会。

该框架指出，"全面风险管理是一个过程，它由一个主体的董事会、管理当局和其他人员实施，应用于战略制定并贯穿于企业之中，旨在识别可能会影响主体的潜在事项，管理风险以使其在该主体的风险容量之内，并为主体目标的实现提供合理保证"。这一阶段的显著变化是将内部控制上升至全面风险管理的高度来认识。

延伸阅读 1-2

内控之重：安然事件的启示

安然是全世界最大的能源交易商，掌控美国 20% 的电力和天然气交易。作为一家跨国企业，安然的业务覆盖 40 多个国家和地区，雇员逾 2 万人，营业收入突破千亿美元，在《财富》杂志"美国 500 强"中位居第七，连续 4 年获"美国最具创新精神"称号。遗憾的是，安然的成功并不长久，其将冒险作为公司精神，鼓励不惜一切代价追求利润。在这种企业文化下，公司管理层采用复杂的财务操作，利用公司高层控制的合伙公司虚增利润、隐瞒债务，提供虚假财务报告。1997 ~ 2001 年，共虚报利润 5.86 亿美元，并且未将巨额债务入账。

安然公司的破产还涉及其相关的会计师事务所的审计责任。著名的安达信会计师事务所因对安然公司出具严重失实的审计报告和内部控制评价报告，被美国休斯敦联邦地区法院认定"妨碍司法公正"罪成立，而后倒闭。

安然公司破产案是内部控制最为经典的案例之一，在该案诸多的原因分析中，矛头集中指向了公司管理层凌驾于内控之上、审计缺乏独立性。无独有偶，纽约州审计长办公室的托马斯·迪那波利，在《舞弊的危险信号》中归纳出导致欺诈的 4 个主要因素——内部控制不力、管理凌驾于内控之上、员工间勾结、内外勾结。

资料来源：傅鸿翔《内控之重：安然事件的启示》，《中国社会保障》2020 年第 5 期，第 77 页。

ERM 框架是在内部控制整合框架基础上提出的理论，强调全面风险管理。二者的区别如表 1-1 所示。

表 1-1　内部控制整合框架与 ERM 框架之间的区别

	内部控制整合框架	ERM 框架
目标	三项:经营目标、报告目标和合规目标	四项:战略目标、经营目标、报告目标和合规目标
要素	五要素:控制环境、风险评估、控制活动、信息与沟通和监控	八要素:内部环境、目标设定、事项识别、风险评估、风险应对、控制活动、信息与沟通和监控

值得注意的是，ERM 框架虽然是在内部控制整合框架之后发展出来的，但它并不是对后者的替代。在企业管理实践中，内部控制是基石，为企业的稳健运营提供了基本的保障。而风险管理则是在内部控制的基础上，进一步拓展了控制活动的层次和范围，使其具备更高的综合性和战略性意义。

第二节　内部控制的价值

一　对内价值

对于企业而言，良好的内部控制系统不仅能够帮助企业遵守相关的法律法规和行业标准，满足合规要求，还能够提升企业识别和应对各种风险的能力。同时，内部控制系统还有助于优化企业的资源配置，减少不必要的浪费，提高整体经营效率，从而进一步推动企业的经济效益增长。

（一）满足合规要求

1-2　最高人民检察机关《涉案企业合规典型案例（第四批）》

企业作为社会的重要组成部分，其运营和发展必然受到外部环境的严格约束。因此，企业及其员工在经营管理过程中，必须严格遵守法律法规、监管规定、行业准则以及企业章程和规章制度，同时也要遵循国际条约和规则。这些合规要求是企业稳健运营的基础，任何不合规的行为都可能使企业面临法律责任，遭受处罚，甚至导致经济损失和声誉损害，给企业带来不可预见的负面影响。

为了有效应对这些挑战，企业必须强化内部控制制度建设，提升全体员工的合规意识。这包括完善组织架构，设立专门的合规岗位，确保合规工作有专人负责；建立制度指引，明确各项业务的合规标准和操作流程；强化流程管理，确保每一环节都符合合规要求；健全风控机制，及时发现和应对潜在风险；定期开展专项检查，确保各项制度得到有效执行。

1-3 中央企业合规管理办法

此外，企业还应加强学习培训，提高员工对合规要求的认知和理解，确保他们在工作中能够自觉遵守相关规定。同时，强化考核评价，将合规表现纳入员工绩效考核体系，激励员工积极履行合规职责。

（二）提高风险防控能力

企业在运营过程中面临多种风险，包括外部的市场波动、政策调整、外交变化以及自然灾害等风险，以及内部的产品质量问题、经营不善、投资决策失误和人事管理问题等风险。为了确保经营稳定并实现长期发展，企业必须全面管理这些风险。

内部控制是企业风险防控的核心机制。通过建立风险管理制度、流程和监控体系，企业可以有效预防潜在风险，及时识别和评估各类风险，并进行实时监控和应对。在实现企业合规目标的过程中，员工风险意识也能得到提升。

这些内部控制措施共同构成了坚固的风险防线，有助于企业在复杂多变的市场环境中稳健发展。

（三）提升经营效率

在现代企业中，所有者和经营者通常分离，形成了委托代理关系。这种关系导致所有者在信息获取上处于劣势，容易引发代理成本过高和"逆向选择"问题，即经营者可能利用信息不对称追求自身利益而非所有者利益最大化。为确保所有者权益，企业需要建立完善的监督制度，如以公司治理结构为核心，明确股东会、董事会、监事会和经理层的权责利，形成相互制衡的机制。

对于企业的经营者而言，构建一个包含制度、流程、监督等要素的内部控制体系是实现系统化、标准化管理的关键。然而，内部控制建设并非一劳永逸，而是一个需要不断适应和演进的持续改进过程。随着外部环境的变化和企业自身的发展，企业需要根据自身特点和战略目标，以及管理需求，不断对内部控制体系进行修正和优化。

为了加强内部控制体系的建设，企业可以运用 PDCA 循环这一管理工具。PDCA 循环由 Plan（计划）、Do（实施）、Check（检查）和 Action（行动）四个环节组成，为内部控制的持续改进提供了系统化的方法。具体而言，Plan 阶段涉及内部控制的设计和规划；Do 阶段侧重内部控制的实施和执行；Check 阶段着重对内部控制体系进行监督检查和缺陷评估；Action 阶段则聚焦对内部控制中存在的缺陷和薄弱环节进行改进和提升。

通过持续进行 PDCA 循环，企业能够确保内部控制体系始终与战略目标和业务需求保持同步，从而为企业的稳健发展提供有力保障。

延伸阅读 1-3
公立医院固定资产的 PDCA 管理模式

在新医改背景下，公立医院虽然接受了政府部门的资源倾斜，但是不可持续，仍需依靠市场实现改革发展。为提高市场竞争力，公立医院须不断提高财务管理水平，而公立医院具有规模大、交易多的特征，实现财务管理的稳定控制具有一定难度。对此，迫切需要完善财务管理制度。结合新的《医院财务制度》，本文提出了公立医院固定资产的 PDCA 管理模式。

1. 计划环节（Plan）

公立医院对固定资产的管理需完成环境控制、会计控制与程序控制三个关键层面的计划工作，从内部管理工作与业务管理工作两个方面构建包含事前预防、事中控制、事后监督的内部控制管理体系。

2. 实施环节（Do）

（1）健全机构设置。设置固定资产管理办公室，负责公立医院固定资产采购计划的制定及具体实施等；设置管理委员会，负责固定资产管理制度制定、采购计划审批等；设置监督管理部门，负责公立医院固定资产的验收、入库、维修、归档管理等。三个部门相互独立、相互制约，实现固定资产的内部控制管理。

（2）完善管理制度。根据我国事业单位资产管理要求，完善公立医院固定资产管理制度，严格规范固定资产的分类、使用范围、计量方式、应用配置及采购等工作标准。此外，公立医院还需定期进行固定资产清查，建立固定资产维修、遗失等管理制度，保证与固定资产相关的各项工作有据可循。

（3）提升人员能力。公立医院固定资产管理人员应具有较高的专业素养与工作责任心，可根据岗位不同将管理人员设置为决策人员、管理人员与操作人员，并定期进行培训，结合考核制度，提升管理人员的综合素质。

3. 检查环节（Check）

这一环节以强化审查与完善评价为主要工作，提升公立医院对固定资产的控制强度。一是发挥内部审计的监督职能，关注固定资产采购、验收、配置等环节的潜在风险，完善内部风险控制机制，提升风险管控能力。二是根据公立医院固定资产的配置途径制定差异化评价标准，并定期开展评价，保证固定资产的配置应用具有较高的使用率与投资回报率。

4. 行动环节（Action）

深度剖析固定资产管理模式的应用经验，及时发现管理模式落实不到位及效果不理想的问题，根据发展情况与政策要求提出合理化改进建议，实现循环式上升与发展。

资料来源：蔺超《内部控制视角下医院财务管理模式探讨》，《卫生经济研究》2022年第7期，第91~93页。

二　对外价值

内部控制不仅会对企业及其所有者产生深远影响，而且在保护社会公众利益方面也发挥着不可或缺的作用。例如，在环境保护、消费者权益保护等方面，内部控制能够通过规范企业行为，促进企业价值实现。

随着"双碳"目标的提出，社会对企业的绿色生产要求日益严格。建立健全的内部控制体系能够帮助企业规范生产流程，优化资源配置，有效减

1-4 中国建材集团落实中央生态环境保护督察反馈意见整改情况报告

少生产活动对环境造成的负面影响。同时，内部控制能够增强企业的风险防控能力，及时发现和应对环境风险，确保企业在可持续发展的道路上稳步前行。

在消费者权益保护方面，内部控制不仅要求企业严格遵守相关法规，切实保障消费者的合法权益，而且鼓励企业通过技术创新不断提升产品和服务质量，满足消费者日益增长的需求。此外，内部控制还促进了企业信息披露的透明化，使消费者能够更全面地了解企业的运营情况，从而增强对企业的信任感。

第三节　我国内部控制规范体系

一　《企业内部控制基本规范》

1-5 企业内部控制基本规范

2008 年 5 月 22 日，财政部联合证监会、审计署、银监会、保监会共同颁布了《企业内部控制基本规范》（以下简称"《基本规范》"）。这一文件在我国企业内部控制体系中占据核心地位，作为最高层次的指导文件，它统驭着所有基于此规范衍生出的其他相关文件，为企业内部控制的规范化建设提供了重要的指导依据。

《基本规范》详细阐述了建立与实施内部控制体系所需遵循的框架结构，明确规定了内部控制的定义、目标、原则、要素等，为制定配套指引、操作指南及企业内部控制制度提供了根本性指导。该规范共包含 7 章 50 条，内容涵盖总则、内部环境、风险评估、控制活动、信息与沟通、内部监督以及附则，主要明确了企业内部控制的核心目标、基本原则和关键要素，为企业内部控制实践提供了全面而具体的指导。

（一）五大目标

《基本规范》详细阐述了企业内部控制的核心目标，这些目标共分为五大类：合规目标、资产安全目标、报告目标、经营目标和战略目标。

具体来说，首先，企业内部控制应当确保自身经营管理活动严格遵循法律法规，即实现合规目标；其次，它需要保障企业资产的安全，防止资产损失和浪费，实现资产安全目标；再次，内部控制还需要确保财务报告及相关信息的真实性和完整性，满足外部和内部的信息披露要求，此为报告目标；复次，企业内部控制还应致力于提高企业的经营效率和效果，通过优化流程、降低成本、提高产品质量等方式，为企业创造更大的价值，这是经营目标所在；最后，内部控制还应支持企业实现其长期发展战略，通过风险管理和资源配置优化等手段，确保企业持续、健康、稳定地发展，这是战略目标的核心。

（二）五项原则

《基本规范》第四条规定了企业建立与实施内部控制的五项原则，包括全面性原则、重要性原则、制衡性原则、适应性原则和成本效益原则。

全面性原则强调内部控制的普遍性和完整性，意味着内部控制需要贯穿于企业的整个运营流程，包括决策、执行和监督各个环节，并覆盖企业及其所有单位的各种业务和事项。在层次上，内部控制的构建应涵盖企业的董事会、管理层直至全体员工，实现全程控制、全员控制和全面控制。

重要性原则强调在全面控制的基础上，针对重要业务和事项、高风险领域和环节采取更为严格和精细的控制措施。由于企业资源的有限性，在设计内部控制体系时，企业应识别并聚焦关键控制点，对这些关键点投入更多的人力、物力和财力，以实现重点控制和风险防范。

制衡性原则强调内部控制在治理结构、机构设置、权责分配以及业务流程等方面应形成相互制约、相互监督的机制。然而，在追求制衡的同时，也应避免过度制衡导致部门间和岗位间的相互掣肘，影响企业的运行效率。因此，在构建内部控制体系时，应找到制衡与效率之间的平衡点，既确保充分的相互制约，又保障企业的运行效率。

如前所述，企业内部控制体系的建设并非一劳永逸，而是需要根据企业的经营规模、业务范围、竞争状况和风险水平等因素的变化而适时调整。一个有效的内部控制体系应能随着企业内外部环境的变化而灵活调整，以应对不断变化的挑战和风险，从而确保企业持续稳健地发展。

最后，成本效益原则要求企业在建立和实施内部控制时，充分考虑成本与预期效益之间的平衡。企业应在确保内部控制有效性的前提下，尽可能降低内部控制的成本，避免不必要的浪费和冗余。通过合理的成本效益分析，企业可以确保以适当的成本实现有效的内部控制，从而创造更大的价值。

（三）五种要素

《基本规范》第五条规定了内部控制的五要素，即内部环境、风险评估、控制活动、信息与沟通和内部监督，各要素的具体内涵如表 1-2 所示。

表 1-2　《基本规范》对五要素的定义

要素	定义
内部环境	企业实施内部控制的基础,一般包括治理结构、机构设置及权责分配、内部审计、人力资源政策、企业文化等
风险评估	企业及时识别、系统分析经营活动中与实现内部控制目标相关的风险,合理确定风险应对策略
控制活动	企业根据风险评估结果,采用相应的控制措施,将风险控制在可承受度之内
信息与沟通	企业及时、准确地收集、传递与内部控制相关的信息,确保信息在企业内部、企业与外部之间进行有效沟通
内部监督	企业对内部控制建立与实施情况进行监督检查,评价内部控制的有效性,发现内部控制缺陷,应当及时加以改进

资料来源：《基本规范》。

二　企业内部控制配套指引

为促进企业实施发展战略，优化治理结构、管理体制和运行机制，建立现代企业制度，2010 年 4 月 15 日，财政部会同证监会、审计署、银监会、保监会发布了《企业内部控制应用指引》、《企业内部控制评价指引》和《企业内部控制审计指引》（以下简称"配套指引"）。《基本规范》和配套指引的发布，标志着我国内部控制规范体系的基本形成，是我国内部控制制度发展的里程碑。

（一）应用指引

《企业内部控制应用指引》（以下简称"《应用指引》"）是一套详细且全面的指导文件，用于规范企业的内部控制活动。该指引包含 18 项具体指引，涵盖了企业运营管理的各个方面，可清晰地归纳为内部环境类指引、控制活动类指引和控制手段类指引三大类。

1. 内部环境类指引

内部环境构成了企业实施内部控制的基石，它深刻地影响着企业全体员工的内控意识和行为。这一环境不仅塑造了员工对内控活动的态度，还引导他们对控制责任的理解和履行方式。简而言之，内部环境在无形中支配着每个员工在内部控制方面的思维与行动。

1-6 企业内部控制应用指引

内部环境类指引具体包含了五项关键内容，它们分别是：组织架构指引、发展战略指引、人力资源指引、企业文化指引和社会责任指引。这些指引共同构成了企业内部环境的规范框架，确保企业在构建和优化内部控制体系时，能够全面考虑并改善这些核心要素，从而打造一个稳健、高效且负责任的内部运营环境。

2. 控制活动类指引

控制活动是企业为确保业务运作的规范性和效率性，而对各项具体业务活动所实施的一系列控制措施。在《应用指引》中，控制活动类指引共包含 9 项，详细涵盖了资金活动、采购业务、资产管理、销售业务、研究与开发、工程项目、担保业务、业务外包以及财务报告等多个方面，为企业提供了一套全面的控制活动指导框架。

3. 控制手段类指引

控制手段是确保企业内部控制体系高效运行的重要工具和方法。在《应用指引》中，控制手段类指引详述了全面预算、合同管理、内部信息传递和信息系统四项关键工具，这些指引侧重于为企业提供全局性的控制和管理手段，帮助企业更好地整合资源、优化流程、提高效率，进而保障企业整体运营的稳定性和可持续性。

以上三个方面的指引内容，涵盖了企业的资金流、实物流、人力流和信息流，基本构建了一个完整的企业内部控制框架。

（二）评价指引

1-7 企业内部控制
评价指引

《企业内部控制评价指引》（以下简称"《评价指引》"）致力于引导企业全面、系统地评估其内部控制体系的设计与运行情况，旨在为企业提供有关内部控制体系的有效性、合规性和运行状况的全面评价。

通过这一评价过程，企业可以识别并防范潜在风险，为管理层提供决策支持，并推动内部控制的持续改进。《评价指引》明确了评价的目的和意义，强调了评价在企业内部管理中的重要性。同时，它规定了评价的参与主体及其责任分工，包括企业管理层、内部审计部门以及外部审计机构等，确保评价工作的全面性和客观性。在评价的范围和内容方面，《评价指引》涵盖了业务流程、控制活动、信息系统、风险管理和监督机制等多个方面，以确保评价的全面性和深入性。此外，《评价指引》还详细规定了评价的方法和流程，包括调研、数据收集、风险评估、控制测试、结果分析和报告撰写等具体环节，为评价工作提供了具体的操作指导。

（三）审计指引

《企业内部控制审计指引》（以下简称"《审计指引》"）是一套为注册会计师执行企业内部控制审计业务提供明确指导的规范文件。它首先明确了内部控制审计的核心定义，即对企业内部控制体系的建立健全和有效实施情况进行独立、客观的审计评价。《审计指引》强调董事会在建立健全和有效实施内部控制方面负有首要责任，而注册会计师则负责依据审计结果发表专业审计意见。

为了确保内部控制审计工作的系统性和准确性，《审计指引》详细规定了审计程序和方法。这些程序和方法包括：对企业内部岗位进行深入分析，以识别关键控制点；进行全面的风险评价，以评估潜在风险的大小和可能性；

进行审计评测，以检验内部控制的实际运行效果；进行结果分析，以提出有针对性的解决措施和改进建议。

此外，《审计指引》还区分了不同类型的内部控制审计对象，如业务循环、非独立部门和独立单位等，并针对每种类型提出了相应的审计要求。这种分类指导有助于注册会计师在审计过程中更加精准地把握审计重点，提高审计效率和效果。通过遵循《审计指引》，注册会计师能够为企业提供更加专业、可靠的内部控制审计服务，帮助企业及时发现和纠正内部控制缺陷，提升企业管理的规范性和效率。

1-8 企业内部控制
审计指引

三 解释公告与操作指南

（一）解释公告

企业内部控制规范体系在实施过程中面临一系列新挑战并引发了很多新疑问，针对这些挑战和疑问，财政部等五部门发布了一系列解释公告给予明确答复和指导。这些公告体现了政府监管机构对企业内部控制规范体系实施过程的严密监控和及时反馈。其主要目的在于详细阐述和解释规范体系在实施中遇到的具体问题，为实践者提供明确的指导，从而及时对规范体系进行有益的补充和完善。通过这种方式，解释公告促进了政策制定者与政策实施者之间的有效沟通和良性互动，有助于确保规范体系试点工作的顺利进行，并推动其在全国范围内顺利、有效地实施。

1-9 财政部：关于印发
企业内部控制规范
体系实施中相关
问题解释第 1 号的通知

（二）操作指南

企业内部控制规范体系需要在众多企业中执行，这些企业不仅数量庞大，而且业务类型各异，分布于各行各业。由于不同行业的特性和经营环境存在差异，规范体系在不同行业企业的具体落实过程中需要更具体、更具针对性的操作指南来加以规范和引导。

1-10 财政部：关于印发
企业内部控制规范
体系实施中相关
问题解释第 2 号的通知

1-11 电力行业内部控制操作指南

为了响应这一需求，并满足不同行业企业的个性化需求，财政部启动了分行业的内部控制操作指南的编制工作。这些操作指南详细规定了内部控制规范体系在不同行业中的建设方法、控制程序、实施步骤以及考核办法，旨在为各类企业建设实施内部控制规范体系提供具体且实用的指导。

截至目前，财政部已经成功编制并发布了针对石油石化行业和电力行业的内部控制操作指南。这些操作指南不仅为这两个行业的企业提供了宝贵的经验借鉴，也为其他行业企业内部控制规范体系的建设和实施提供了有益的参考。

第四节　内部控制的含义

《基本规范》第三条明确指出，内部控制是一个由企业董事会、监事会、经理层以及全体员工共同参与实施的过程，其核心目标在于确保企业运营管理的合规性、资产的安全性、财务报告及相关信息的真实完整性。此外，内部控制还致力于提升企业的经营效率和效果，以助力企业实现其长远发展目标。这一过程不仅是企业内部治理的重要组成部分，也是确保企业健康、稳定、可持续发展的关键所在。

对上述定义的理解，可从全员控制、全面控制、全程控制和合理保证四个关键词展开。

一　全员控制

内部控制体系的构建与实施是一项需要全员积极参与并共同承担责任的重要任务。在这一过程中，企业的各级管理层和全体员工都应当摒弃被动遵守的心态，而是要主动树立现代管理理念，深刻认识到内部控制对企业稳健发展的重要性。各层级人员均应当强化风险意识，以主人翁的姿态积极投入内部控制体系的建立与实施中，不仅要遵守相关规定，更要主动思考、主动作为，确保内部控制体系的有效运行。

在企业内部控制的构建与实施中，领导者与普通员工虽分工各异、权责不等，但他们都扮演着不可或缺的角色。董事会作为最高决策机构，负责确保内部控制体系的建立健全和有效实施；监事会对董事会的内部控制工作进行严格的监督，确保其合规性和有效性；经理层在日常运营中，侧重于组织并领导内部控制的实际运行，确保各项控制措施得到贯彻执行。

同时，企业的每一位员工也都是内部控制的重要参与者和执行者。他们需要在自己的岗位上承担起相应的内部控制职责，确保业务操作的规范性和准确性。通过全员参与，企业能够建立起一个覆盖各个层级、各个方面的内部控制网络，确保企业经营的稳健和高效。

为了加强对内部控制的监督和管理，企业应在董事会下设立审计委员会。审计委员会负责定期审查企业内部控制制度的完善程度、监督内部控制的执行情况，并评估内部控制自我评价的准确性和可靠性。这有助于企业及时发现内部控制中存在的问题，并采取相应的措施进行改进和完善。

通过全员参与和审计委员会的监督，企业能够在业务执行和管理过程中实现制衡、监督和激励的效果。这不仅有助于提高企业的管理水平和经营效率，还有助于保护企业的资产安全和财务报告的准确性。建立一个全员参与的内部控制体系对于企业的发展具有重要意义。

延伸阅读 1-4
中国广核发挥乘数效应，全面深化改革取得积极成效

党的十八大，特别是国企改革三年行动深入实施以来，中国广核集团全体干部员工的改革共识进一步凝聚，各层级改革氛围更加浓厚，各项改革任务扎实推进，全面深化改革工作呈现蹄疾步稳、多点突破的新气象。

一是坚持"两个一以贯之"，企业治理能力显著提升。全面巩固党组织在法人治理中的法定地位，梳理完善"三重一大"事项清单，进一步细化党委责权和行权方式。配齐建强成员公司董事会，出台子企业董事会"应建尽建"7条硬标准，"应建"范围内的各级子企业全面实现董事会应建尽建、外部董事占多数，符合条件的二级公司推行董事长、党委书记、法定代表人"一肩挑"。着力打造背景多元、结构合理的子企业董事会，全面推

行外部董事专职化，以专职化促进专业化、专责化。

二是强化核心功能，积极打造引领发展、管控科学、决策高效的"强总部"。创新集约共享业务模式。将总部承担的事务性工作下沉到产业公司，在坚持集约共享方向的同时，通过市场化机制提升专业化服务能力和水平，融入并助推产业高质量发展。调整完善管控模式。总部原则上只保留《公司法》和公司章程规定的股东职权，管控事项连续两年减少30%，总体控制在30项以内，主要通过"党的领导"和"治理管控"来落实集团战略意图，通过压实成员公司董事会主体责任、派出董事表达股东意志来达成管控目的，切实强化成员公司市场主体地位。

三是深化市场化机制改革，充分激发企业动力活力。以三项制度改革为突破口，深化市场化机制改革，在强动力提效率上取得实效。率先完成经理层成员任期制与契约化管理全覆盖。按照"以上率下，分层推进"原则，在集团总部和子企业全面实现经理层成员任期制与契约化管理，持续深化三项制度改革。优化干部队伍结构。大力开展年轻干部选拔，干部队伍结构更加合理。畅通人才选育留用渠道，100%推行用工市场化，实施"白鹭之星"计划，更多高素质大学生加入中广核。二级子企业全面建立末位调整、不胜任退出和轮岗交流机制。完善收入分配机制，建立以岗位价值为核心的薪酬分配机制，打造中长期激励"1+8"工具箱，有效激发员工的动力活力。

资料来源：《中央企业高质量发展报告（2022）企业子报告二十：党的十八大以来中国广核集团高质量发展情况报告》，国务院国资委官网，http：//www.sasac.gov.cn/n2588020/n2877938/n2879671/n2879673/c26785646/content.html。

二　全面控制

内部控制是一种全面控制，是指内部控制要涵盖企业所有的业务和事项，而且还要体现多重控制目标的要求。前者与内部控制的全面性原则呼应，后者体现出内部控制的建立与实施不仅是为了提高财务信息的可靠性，同时也具有战略、经营、合规以及资产安全的多维目标。

延伸阅读 1-5

恒达新材内部控制目标

浙江恒达新材料股份有限公司（股票代码：301469）成立于 2002 年，是一家专注于特种新型纸基包装材料的研发与生产的高新技术企业，主要生产医疗、食品包装系列用纸，服务于医疗大健康及快餐食品行业。以下是该公司于 2023 年 12 月发布的《内部控制制度》中对企业内部控制目标的描述。

（1）建立和完善符合现代企业制度要求的内部组织结构，形成科学的决策、执行和监督机制，逐步实现权责明确、管理科学。

（2）保证国家法律、公司内部规章制度及公司经营方针的贯彻落实。

（3）建立健全全面预算制度，形成覆盖公司所有部门、所有业务、所有人员的预算控制机制。

（4）保证所有业务活动均按照适当的授权进行，促使公司的经营管理活动协调、有序、高效运行。

（5）保证对资产的记录和接触、处理均经过适当的授权，确保资产的安全和完整并有效发挥作用，防止毁损、浪费、盗窃并降低减值损失。

（6）保证所有的经济事项真实、完整地反映，使会计报告的编制符合《会计法》和《企业会计准则》等有关规定。

（7）防止、发现并纠正错误与舞弊，保证账面资产与实物资产核对相符。

资料来源：《浙江恒达新材料股份有限公司内部控制制度》，巨潮资讯网，http：//www.cninfo.com.cn/new/disclosure/detail？orgId=gfbj0835147&announcementId=1218561867&announcementTime=2023-12-08%2018：24。

三　全程控制

内部控制是一项精心设计的全过程控制体系，旨在确保企业运营的稳健和高效。从微观层面观察，对于任何一项业务，控制并不限于事前规划，而是贯穿业务的全生命周期，包括事前、事中和事后的全面控制。这种全程式的控制策略能够确保业务在每一步骤中都得到妥善的监管和调整。

从宏观层面来看，内部控制的实施涵盖了从制度设计到执行，再到监督评价的完整过程。这三个阶段紧密相连、互为支撑。制度设计阶段为内部控制奠定了框架和基础，制度执行阶段则是将设计好的制度转化为实际的操作和管理。在这个过程中，对制度执行情况的监督评价是确保内部控制有效运行的关键环节。

内部控制的全程控制通常以流程为主要操作手段。流程设计是内部控制的基础，它定义了业务操作的标准和程序，为业务执行提供了明确的指导。流程执行是将设计好的流程付诸实践，确保每一项业务都能按照既定的标准和程序进行。而流程的监督评价是对执行情况的检查和反馈，通过不断地优化和改进，确保内部控制的持续优化和提升。

四　合理保证

内部控制是一种管理机制，旨在为企业控制目标的实现提供"合理保证"，而非"绝对保证"。这源于内部控制固有的局限性。企业目标的实现受到多方面因素的制约，包括企业自身条件和外部环境的影响。

首先，对于日常经营中那些偶发的、难以预见的"例外事件"，内部控制往往难以提前设计出抵御措施。这是因为这些事件具有不确定性，很难在内部控制设计环节预设相应的控制点。其次，即使仅从企业自身资源考虑，内部控制也面临一些限制。企业不可能无限制地投入内部控制体系建设，成本约束导致部分控制点设计得不够严密或完善。

此外，内部控制体系的设计、执行和沟通都依赖于人的参与。然而，在实际操作中，由于理解偏差、串通舞弊、越权越级操作等原因，可能会引发控制执行失效的问题。这些人为因素可能导致内部控制的失效，从而影响企业目标的实现。

延伸阅读 1-6

云南白药公司治理不规范、内部控制不完善等触及违规

2022 年 11 月 11 日，云南白药集团股份有限公司（以下简称"云南白药"）发布了关于收到云南证监局行政监管措施决定书的公告。公告指出，根据《中华人民共和国证券法》的相关规定，云南证监局对云南白药开展了现场检查，经查，公司存在以下三方面的问题。

其一，公司治理不规范。云南白药相关方在超期未履行承诺的情况下，未及时组织履行变更程序，公司对部分承诺履行进展情况的信息披露不完整、不充分。

其二，内部控制不完善。云南白药对外投资事项的授权范围不清，存在概括性授权或将董事会部分法定职权转授权的情况，对外投资决策程序履行不规范，投后管理和监督不到位，证券投资的警戒、止损等指标设置不清晰。

其三，财务核算不规范。云南白药未按规定及时执行变更后的会计政策，对附有销售退回条款的销售收入未严格按会计准则要求处理。

云南证监局指出，以上问题反映出云南白药在公司治理、内部控制、财务核算等方面存在不规范情形。根据《上市公司现场检查规则》（证监会公告〔2022〕21号）第二十一条的规定，云南证监局决定对公司采取责令改正的监督管理措施，并记入证券期货市场诚信档案。

资料来源：《公司治理不规范、内部控制不完善等触及违规　云南白药被云南证监局采取责令改正措施》，央广网，https：//finance.cnr.cn/ycbd/20221112/t20221112_526059306.shtml。

延伸阅读 1-7

合谋串通"硕鼠"现形记

陈小平出生在忠县一个偏远山村，毕业后带着"守住管好天下粮仓"的校训回到忠县原粮食局工作，一步步走上领导岗位。

2013年，重庆市出台市级储备粮收购与售粮农户补贴挂钩办法，对在市内收购的稻谷按照一定标准给售粮农户补贴。陈小平打起了骗补的歪主意，他与时任公司财务部部长赵海泉商量后，安排人员开具虚假粮食收购凭证和相关账卡，将市外采购的稻谷冒充为市内采购粮，2014～2016年，骗得国家补贴700余万元。

"赵海泉是全市粮食系统少有的高级会计师之一，他做的账，不实地走访绝对发现不了任何问题。"陈小平对赵海泉的"能力"高度认可，开始盘算如何通过做假账来快速提高公司业绩。他指使赵海泉等人与粮商老板签订虚假粮食购销合同，伪造出入库单据，制造交易假象，让资金在公司和粮商老板之间相互走账。仅2017年6月，该公司便虚构"空气粮"销售业绩1074万元。

2017 年，某万吨粮库在储备粮轮换过程中，产生近 100 吨"升溢粮"。为显示自己有能耐有本事，轻车熟路的陈小平等人一拍即合，打起了这批粮食的歪主意。

"先做全部卖出的出库账，然后再以其中 100 吨粮品质不合格、粮商老板要求退回为由，做一个虚假入库账，这样账面上就看不出来问题。"与赵海泉等人商量后，陈小平找到有意购买该轮换粮的老板，要求其帮忙"走账"套取资金。不久，轮换粮卖出后，陈小平便以退不合格粮货款为名，授意公司出纳将单位公账上的 24.3 万元转账给该老板，然后再通知其按之前约定将该笔资金转入公司出纳个人账户。陈小平还指示公司有关人员借此次销售轮换粮机会，虚增粮食运输业务套取公款 27 万元，将本该入账的"升溢粮"收入连同套取的公款全部私分挥霍。

随着案件查办的深入推进，陈小平等人利用职务便利，以虚构粮食购销、粮食装卸运输、粮仓维修等名义，套取公款 181.8 万元用于吃喝、私分和滥发福利等，挪用公款 276.5 万元进行营利活动，以及在粮食采购、工程承揽、人事安排等方面为他人谋取利益，收受贿赂 390.6 万元的严重违纪违法事实被一一查清。2022 年 11 月，陈小平被开除党籍、开除公职；2023 年 7 月，因犯受贿罪、贪污罪、挪用公款罪，陈小平被判处有期徒刑 8 年 10 个月。

资料来源：《以案为鉴｜"硕鼠"现形记》，中央纪委国家监委网站，https：//www.ccdi.gov.cn/yaowenn/202402/t20240202_326571.html。

第五节　内部控制手册

1-12 湘邮科技内部控制应用手册
（2020 版）

企业内部控制体系的建设是一项系统性工程，其特点在于全员控制、全面控制及全程控制。因此，在构建这一体系时，必须深入实际业务流程，与业务部门紧密合作，共同制定流程、制度、标准和规范。这一过程需要企业各层级人员的全力支持和参与，确保内部控制体系的科学性和实用性。

建设内部控制体系时，应以企业的战略目标为指引,以风险管理为导向,针对企业的收入、成本效益、资产安全、期望目标和管理基础等方面,设计出能够有效控制风险且具备高度可操作性的具体解决方案。在这个过程中,组织架构的设计、风险及内控需求的诊断、控制措施的制定以及权责的明确落实等任务都至关重要。

企业内部控制手册是这一建设过程成果的集合体现,它应当包含企业内部控制制度汇编、组织架构图、风险清单、关键业务及职能的流程图与风险控制矩阵等内容。这些文件不仅为内部控制体系的运行提供了标准化的指导,也为企业各层级人员提供了清晰的工作指南。后续章节将对这些文件进行详细的介绍和解读,本节仅对其概念进行简要说明。

一 企业内部控制制度汇编

企业内部控制制度汇编是企业为了实现其经营管理目标而精心制定的一系列内部管理制度、流程和规定的总和。这些汇编文件旨在明确管理标准,规范员工的行为,确保企业的日常运营能够有序进行。这些制度、流程和规定覆盖了企业运营的各个关键环节,包括但不限于财务、采购、销售、人力资源等方面。

通过制定和执行这些内部控制制度,企业能够建立起一套科学、合理、高效的管理体系,确保企业资源的合理配置和有效利用,降低经营风险,提高企业经济效益。同时,这些制度还能够明确员工的职责和权限,规范员工的行为,增强员工的责任感和归属感,提高企业的凝聚力和竞争力。

二 组织架构图

组织架构图是企业内部治理结构与各部门、岗位及其相互关系的直观展示工具。它采用图形化的方式,清晰地描绘了企业的治理结构、内部机构的设置、各部门的职责和权限分配,以及员工之间的层级和汇报关系。组织架构图不仅有助于企业设计出合理的制衡和监督机制,以确保各部门之间能够相互协作、相互监督,同时也能帮助员工更好地理解企业的整体运作方式和各部门间的协作关系。

通过组织架构图，员工可清晰地看到自己在企业中的位置和角色，了解自己负责的工作与其他部门之间的关联，从而更加明确自己的职责和使命。此外，组织架构图还有助于员工了解企业的管理层次和决策流程，促进信息的畅通和共享，提高企业的管理效率和响应速度。

三　风险清单

以风险为导向的内部控制应当在内外部环境风险分析的基础上，结合对各个业务流程的风险点梳理，列出风险清单。这一工具通过全面识别企业内外部环境及业务流程中的固有风险，详细阐述风险事件的特性和企业应对策略，从而为企业提供一个坚实的风险评估基础，有效支持企业的风险管理活动。

四　关键业务及职能的流程图

关键业务及职能的流程图是企业关键业务流程和职能活动的直观展示工具。它通过图形化的方式详细描述了业务流程的起始点、终止点以及各环节之间的逻辑关联，为企业提供了清晰的业务运作全景图。此类流程图不仅有助于企业深入理解业务运作的全过程及其关键环节，还能为各岗位人员提供具体的操作指导，确保业务操作的准确性和一致性。此外，流程图还为制衡及监督机制的设计提供了基础，有助于企业优化业务流程、提高工作效率、降低运营风险。

五　风险控制矩阵

风险控制矩阵是企业内部控制体系中的关键工具，它以表格形式详细列出了企业的关键业务流程、关键风险点、对应的关键控制点、实施控制的频率以及预期的控制效果等信息。这一工具旨在帮助企业全面审视内部控制的实施情况，从而有效识别潜在风险，评估控制措施的有效性，并据此进行必要的改进和优化，以确保内部控制体系的持续完善与高效运行。

第六节 章节综合练习——"獐子岛"事件与内部控制

本章主要介绍了内部控制的演进历史、内部控制产生的价值、我国内部控制规范体系以及内部控制的含义，在理论介绍的基础上对内部控制手册进行了简要介绍。本节基于"獐子岛"事件相关研究，介绍内部控制对企业经营的影响。

一 案例资料

獐子岛集团股份有限公司（以下简称"獐子岛公司"）成立于1992年9月21日，以海洋水产业为主，主营海珍品育苗业、海水增养殖业、水产品加工业、国内外贸易、冷链物流、海洋娱乐等，主要生产和销售虾夷、扇贝、海参、鲍鱼等海珍品，是目前国内最大的海珍品底播增养殖企业，独立开发海域养殖面积居全国同行业之首，其中虾夷、扇贝底播增值面积、产量居全国首位。

2014年10月31日，獐子岛公司发布公告，宣布对105.64万亩海域成本约为7.3亿元的底播虾夷、扇贝存货进行核销处理，对43.02万亩海域成本约为3亿元的底播虾夷、扇贝存货计提跌价准备约2.8亿元，扣除递延所得税影响约2.5亿元，合计影响净利润约7.6亿元，公司解释为遭遇百年不遇的冷水团导致其大规模绝收。

2018年2月5日，獐子岛公司发布2017年终盘点情况的公告，宣布对107.16万亩海域成本约为5.8亿元的底播虾夷、扇贝进行核销处理，对24.3万亩海域成本约为1.3亿元的底播虾夷、扇贝存货计提跌价准备5110.04万元，合计影响净利润约6.3亿元，獐子岛扇贝经历再一次大规模绝收。

獐子岛公司以荒谬的"扇贝出逃"事件作为其两次重大亏损的解释，引起舆论不满。2019年上半年发布的半年度财报统计数据指出，獐子岛公司的业绩再次出现跳崖式的下跌，同时，与獐子岛公司有长达8年合作时间的大华会计师事务所也"跑路"结束了合作关系；同年7月，证监会对獐

1-13 獐子岛：关于收到中国证券监督管理委员会行政处罚及市场禁入事先告知书的公告

子岛公司开出了行政处罚及市场禁入事先告知书，就其涉嫌财务造假、虚假记载、未及时披露等问题做出了60万元的顶格处罚。

2019年11月15日，獐子岛公司再一次发布底播虾夷、扇贝存量抽测结果的公告，预计核销底播虾夷、扇贝存货成本及计提存货跌价准备合计金额约2.8亿元，占全部账目价值的90%，獐子岛扇贝又一次大规模"绝收"。

2018年，证监会对獐子岛公司开出《调查通知书》，以公司涉嫌信息披露违法违规为由对公司进行立案调查。2019年7月10日，獐子岛公司因涉嫌财务造假、内部控制存在重大缺陷等原因收到证监会行政处罚事先告知书。2019年1月、2019年9月、2020年5月和2020年6月，獐子岛公司先后进行了四次动产抵押。2020年9月16日，甚至将公司存放在海底的虾夷、扇贝进行动产抵押，以从民生银行贷款9000万元。但是獐子岛公司的业绩仍以亏损居多，尤其是2019年虾夷、扇贝大规模死亡，亏损数额达到了3.92亿元，且公司受舆论压制，颓势尽显。

二　案例分析

獐子岛公司财务危机发生的根源在于公司治理结构的重大缺陷。公司设立的初始缺陷导致公司财务报表的负面信息表露，最终造成严重的财务后果，直接导致公司财务危机的产生。

（一）治理结构——一股独大

公司治理政企不分，一股独大。公司招股说明书显示，獐子岛公司由大连市长海县獐子岛镇所属集体企业改制而来。獐子岛的第一、第二、第三、第八大股东分别是獐子岛镇级集体企业，獐子岛镇下属褡裢村、大耗村、小耗村集体企业，这些企业都是集体资产，管理层分别为镇级、村级基层干部。政企不分是公司治理层面的大忌，可能严重影响公司的资源配置效率甚至整体运营效益。控股股东作为镇级企业，对其他三大村级企业股东管理人员的任免、重大资产配置等具有重大影响，四大股东关联度过高，容易成为一致行动人。另外，公司的第四大股东（第一大自然人股东）、董事长吴厚刚本身就是獐子岛公司、控股股东及所述其他三大股东中的关键人物。早在 2001 年公司整体变更为股份公司时，吴厚刚即担任董事长一职，同时担任控股股东的法定代表人兼獐子岛镇镇长、党委书记，因此吴厚刚也属于高度关联股东之一。公告显示，控股股东持股 45.76%，加上几大关联股东（其他三大集体企业股东和吴厚刚）的股份，持股比例已经高达 66.01%，一股独大的现象十分严重，上市公司容易出现人员不独立、私自转移资金等隐患。

（二）发展战略——偏离主业

獐子岛公司上市后，大股东开始致力于发展房地产业务。房地产业务成本长期占用獐子岛公司的大量资金，但销售业务低迷、资金回笼不畅，导致现金流状况恶化。獐子岛公司将大部分资金投入房地产等业务，忽略了养殖业主业的发展。这属于决策层的决策失误。

（三）人力资源——任人唯亲

獐子岛公司的治理结构存在重大问题。这一点也是其发现问题后不能及时、有效解决的原因之一。獐子岛是一个小渔岛，居民普遍受教育程度不高，这首先就给獐子岛公司的管理造成了一定的困难。其次，獐子岛公司的管理层存在任人唯亲的问题，总裁吴厚刚将自己的家人安排进公司的管理层，他成为獐子岛公司董事长之后，陆续安排其兄弟及其他亲戚进入公司，占据重要职位。獐子岛公司养殖事业二部总经理、山东荣成分公司负责人吴厚敬是他的哥哥；弟弟吴厚记则是物资采购部门经理，一手把持扇贝苗的采购；外甥刘强是獐子岛集团（荣成）食品有限公司总经理。这样的布局一方面加大了管理层决策的风险性，另一方面造成了公司内部贪腐严重的问题。从上至下，管理结构松散，不仅管理层没有办法受到合理的约束，管理层也无法约束基层员工在捕捞过程中的贪腐行为。

（四）风险评估——形同虚设

针对獐子岛公司 2017 年的存货异常事件，深交所对其风险监控系统提出质疑。该公司解释称其海洋生物技术研发部负责监测工作，监测范围包括水温、水质、浮游植物、降水四个方面，这次存货异常事件是受历史经验、生产经营数据和秋季抽测结果的影响而导致的，且未对底播虾夷、扇贝保持持续关注，造成了2017年年末扇贝全部核销的结果。明明有专门部门负责监测，仍出现存货异常问题，说明该公司的风险监控系统存在巨大漏洞。

（五）控制活动——高层凌驾

上市之后，獐子岛公司几大股东痴迷于投资房地产，其名下实际控制着多家房地产企业，对公司事务显得并不上心，且多次被曝出存在大股东非法挪用上市公司资金的情况，即獐子岛公司大股东暗地里将公司资金输送给其名下的房地产企业，却对外谎称将资金用于采购扇贝种苗，最后由于近年来房地产行业不景气，投资无法收回，公司只好对外宣称底播的扇贝受冻绝收，以达到掩盖挪用上市公司资金行为的目的。无论事件是否属实，错误地投资本身并不擅长的领域，并将大量长期资金套牢，以至于公司经营资金有所不足，控股股东都难辞其咎。

（六）信息与沟通——可靠性低

獐子岛公司未完全按照准则要求对消耗性生物资产进行全面、及时的信息披露。獐子岛公司在报表附注中对消耗性生物资产的介绍简单、模糊。例如，獐子岛公司2017年年报中有关消耗性生物资产的信息只披露了总额，并未按照企业会计准则的要求，对自育苗种、浮筏养殖产品和底播养殖产品三部分各自的占比情况、增减变动情况进行信息披露，从而造成了严重的信息不对称。

于2008年发布，又于2011年、2013年、2017年先后修订的《深圳证券交易所信息披露工作考核办法》从真实、准确、完整、及时、合法合规和公平六个方面评价上市公司的信息披露水平。自深交所2011年实施ABCD分级的评价机制后，獐子岛公司在2011～2017年各年分别得到B、B、B、C、D、C、D的评价。

（七）内部监督——无效监督

首先，由于獐子岛公司董事长同时兼任党支部书记及总裁，出现了一股独大局面。因此，在企业内部投资决策时难以形成有效牵制监督机制，容易造成决策失误、资金滥用等不良后果。其次，董事长权力巨大，在多数关键性岗位上任人唯亲，裙带作风明显，排斥外部专业人士，导致管理层难以实现有效管理。再次，管理层人员可以利用职务便利谎报价格，非法占有公司财产，导致财务现金流量问题。最后，高层管理人员的频繁变动，不利于獐子岛公司政策的可持续性，也容易导致其核心机密文件的泄露。

此外，獐子岛公司战略管理委员会履职状况无全程监管机制。獐子岛公司的两次异常事件都具有突发且规模大的特点，对投资者的冲击非常大。该公司在事前未能及时预警、事后未能追究责任，说明其董事会、监事会未能代表广大投资者行使监管权力。即使战略管理委员会两次未履职到位，也未发现公司构建专门的全程监管机制。

资料来源：刘又萌《内部控制缺陷与公司财务危机》，《财会通讯》2021年第4期，第142~145页；王杏芬、刘秋妍《消耗性生物资产信息披露及监管问题剖析——以獐子岛为例》，《财会月刊》2019年第23期，第84~91页。

三　进一步思考

针对上述内部控制问题，谁应该负责？

根据《基本规范》的明确规定，企业内部控制虽强调全员参与，但董事会作为公司治理结构的核心，承担着建立健全并有效实施内部控制的首要责任。这意味着董事会是企业内部控制体系有效性的最终责任主体。然而，从獐子岛公司的案例中，我们观察到该公司的董事会显然未能充分重视内部控制体系的设计，甚至在某些情况下凌驾于已有的控制体系之上，这种行为严重违背了企业内部控制的基本原则。

就獐子岛公司而言，若要提高公司的内部控制水平，就必须重视治理结构中的缺陷。这些缺陷不仅阻碍了内部控制的有效运行，也可能对企业的长期发展产生负面影响。因此，獐子岛公司应着重提升董事会对内部控制体系的重视程度，确保内部控制体系的建立健全和有效执行，从而为公司的稳健运营和持续发展奠定坚实基础。

内控微课堂1——U盾

U盾作为银行发行的客户证书USBkey，主要用于网上银行业务的资金安全保护，同时确保客户在网上进行交易、转账和支付时免受各种形式的网络攻击，是一种高级别安全工具。个人账户在通过网络银行转账时，常用到 U 盾作为身份验证工具，避免账户资金被盗取。

企业账户的 U 盾与个人账户的 U 盾有一定的区别。从功能上讲，个人 U 盾主要用于网银支付，而企业账户可以有网银 U 盾，还可以有银企直联的直联 U 盾。

企业账户网银 U 盾的功能与个人 U 盾类似，但使用方式有一定不同。一般来讲，个人 U 盾只有一个，但企业账户一般会配备两个及两个以上的 U 盾。最基本的要求是配置两个 U 盾，其中一个具有制单权限，另一个具有审核权限，这样安排的主要原因在于保护企业资产不被挪用。制单员发起的付款申请只有得到审批之后才能付款。两个 U 盾应当由不同的人员保管，确保不相容职务的分离。一般来说，制单权限 U 盾由操作员管理，审核权限 U 盾由管理员保管。当企业体量较大、资金使用额较高时，可以考虑设置三级管理，申请第三个审批 U 盾，实现与企业授权审批体系的匹配。

企业的直联 U 盾是个人账户无法办理的工具。通过直联 U 盾，企业能够完成身份认证，并将企业内部财务管理系统与银行开放的数据接口直联对接，实现查询账户余额、查询明细、获取电子回单等功能。企业若申领了直联 U 盾，也应当指定专人负责保管，对该 U 盾的使用条件、环境等做出进一步规范。

思考题

1. 请结合经济发展背景思考内部控制五个阶段出现的现实意义。

2. 如何理解内部控制目标与内部控制价值之间的关系？

3. 我国《基本规范》为何要单独提出资产安全目标？COSO 体系是否不重视资产安全？

4. 如何理解内部控制含义中四个关键词的内在关系？

5. 如何理解企业内部控制手册中各成果的价值以及各成果之间的内在联系？

第二章　内部控制五要素

学习目标

1. 了解制度的作用、体系结构以及管控流程。

2. 理解五要素在内部控制中的作用。

3. 掌握内部控制五要素模型，理解五要素的二级要素构成内容。

4. 运用内部控制五要素模型梳理企业内部控制体系，为内部控制评价及设计奠定基础。

课程思政融入点

1. 剖析规范及案例，体会"中国特色"的内部控制制度建设思路，积极培育和践行社会主义核心价值观。

2. 通过典型舞弊案例的剖析，加强个人社会主义核心价值观培养，塑造反舞弊信念。

3. 学习习近平总书记关于强化监督的重要论述，培养学生的政治责任感和自律精神。

4. 理解内部控制各要素的功能及相互关系，体会马克思主义唯物辩证法在内部控制设计和实践中的体现。

引导案例　　　中公教育科技股份有限公司 2023 年度内部控制评价范围

中公教育科技股份有限公司全体股东：

根据《基本规范》及其配套指引的规定和其他内部控制监管要求，结合

2-1 中公教育：
2023 年内部
控制评价报告

中公教育科技股份有限公司（以下简称"公司"）内部控制制度和评价办法，在内部控制日常监督和专项监督的基础上，我们对公司 2023 年 12 月 31 日（内部控制评价报告基准日）的内部控制有效性进行了评价。

（中略）

纳入评价范围的单位及事项涵盖了公司经营管理的主要方面，不存在重大遗漏。具体评价结果阐述如下。

1. 内部控制环境

公司自成立以来，一直致力于内部控制制度的制定、细化和完善，使内部控制制度能更有效地服务于公司的各项经营管理，并对公司各项经营活动进行统筹计划和控制。公司制定了《公司章程》《股东大会议事规则》《董事会议事规则》《监事会议事规则》《独立董事任职及议事制度》《募集资金管理办法》等规则制度；公司建立了法人治理结构、内部审计、人力资源政策、企业文化与社会责任等内部控制制度。同时，公司根据《公司法》《证券法》等法律法规及公司实际情况的变化，对上述制度进行了多次修订完善，建立了符合上市公司要求规范的法人治理结构，形成良好的内部控制环境和相对完善的内部控制制度体系。

公司各项内部控制制度健全有效，董事会、董事会专门委员会和高管人员之间的责任、授权和报告关系明确；公司高管人员积极敦促公司员工了解公司的内部控制制度，并能有效地对内部控制系统的效用进行检查。

2. 风险评估

为促进公司持续、健康、稳健发展，实现经营目标，公司根据既定的发展策略，结合不同发展阶段和业务拓展情况，全面、系统、持续地收集相关信息，及时进行风险评估，动态进行风险识别和风险分析，并相应调整风险应对策略。

公司设立运营监督部，履行风险管理职能，对公司各项业务的经营风险进行识别和监控。在外部专业机构的协助下，对经济形势、行业政策、市场竞争等外部风险因素以及财务状况、资金状况、资产管理、运营管理等内部风险因素进行收集研究，并采用定量与定性相结合的方法进行风险识别及评估，为管理层制定风险应对策略提供依据。

3. 主要控制活动

本公司的主要控制措施包括以下方面。

（1）不相容职务分离控制

公司按照职责分离的控制要求，形成各司其职、各负其责、相互制约的工作机制。

（2）授权审批控制

公司各项需审批业务有明确的审批权限及流程，明确各岗位办理业务和事项的权限范围、审批程序和相应责任。公司各部门及各分、子公司的日常审批业务在信息化平台上进行自动控制，以保证授权审批控制的效率和效果。

（中略）

4. 信息与沟通

公司设置了信息技术中心，负责公司信息系统的开发、维护和日常管理。公司已建立了《线上系统操作规范》等管理制度，建立了能够涵盖公司全部重要活动，并对内部和外部的信息进行收集和整理的有效信息系统；建立了有效的信息沟通和反馈渠道，确保员工能充分理解和执行公司政策和程序，并保证相关信息能够传达到应被传达到的人员；公司的信息系统内部控制具有完整性、合理性及有效性。

5. 内部监督

公司设立内部审计部门，配备专职内部审计人员，制定年度内部审计计划，并提交给董事会审计委员会审议。通过开展综合审计、专项审计或专项调查等手段，每个季度对公司收付款、销售、采购、资金使用、关联交易等进行重点检查，评价内部控制设计和执行的效率与效果，对公司内部控制设计及运行的有效性进行监督，促进公司内部控制工作质量的持续改善与提高。对在审计或调查中发现的内部控制缺陷，依据问题严重程度向审计委员会或管理层报告，并督促相关部门采取积极措施予以整改。

（中略）

公司设有专门的投诉电话和董事长反馈邮箱，保证员工发声渠道畅通。运营监督部履行内部反舞弊职能，开展专项调查，发挥监督作用。监事会建立了对各分、子公司的巡查机制，通过现场走访、员工约谈等方式，共同促进内部控制管理水平提高。

资料来源：《中公教育：内部控制自我评价报告》，巨潮资讯网，http：//www.cninfo.com.cn/new/disclosure/detail？orgId=9900021221&announcementId=1219926649&announcementTime=2024-04-30。

第一节　内部控制五要素概述

1992年，COSO发布了《内部控制——整合框架》报告，并在1994年进行了修订。控制环境（Control Environment）、风险评估（Risk Assessment）、控制活动（Control Activities）、信息与沟通（Information and Communication）和监控（Monitoring）五个要素构成了COSO报告中内部控制的基本框架。内部控制五要素框架的提出为企业设计、执行、评价内部控制提供了理论基础和实践指导。

2-2 永兴股份
内部控制评价制度

参考上述框架，我国《基本规范》明确了企业应当从内部环境、风险评估、控制活动、信息与沟通、内部监督五方面开展自身内部控制体系的建立、实施与评价工作。

五要素在内部控制体系中各自承载着不同的功能，但它们并非各自独立，而是紧密相连、相互作用。首先，内部环境是内部控制体系得以稳固扎根的土壤，涵盖企业的治理结构、组织架构、权责划分、内部审计、人力资源策略及企业文化等。一个健康的内部环境对内部控制其他要素的执行效果具有决定性的影响，它为其他要素提供了坚实的基础和保障。

其次，风险评估是内部控制不可或缺的一环。企业需识别并评估在运营过程中可能影响战略目标达成的各类风险。这种评估结合了定量和定性的方法，依据风险承受度选择适合的风险管理策略，为控制活动提供明确的方向。风险评估的精确性和有效性直接关系到控制活动的针对性和效果。

控制活动是内部控制体系的核心，它基于风险评估的结果，采取适当的控制措施来将风险控制在企业可承受的范围之内。这些活动贯穿企业的各个层级和部门，确保企业运营的合规性、资产的安全性及其他控制目标的实现。

信息与沟通是内部控制体系中的桥梁，它确保了内部控制信息的及时、准确传递与共享。通过有效的信息与沟通，企业还能够及时了解内部控制的实施情况，发现存在的问题并进行改进。

最后，内部监督是内部控制体系闭环管理的关键步骤。通过对内部控制的建立与实施情况进行监督检查，评价其有效性，企业能够识别并改进内部控制中的不足，提升管理效率。内部监督的存在有助于内部控制体系持续优化和高效运行。

延伸阅读 2-1

中国特色的内部控制规范体系

我国会计领域改革开放取得的标志性成就之一是借鉴具有国际影响力的美国反欺诈财务报告全国委员会下属的发起组织委员会（COSO）的报告，建立具有中国特色的内部控制规范体系。2008 年，财政部等五部门发布的《基本规范》借鉴了 COSO 报告，将内部控制定位为企业全面内部控制。基本规范中明确指出，"企业建立与实施有效的内部控制，应当包括下列要素：内部环境、风险评估、控制活动、信息与沟通、内部监督"。这一定义具有战略导向，也表明中国的内部控制标准已开始采用国际通行的 COSO 报告的观点。引导案例中的案例公司从内部环境、风险评估、控制活动、信息与沟通及内部监督五个维度开展了内部控制自我评价。

资料来源：白华、胡礼燕《超越 COSO：中国内部控制规范体系探索》，《会计与经济研究》2020 年第 6 期，第 11~31 页。

第二节　内部环境

一　内部环境的含义

根据我国《基本规范》，内部环境是"企业实施内部控制的基础，一般包括治理结构、机构设置及权责分配、内部审计、人力资源政策、企业文化等"。内部环境是一个内涵丰富的概念，它是影响和制约内部控制建立与执行的各种因素的总称。诸如以下内容都属于内部环境的范畴：董事会、监事会、管理层的分工制衡及其在内部控制中的职责权限设置，审计委员会职能是否发挥；企业内部审计机构设置是否恰当，人员配置是否有独立性；对掌握国家秘密或重要商业秘密的员工离岗是否设置了限制性规定；单位整体是否有风险意识和风险管理理念等。

二　内部环境常见风险及管控手段

2-3 COSO：实现对可持续发展报告的有效内部控制（ICSR）

内部环境作为企业实施内部控制的基石，不仅影响着组织内部每一位成员的控制观念和行为习惯，还直接关系到内部控制体系中其他各个组成要素能否有效运作和发挥预期作用。与此同时，良好内部环境的建设也依赖于具体的控制手段。表 2-1 梳理汇总了《应用指引第 1 号——组织架构》、《应用指引第 2号——发展战略》、《应用指引第 3 号——人力资源》、《应用指引第 4 号——社会责任》和《应用指引第 5 号——企业文化》中关于内部环境构成要素常见的风险以及管控手段的描述。

表 2-1　内部环境构成要素相关的控制风险及管控手段示例

内部环境构成要素	内涵	常见风险示例	常见管控手段示例
组织架构	企业按照国家有关法律法规、股东（大）会决议和企业章程，结合本企业实际，明确股东（大）会、董事会、监	(1) 治理结构形同虚设，缺乏科学决策、良性运行机制和执行力，可能导致企业经营失败，难以实现发展战略	(1) 不相容职务分离：企业应当对各机构的职能进行科学合理的分解，确定具体岗位的名称、职责和工作要求等，明确各个岗位的权限和相互关系。企业在确定职权和岗位分工过程中，应当体现不相容职务相互分离的要求。不相容职务通常包括可行性研究与决策审批、决策审批与执行、执行与监督检查等

续表

内部环境构成要素	内涵	常见风险示例	常见管控手段示例
组织架构	事会、经理层和企业内部各层级机构设置、职责权限、人员编制、工作程序和相关要求的制度安排	(2)内部机构设计不科学,权责分配不合理,可能导致机构重叠、职能交叉或缺失、推诿扯皮、运行效率低下	(2)授权审批:企业的重大决策、重大事项、重要人事任免及大额资金支付业务等,应当按照规定的权限和程序实行集体决策审批或者联签制度。任何个人不得单独进行决策或者擅自改变集体决策意见 (3)财产保护控制:企业拥有子公司的,应当建立科学的投资管控制度,通过合法有效的形式履行出资人职责,维护出资人权益,重点关注子公司特别是异地、境外子公司的发展战略、年度财务预决算、重大投融资、重大担保、大额资金使用、主要资产处置等
发展战略	企业在对现实状况和未来趋势进行综合分析和科学预测的基础上,制定并实施的长远发展目标与战略规划	(1)缺乏明确的发展战略或发展战略实施不到位,可能导致企业盲目发展,难以形成竞争优势,丧失发展机遇和动力 (2)发展战略过于激进、脱离企业实际能力或偏离主业,可能导致企业过度扩张,甚至经营失败 (3)发展战略因主观原因频繁变动,可能导致资源浪费,甚至危及企业的生存和持续发展	(1)不相容职务分离:董事会应当严格审议战略委员会提交的发展战略方案,重点关注其全局性、长期性和可行性。董事会在审议方案中如果发现重大问题,应当责成战略委员会对方案做出调整 (2)授权审批:企业的发展战略方案经董事会审议通过后,报经股东(大)会批准实施 (3)运营分析:战略委员会应当加强对发展战略实施情况的监控,定期收集和分析相关信息,对于明显偏离发展战略的情况,应当及时报告

内部环境构成要素	内涵	常见风险示例	常见管控手段示例
人力资源	企业组织生产经营活动而录（任）用的各种人员，包括董事、监事、高级管理人员和全体员工	（1）人力资源缺乏或过剩、结构不合理、开发机制不健全，可能导致企业发展战略难以实施（2）人力资源激励约束制度不合理、关键岗位人员管理不完善，可能导致人才流失、经营效率低下或关键技术、商业秘密和国家机密泄露（3）人力资源退出机制不当，可能导致法律诉讼或企业声誉受损	（1）绩效考核：企业应当建立选聘人员试用期和岗前培训制度，对试用人员进行严格考察，促进选聘员工全面了解岗位职责，掌握岗位基本技能，适应工作要求。试用期满考核合格后，方可正式上岗；试用期满考核不合格者，应当及时解除劳动关系（2）不相容职务分离：企业选拔高级管理人员和聘用中层及以下员工，应当切实做到因事设岗、以岗选人，避免因人设事或设岗，确保选聘人员能够胜任岗位职责要求。企业选聘人员应当实行岗位回避制度（3）合同管理：企业对考核不能胜任岗位要求的员工，应当及时暂停其工作，安排再培训，或调整工作岗位，安排转岗培训；仍不能满足岗位职责要求的，应当按照规定的权限和程序解除劳动合同
社会责任	企业在经营发展过程中应当履行的社会职责和义务，主要包括安全生产、产品质量（含服务）、环境保护、资源节约、促进就业、员工权益保护等	（1）安全生产措施不到位，责任不落实，可能导致企业发生安全事故（2）产品质量低劣，侵害消费者利益，可能导致企业巨额赔偿、形象受损，甚至破产（3）环境保护投入不足，资源耗费大，造成环境污染或资源枯竭，可能导致企业巨额赔偿、缺乏发展后劲，甚至停业（4）促进就业和员工权益保护不够，可能导致员工积极性受挫，影响企业发展和社会稳定	（1）归口管理：企业应当设立安全管理部门和安全监督机构，负责企业安全生产的日常监督管理工作（2）规范化和责任制：企业应当根据国家有关安全生产的规定，结合本企业实际情况，建立严格的安全生产管理体系、操作规范和应急预案，强化安全生产责任追究制度，切实做到安全生产（3）日常监督：企业应当建立环境保护和资源节约的监控制度，定期开展监督检查，发现问题，及时采取措施予以纠正。污染物排放超过国家有关规定的，企业应当承担治理或相关法律责任。发生紧急、重大环境污染事件时，应当启动应急机制，及时报告和处理，并依法追究相关责任人的责任

续表

内部环境构成要素	内涵	常见风险示例	常见管控手段示例
企业文化	企业在生产经营实践中逐步形成的、为整体团队所认同并遵守的价值观、经营理念和企业精神，以及在此基础上形成的行为规范的总称	(1)缺乏积极向上的企业文化，可能导致员工丧失对企业的信心和认同感，企业缺乏凝聚力和竞争力 (2)缺乏开拓创新、团队协作和风险意识，可能导致企业发展目标难以实现，影响可持续发展 (3)缺乏诚实守信的经营理念，可能导致舞弊事件的发生，造成企业损失，影响企业信誉 (4)忽视企业间的文化差异和理念冲突，可能导致并购重组失败	(1)日常监督：企业应当建立企业文化评估制度，明确评估的内容、程序和方法，落实评估责任制，避免企业文化建设流于形式 (2)闭环管理：企业应当重视企业文化的评估结果，巩固和发扬文化建设成果，针对评估过程中发现的问题，研究影响企业文化建设的不利因素，分析深层次的原因，及时采取措施加以改进 (3)目标管理：企业应当根据发展战略和实际情况，总结优良传统，挖掘文化底蕴，提炼核心价值，确定文化建设的目标和内容，形成企业文化规范，使其构成员工行为守则的重要组成部分

资料来源：《应用指引》。

延伸阅读 2-2

针对董监高的上市公司财务报表舞弊治理

2022 年，"一号罚单"给了"复合肥龙头"金正大，该公司被曝出虚增利润近 20 亿元，财务舞弊规模直追震惊市场的康美，操作复杂性又远超康得新。继"两康"之后，竟仍有业界标杆顶风作案，实在发人深省，为何中国上市公司的财务舞弊总是"野火烧不尽，春风吹又生"？

同年 5 月，广州市中级人民法院对康美药业（股票代码：600518）证券集体诉讼案做出一审判决：康美药业承担 24.59 亿元的赔偿责任；公司实际控制人马兴田夫妇及邱锡伟等 4 名原高管人员组织策划实施财务造假，属故意行为，承担100%的连带赔偿责任；另有13名高管人员按过错程度分别承担5%、10%、20%的连带赔偿责任。该处罚的市场效果明显，尤其是对独立董事的巨额处罚，引发了大量独立董事主动辞职现象。

中国上市公司的财务舞弊治理机制，历经1998年《证券法》颁布到2020年注册制改革再到2022年退市新规出台，通过不断补充修订《证券法》《公司法》《会计法》相关条款，产生了较好的成效，尤其是中国证券集体诉讼首案"康美药业案"的胜利，在中国资本市场发展史上树立了里程碑。居安思危，保持忧患意识，坚持创新发展，是推进上市公司财务舞弊治理取得更大进步的关键。

新《证券法》取消了发行审核委员会制度，推动证券公开发行转向注册制，同时确立了发行人员及其控股股东、实际控制人、董事、监事、高级管理人员公开承诺的信息披露制度，降低舞弊可能。设立赔偿机制和完善代表诉讼制度，也是新《证券法》一大亮点。该举措大大提高了事后成本，对财务舞弊犯罪成本低、第三方责任承担不到位等问题起到了防治效用。

资料来源：罗党论、黄悦昕、何建梅《上市公司财务舞弊的治理：经验与理论分析》，《财会月刊》2022年第22期，第29~37页。

第三节　风险评估

一　风险评估的含义

根据《基本规范》，风险评估是"企业及时识别、系统分析经营活动中与实现内部控制目标相关的风险，合理确定风险应对策略"。具体而言，企业在日常经营活动中，应当持续且全面地收集内外部信息，迅速且系统地识别与实现内部控制目标密切相关的各种风险。基于这些风险的性质和影响程度，企业应合理地确定相应的风险应对策略，以确保这些风险被有效地控制在企业所能承受的范围内。其中，风险承受度反映了企业对风险的容忍和应对能力，它既包括各业务层面可接受的风险水平，也涵盖了企业整体层面的风险承受能力。

二　企业内外部常见风险

《基本规范》提出企业应当关注的内外部风险如表 2-2 所示。

表 2-2　企业应当关注的风险分类示例

大类	二级分类	示例
内部风险	人力资源因素	董事、监事、经理及其他高级管理人员的职业操守、员工专业胜任能力等
	管理因素	组织机构、经营方式、资产管理、业务流程等
	自主创新因素	研究开发、技术投入、信息技术运用等
	财务因素	财务状况、经营成果、现金流量等
	安全环保因素	营运安全、员工健康、环境保护等
外部风险	经济因素	经济形势、产业政策、融资环境、市场竞争、资源供给等
	法律因素	法律法规、监管要求等
	社会因素	安全稳定、文化传统、社会信用、教育水平、消费者行为等
	科学技术因素	技术进步、工艺改进等
	自然环境因素	自然灾害、环境状况等

资料来源：《基本规范》。

除此之外，风险分析的维度还包括战略风险、运营风险、财务风险和合规风险等。战略风险主要聚焦企业整体战略方向和目标可能遭遇的挑战，这些挑战可能源自市场竞争的加剧、行业趋势的变动或政策环境的调整。财务风险与企业的财务状况、资金流动和投资回报等紧密相关，涉及财务风险控制、资金安全保障及成本控制等方面。运营风险更为具体，主要涵盖企业的日常运营活动，如供应链管理、生产流程优化及人力资源管理等方面可能遇到的风险。合规风险强调企业在遵守法律法规和行业规范方面可能面临的潜在风险。

三　风险评估的步骤

风险评估通常以目标设定为起点，通过风险识别、风险分析和风险应对三个步骤展开。

（一）风险识别

2-4 海格通信：
全面风险管理
制度 2023 版

企业应当采用定性与定量相结合的方法，按照风险发生的可能性及其影响程度等，对识别出的风险进行分析和排序，确定重点关注和优先控制的对象。在开展具体的风险分析之前，一般会采用现场调查法、流程图法等方法将风险尽可能地梳理出来，这个过程被称为风险识别。

1. 现场调查法

现场调查法要求风险管理人员直接深入企业实际环境，通过实地观察、询问和检查等手段，来识别潜在的风险。其核心优势在于，通过现场的实时操作和细致观察，风险管理人员能够获取最直观、最真实的风险信息，进而对潜在风险有更深入、更准确的认知。

通过现场调查法，风险管理人员可以直接了解风险发生的具体场景、环境和条件，以及与风险事件相关的各方人员的行为和态度。这种"身临其境"的方式使得风险识别过程更为全面、细致，能够捕捉到更多细节和潜在风险因素。然而，现场调查法也存在一些局限性。首先，由于需要实地走访和深入调查，这种方法通常耗时较长，成本也相对较高。其次，在调查过程中，被调查人员可能会因为工作繁忙或疲劳而产生反感，从而影响调查效果。因此，在使用现场调查法时，风险管理人员需要充分准备，合理安排时间和资源，并尽可能减少对被调查人员的干扰。现场调查法详细使用方式请参见第七章内容。

2. 流程图法

在风险识别的过程中，流程图法作为一种有效工具被广泛应用。该方法的核心在于通过绘制流程图来展现业务或项目的各个环节、活动以及决策点，从而辅助识别和分析潜在的风险点。使用此种方法时，风险管理人员首先应明确风险管理目标及分析范围，绘制流程图并标注风险点；其次评估风险概率和影响程度，确定风险优先级；最后根据评估结果制定风险应对策略并持续监控改进。这种方法直观清晰，有助于全面了解业务风险，制定有效的风险管理措施。具体流程图的绘制方法请参考第四章相关内容。

延伸阅读 2-3

航天项目研制过程中项目经费风险识别与应对

受航天项目研制过程中技术设计、研制生产、决策管理、人力资源、研制环境等因素影响，航天研制项目经费风险随研制过程中的不同阶段、不同要素、不同流程、不同特点呈现出不同的大小和表现模式，且各研制阶段间的经费风险存在一定的延续性和传递性。航天研制项目全流程经费风险管控是全体步骤风险应对的整合，其中各研发团队均需充分了解项目整体，从而对相应的经费计划进行有效控制与修订。

以航天项目研制生产过程为线索，可形成航天研制项目经费风险管控过程分析法。

（1）从分解细化项目工作内容及研制经费需求开始，通过识别每一阶段经费风险，建立、分析经费指标体系。

（2）使用风险分析法，按项目功能区分出经费支撑、经费概算、拨付进度等指标体系，最后得到经费综合风险度。

（3）在此基础上针对每一研制阶段设立经费风险阈值，结合经费综合风险度判断是否进行阶段干预控制，以及判断是否采取有针对性的补救措施，防止风险扩散至其他阶段。

（4）伴随项目研发环节的推进，必须时常实行全域监察，以保证项目经费风险的可控性。

资料来源：范志芳、匡杨弘义《航天项目研制过程中项目经费风险管控研究》，《科研管理》2022 年第 8 期，第 201~208 页。

（二）风险分析

风险识别侧重于全面性，即将可能对企业造成影响的风险尽量多、尽量全面地梳理出来。风险分析是在这个基础上，对风险发生的可能性以及风险发生后的影响程度进行综合分析，为后续的风险应对提供依据。风险分析方法包括定性和定量两类。

2-5 管理会计应用指引第 503 号——情景分析

1. 定量分析法

2-6 管理会计应用
指引第 402 号——
敏感性分析

常见的定量分析方法包括情景分析法和敏感性分析法等方法。其中，情景分析法是指通过设定不同的未来情景，预测和分析这些情景下企业可能面临的风险及其影响。敏感性分析法指研究某一关键变量变化时，企业风险指标的变化情况，以评估该变量对风险的影响程度。

2. 定性分析法

常见的定性分析方法包括风险矩阵法、风险清单法等方法。风险矩阵法，又称风险地图法，主要是指通过绘制图形，将风险按照其发生的可能性和潜在的影响程度进行分类和排序，从而确定后续的应对重点及策略。风险清单法是指企业根据自身情况，以表单的形式进行风险识别、风险分析、风险应对以及风险报告和沟通等管理活动。这两种方式在实务中都有较广泛的应用，详细内容请参考第四章对应小节。

（三）风险应对

基于风险分析的结果，企业应当结合风险承受度，权衡风险与收益，确定风险应对策略。具体而言，企业应当合理分析、准确掌握董事、经理及其他高级管理人员、关键岗位员工的风险偏好，采取适当的控制措施，避免因上述人员的个人风险偏好给企业经营带来重大损失。

基于《基本规范》，常见的风险应对策略包括风险规避、风险降低、风险分担和风险承受四种类型。每种风险应对策略的含义及示例请参见表 2-3。

表 2-3　风险应对策略及示例

风险应对策略类型	含义	具体策略示例
风险规避	企业对超出风险承受度的风险，通过放弃或者停止与该风险相关的业务活动以避免和减轻损失的策略	（1）企业通过剥离或出售不良资产避免持续亏损 （2）企业对不合格供应商设置的黑名单 （3）企业发现某个客户财务状况恶化，有明显违约迹象，立即采取终止合作的方式避免出现坏账损失等

风险应对 策略类型	含义	具体策略示例
风险降低	企业在权衡成本效益之后,准备采取适当的控制措施降低风险或者减轻损失,将风险控制在风险承受度之内的策略	(1)例如投资组合,"不把所有的鸡蛋放在一个篮子里" (2)通过签订远期合同,与供应商约定原材料价格、数量及规格等,保证原材料稳定供应的同时,降低成本波动带来的风险 (3)例如软件、游戏等新品上市之前通过测试确定产品性能的稳定性、客户接受程度等
风险分担	企业借助他人力量,采取业务分包、购买保险等方式和适当的控制措施,将风险控制在风险承受之内的策略	(1)将部分非核心业务交给其他企业或机构完成,实现将相应风险转移给承包者 (2)通过经营租赁的形式获取物资的使用权,不承担后续资产贬值等风险 (3)通过购买保险将潜在风险转移给保险公司
风险承受	企业对风险承受度之内的风险,在权衡成本效益后,不准备采取控制措施降低风险或者减轻损失的策略	(1)针对预期无法回收的应收账款计提坏账准备 (2)风险评估阶段认为可以忽略继而不采取任何主动应对策略的情况

企业在应对风险时,所采取的策略并非固定不变。随着企业不同发展阶段和业务拓展的深入,风险也会相应变化。因此,企业应当持续收集与风险变化相关的信息,进行风险识别和风险分析,以确保对风险的全面理解和准确评估。基于这些分析,企业应适时调整风险应对策略,确保策略的有效性和适应性,以更好地应对各种风险挑战。

第四节　控制活动

结合风险评估结果,企业应当设计相应的控制活动将风险控制在企业可承受范围之内。基于《基本规范》,控制活动一般包括:不相容职务分离控制、授权审批控制、会计系统控制、财产保护控制、预算控制、运营分析控制和绩效考评控制等。

一　不相容职务分离控制

为确保企业运营的规范性和安全性，不相容职务分离控制是一项至关重要的管理原则。它要求企业全面系统地分析并梳理业务流程中的各个环节，识别出那些存在潜在利益冲突或风险重叠的职务，即不相容职务。随后，企业应实施相应的分离措施，确保这些职务由不同的人员担任，从而形成一个各司其职、各负其责、相互制约的工作机制。

在实际操作中，最常见的不相容职务就是会计和出纳的岗位。这两个职务负责企业的资金管理和记录，如果由同一人兼任，将大大增加财务舞弊和错误的风险，对企业的资金安全构成严重威胁。因此，按照不相容职务分离控制的要求，会计和出纳的职责必须明确分离，由不同的人员担任，以确保企业资金的安全性和准确性。不相容职务分离控制更多内容的详细介绍请参见第六章。

延伸阅读 2-4

为还债医院出纳挪用公款上百万

李文秀在 2002 年 9 月至 2020 年 6 月期间，先后担任乔建镇中心卫生院会计、出纳等职务。由于投资失败，外加大量举债，产生了巨大的资金压力。于是，他开始对自己管理的公款动起了歪心思，打起了小算盘。

欲望之门一旦打开，再也关不住。2018 年 3 月至 2020 年 5 月，李文秀先后挪用公款达百次，金额超 165 万元，用于偿还私人贷款、信用卡等。

2018 年 3 月，李文秀和陆某对调会计、出纳岗位时，没有把会计审核系统账号、密码、密钥移交会计陆某。此后，作为出纳的李文秀，既可登录会计审核系统，又可登录财政支付系统，需要用款的时候，就登录出纳财政支付系统，按用款计划、用款内容点用款，再登录会计审核系统代替会计进行审核，从而完成了提取单位资金最重要的环节。

"要拿到钱，财政授权支付凭证上还要盖三个章——财务印章、单位法人私章、会计印章，盖了三个章后才能把钱从单位账号转到个人账户。"县纪委监委相关负责人介绍，三个章由会计陆某保管，出于对李文秀的信任，平时盖章的时候，陆某不过问，李文秀可以随意盖这三个章。

2021年3月，新老会计交接，会计陆某发现账上库存现金科目记录有160多万元，要和李文秀对账。此时，李文秀意识到挪用公款的事情再也瞒不住了，开始惴惴不安。同年5月，李文秀决定投案自首，在6月调查终结后移送检察机关审查起诉，一审判处其有期徒刑四年，并责令退赔单位被挪用的资金160多万元。

资料来源：《以案为鉴 | 为还债医院出纳挪用公款上百万》，南宁市纪委监委网站，http：//lajjw. nanning. gov.cn/ljgj_ 5533/jsaj_ 5539/t4925376. html。

二　授权审批控制

为了确保企业运营的规范性和安全性，授权审批控制成为一项核心的管理措施。这一控制机制要求企业根据常规授权和特别授权的规定，编制权限指引，清晰界定各岗位在办理业务和事项时的权限范围、审批程序以及相应的责任。权限指引相关内容的详细介绍请参见第六章。

常规授权是指企业在日常经营管理活动中按照既定的职责和程序进行的授权，特别授权是指企业在特殊情况、特定条件下进行的授权。企业各级管理人员应当在授权范围内行使职权和承担责任。

企业对于"三重一大"事项，应当实行集体决策审批或者联签制度，任何个人不得单独决策或者擅自改变集体决策。"三重一大"事项包括重大事项决策、重要干部任免、重大项目投资决策和大额资金使用。这一制度最早源于1996年第十四届中央纪委第六次全会公报，是贯彻落实党的民主集中制的制度安排，对于规范党委权力行使和加强反腐倡廉建设具有重要意义，后被广泛应用于企业管理中。关于"三重一大"具体内容的讲解请参考第三章。

延伸阅读2-5
"一把手"造成"塌方式"腐败

付兴，男，曾任昆明国家粮食储备中转库主任等职位。2022年12月，付兴因犯贪污罪、挪用公款罪、受贿罪，被判处有期徒刑十六年，并处罚金人民币九十五万元。

付兴在单位大搞"健身圈""打球圈"，拉拢一帮人，形成自己的小圈子。"对平时和我一起打球、健身的人就亲切一些，并在中层干部选拔中凭个人好恶选人用人。"付兴说，只要是他认可的"自己人"，就可以得到提拔重用。

在制度执行上，付兴同样为所欲为。他的一句话，就能安排经营部经理拟定虚假合同、签署虚假协议；他的"一支笔"，就可以把公司成百上千万元资金出借给他人使用。"三重一大"事项集体决策制度、民主集中制、末位表态等重要制度，在单位成为写在纸上、挂在墙上的摆设。

不仅领导之间互不监督，财务人员、办事人员也不敢质疑。干部职工明知有些行为是违规操作、违法乱纪，也不敢坚持原则，生怕得罪领导，反而曲意逢迎，揣摩领导意图，应有的层层把关变为层层失守。

办案人员介绍，在付兴与张某、沈某某等人长期合作骗取国家补贴过程中，由于付兴的"授意"，单位干部职工上上下下加班加点伪造铁路货物运单、调运数量确认汇总表等材料，为骗取国家补贴行为提供"服务"。时任中转库副主任叶某、市场部经理李某、经营部经理李某某等人，均因严重违纪违法受到党纪国法惩处。该单位共查处涉案人员9人，留置6人，移送司法机关9人，可谓云南粮食购销领域的"塌方式"腐败。付兴作为"一把手"，难辞其咎。

资料来源：《以案为鉴丨初心不正　人生迷航　云南昆明国家粮食储备中转库原党委书记、主任付兴严重违纪违法案剖析》，中央纪委国家监委网站，https://www.ccdi.gov.cn/yaowenn/202308/t20230809_281581_m.html。

三　会计系统控制

会计系统控制要求企业全面遵循恰当的会计准则，强化会计基础工作的规范性，清晰界定会计凭证、会计账簿和财务会计报告的处理流程，以确保会计信息的真实性和完整性。同时，企业需依法设立会计机构，并配备持有会计从业资格证书的专职人员。会计机构负责人需具备会计师及以上专业技术职务资格，大中型企业更应设立总会计师一职，并确保该职位的职权独立，避免职能重叠。

延伸阅读 2-6

上市公司财务造假的手段：以康美药业为例

康美药业的财务造假手段主要有如下三种。

（1）使用虚假银行单据虚增存款。康美药业自查披露的财务数据显示，公司应收账款、在建工程和存货分别少计 64.1 亿元、6.31 亿元、19.55 亿元，多计货币资金 299.44 亿元。通过虚增货币资金、调整在建工程以及存货达到虚增利润的目的。

（2）通过伪造业务凭证进行收入造假。同样是自查披露的财务数据显示，康美药业多计货币资金 299.44 亿元，多计营业收入 88.98 亿元，少计销售费用、财务费用共计 7.25 亿元。正是通过上述一系列手段，康美药业得以虚增公司营业利润，提高净利润，进而拉高其市值。

（3）部分资金转入关联方账户买卖本公司股票。据后来公布的信息，自康美药业上市以来，一直都受到核心高级管理层和多个关联方的增持。大股东通过其控股的康美实业等公司频繁增持上市公司的股票。

资料来源：宋琳、李鹏《上市公司财务造假的负面影响及其防范路径》，《新视野》2022 年第 3 期，第 102~108 页。

四 财产保护控制

财产保护控制要求企业建立财产日常管理制度和定期清查制度，采取财产记录、实物保管、定期盘点、账实核对等措施，确保财产安全。企业应当严格限制未经授权的人员接触和处置财产。

2-7 广西绿城水务股份有限公司内部控制制度——存货

五　预算控制

2-8 厦门港务发展股份有限公司全面预算管理制度（修订稿）

预算控制要求企业实施全面预算管理制度，明确各责任单位在预算管理中的职责权限，规范预算的编制、审定、下达和执行程序，强化预算约束。

六　运营分析控制

运营分析控制要求企业建立运营情况分析制度，经理层应当综合运用生产、购销、投资、筹资、财务等方面的信息，通过因素分析、对比分析、趋势分析等方法，定期开展运营情况分析，发现存在的问题，及时查明原因并加以改进。

延伸阅读 2-7

大型企业集团财务危机审计预警模型的构建——以海航和恒大为例

（一）常规指标

常规指标的判断标准主要参考财务管理的一般经验。主要关注大型企业集团的偿债能力、运营能力、成长能力、赢利能力。其中偿债能力使用两个指标衡量，分别是净利润有息债务覆盖比率、货币资金/（负债-预收款项）；运营能力使用总资产周转率衡量；成长能力使用净利率增长率衡量；赢利能力使用本期资产税前利润率衡量。

（二）特别关注指标

特别关注指标需要通过综合分析、交叉对比和专业判断获取，指标判断标准依靠审计人员的经验。主要有以下 10 个指标。

1. 子公司其他应收款占流动资产比例

比例越高表示子公司所融入的资金由集团统一进行调配的可能性越大。海航集团旗下某控股公司 2016 年第三季度资产负债表中其他应收款账面余额占流动资产比重近五成，这部分资金主要是公司内部关联企业之间的往来款，而高达五成的占比则表明子公司的资金极有可能受集团内部的统一调配。

2. 少数股东权益和长期股权投资

主要用来测算大型企业集团表外负债规模。通过对比企业少数股东损益与净利润比率、少数股东权益与所有者权益比率来判断表外负债情况，如果两者之间数值长期存在较大差异，说明少数股东权益的分配方式与企业正常利润分配方式不同，此时企业存在表外负债的可能性较大。

3. 不计入表内的金融产品

大型企业集团的表外金融产品往往是与违规自融和非法集资行为相关联。需要核实是否存在通过财富公司、互联网平台、金交所以及其他类私募金融产品融资的行为。

4. 企业有息负债

有息负债主要来自金融机构借款，这是金融风险从实体传导向金融体系的纽带。大型企业集团通过银行信贷等种类繁多的方式融资，形成大量有息负债，从而使大型企业集团与金融体系高度联结，并具有一定的系统重要性。一旦破产清算，将造成区域性甚至系统性金融风险。

5. 资金流动性情况

虽然大型企业集团具有清偿能力，但如果无法及时利用自身持有的资金（例如货币资金受限），或获得足够的自由资金（例如资产无法及时出售）偿还到期债务，也会造成财务危机。

6. 融资结构和成本

如果大型企业集团无法通过价格相对便宜的债券融资，而是使用大量成本高昂的非标债权、永续债等方式融资，表明企业可能存在财务危机的苗头。

7. 不良资产转移到表外的情况

通过与实际控制的子公司、项目公司、联营公司、合营公司进行交易，将不良资产转移至不纳入合并报表的特殊目的实体，形成应收账款或者其他应收账款之后进行减值或核销，从而掩盖企业实际经营情况。

8. 股票股权质押情况

质押上市公司股票或者非上市公司股权是大型企业集团重要的融资手段，股权质押比例越高，财务风险越大。

9. 担保以及隐性担保情况

大型企业集团为粉饰财务报表，经常通过实际控制的非上市子公司融资，这些子公司资信较差，金融机构往往要求大型企业集团提供显性或隐性的担保。大型企业集团担保金额越大，其财务风险越大。

10. 利润分配情况

如果存在长期不分配利润的情况，可能是因为大型企业集团存在利润造假，无实际可分配的利润，账面上体现为未分配利润在所有者权益中占比过高。如果长期高频率、高比例分红，可能是因为实际控制人通过分红掏空企业或者是通过股权对赌协议形成明股实债。

资料来源：张强《大型企业集团财务危机预警研究——以海航和恒大为例》，《审计研究》2023年第1期，第48~56页。

七　绩效考评控制

绩效考评控制要求企业建立和实施绩效考评制度，科学设置考核指标体系，对企业内部各责任单位和全体员工的业绩进行定期考核和客观评价，将考评结果作为确定员工薪酬以及职务晋升、评优、降级、调岗、辞退等的依据。

除此之外，企业应当完善风险及突发事件管理体系，即建立重大风险预警机制和突发事件应急处理机制，明确风险预警标准，对可能发生的重大风险或突发事件，制定应急预案、明确责任人员、规范处置程序，确保突发事件得到及时妥善处理。

关于以上控制活动更多的说明及辨析请参见第六章。

第五节　信息与沟通

一　信息与沟通的含义

信息与沟通是指企业及时、准确、完整地收集与企业经营管理相关的各种信息，并确保这些信息在企业内部各层级和部门之间，以及企业与外部相关方之间进行有效传递、交流和正确应用的过程。它是实施内部控制的重要条件，有助于确保内部控制的有效性和效率。

首先，企业需要积极获取全面且准确的信息，这些信息分为内部和外部两类。内部信息聚焦企业的运营、财务和人力资源等关键领域，可通过查阅财务会计资料、经营管理资料、调研报告、专项信息、内部刊物以及办公网络等渠道获取；外部信息涵盖市场状况、政策法规和行业趋势等，企业可通过与行业协会组织、社会中介机构、业务往来单位建立联系，进行

2-9 富泰科技信息披露管理制度

市场调查，关注来信来访、网络媒体信息，以及关注相关监管部门的公告等方式，及时获取这些重要的外部信息。

其次，信息与沟通要求信息在企业内部实现高效传递和广泛共享，打破层级和部门界限，确保各级管理人员和员工都能获得与其职责密切相关的信息，以支持他们更好地履行职责和做出明智的决策，即在恰当保密的同时提升信息传递效率。

此外，企业与外部相关方，如供应商、客户、监管机构及投资者等的沟通也同样关键，这有助于企业及时获取外部反馈和建议，从而优化运营策略，提升市场竞争力。

根据《基本规范》，企业应建立信息与沟通制度，明确信息的收集、处理和传递流程，确保信息流通的及时性和有效性，进而促进内部控制体系的顺畅运行。在信息收集过程中，应进行合理筛选、核对和整合，以提高信息的实用性和价值。

结合信息技术高速发展及广泛应用的背景，企业应当利用信息技术促进信息的收集、处理与传播，充分发挥信息技术在信息与沟通中的作用。同时，企业应当加强对信息系统开发与维护、访问与变更、数据输入与输出、文件储存与保管、网络安全等方面的控制，保证信息系统安全稳定运行。

2-10 杭齿前进内控制度——《信息系统》

二 反舞弊机制

在企业的信息与沟通要素中，反舞弊占据着举足轻重的地位，同时也

是公司内部控制体系的关键组成部分。为确保企业运营的廉洁与透明，企业应构建完善的反舞弊机制，坚持惩防结合、以预防为主的原则，明确界定反舞弊工作的重点领域和关键环节，并明确相关机构在反舞弊工作中的职责与权限。此外，还需规范舞弊案件的举报、调查、处理、报告和补救程序，确保企业能够及时、有效地应对和纠正舞弊行为。企业常见的舞弊情形如表2-4所示。

表2-4　企业常见舞弊情形

业务	舞弊示例
资金活动	由于资金活动管控不严，导致资金被挪用、侵占、抽逃
采购业务	供应商选择不当，采购方式不合理，招投标或定价机制不科学，授权审批不规范，导致采购物资质次价高，出现吃回扣、收红包等舞弊现象
销售业务	销售过程中存在的收茶水费、卖折扣等舞弊行为
研究与开发	研发人员配备不合理或研发过程管理不善，出现挪用研发费用、收取合作单位好处费等舞弊现象
工程项目	项目招标暗箱操作，存在商业贿赂，导致中标人实质上难以承担工程项目、中标价格失实、工程质量低下
担保业务	担保过程中存在经办人员接受利益输送等舞弊行为，导致企业利益受损
业务外包	业务外包存在商业贿赂等舞弊行为，导致企业利益受损

根据《基本规范》，企业应当至少将下列情形作为反舞弊工作的重点。

（1）未经授权或者采取其他不法方式侵占、挪用企业资产，牟取不当利益。

（2）在财务会计报告和信息披露等方面存在的虚假记载、误导性陈述或者重大遗漏等。

（3）董事、监事、经理及其他高级管理人员滥用职权。

（4）相关机构或人员串通舞弊。

在具体的反舞弊机制设计过程中，可以从培养良好企业文化、缓解员工压力、评估舞弊风险、完善治理结构、制定舞弊监督程序、完善沟通交流机制、建立举报投诉制度和加强舞弊处理八个方面着手。

为营造良好的企业文化，企业可通过高层设定积极的管理基调、普及职业道德守则，并将激励约束机制与道德行为挂钩，以创造积极的反舞弊控制环境。根据"舞弊三角理论"，缓解员工压力、减少舞弊机会和消除借口是降低舞弊风险的关键。为此，企业需评估舞弊风险，完善治理结构，制定持

2-11 腾讯阳光准则

续舞弊监督机制，并加强内外部沟通，确保信息透明。同时，建立举报机制，鼓励员工和合作伙伴积极举报违法行为，保护举报者权益，并对有效举报给予奖励，以提升监督效果。对舞弊行为的严厉处理不仅具有威慑力，还能维护企业运营秩序和声誉，帮助企业发现并改进内部控制体系中的不足。

延伸阅读 2-8

基于舞弊三角理论的"同济堂"财务舞弊分析

新疆同济堂健康产业股份有限公司被曝虚增收入超过 200 亿元，最终因财务舞弊申请破产。以下基于舞弊三角理论，从压力、机会和借口三方面深入分析同济堂财务报表舞弊的内在机制。

（1）压力

①完成高额业绩承诺的压力。2016 年同济堂借壳啤酒花上市时，与其签订了业绩承诺协议，同济堂承诺 2016～2018 年度实现扣非净利润分别不低于 4.60 亿元、5.29 亿元、5.61 亿元。若业绩未达预期，啤酒花可以总价 1 元直接定向回购同济堂持有的应补偿的股份并予以注销。公开数据显示，上市前的 2015 年，同济堂扣非净利润为 3.37 亿元，而其借壳前承诺 2016 年扣非净利润不低于 4.60 亿元，要达到 2016 年的承诺金额，需要当年的扣非净利润增长率达到 36.50%。而当时的同济堂正处于竞争激烈的市场环境中，每年高额的盈利预测已经超过同济堂上市前的净利润，所以实现高额业绩承诺对于同济堂来说压力较大。

②融资压力。近年来，同济堂积极对外扩张，急需庞大的资金周转。随着同济堂医药业务规模的持续扩张，其自身应收账款不断增长。为减少负面影响，公司采取了非法手段来粉饰经营业绩。

（2）机会

①股权结构不合理。同济堂的第一大股东为同济堂控股（持股31.72%），而同济堂控股是一家典型的家族式企业，一直处于张氏家族的掌控下。此外，持有同济堂7.67%股权的嘉酿投资也是同济堂控股的一致行动人。张氏家族通过前两大股东合计持股39.39%，第三大股东盛世建金及其一致行动人盛世信金仅持股8.89%，远远低于张氏家族。而且除上述股东之外，其余股东持股比例均小且分散。显然，张氏家族对同济堂拥有绝对的控制权。

②内部控制失效。2016~2019年，在未经过审议程序的情况下，同济堂全资子公司同济堂医药、新沂同济堂根据采购合同向无关联关系的湖北顺天医药有限公司、湖北日月新健康医药科技有限公司等13家公司预付采购款，但后续却未收到合同约定的货物。经调查，该预付款项最终全部流入了同济堂控股。该现象充分说明公司采购与验收环节的相关内部控制存在缺陷，验收部门的相关人员没有对采购合同的后续货物验收进行严格把控。

（3）借口

同济堂通过连续四年虚构销售及采购业务、虚增销售及管理费用、伪造银行回单等方式累计虚增收入211.21亿元，此外，同济堂还未及时披露控股股东及其关联方非经营性占用资金的关联交易、未及时披露为控股股东提供担保及重大诉讼的有关事项。可以看出，同济堂管理层的法律意识相当淡薄。尽管证券法以及相关的法律法规明确禁止舞弊操作，但同济堂依然以公司发展为借口，为经济利益伪造利润，骗取投资者的资金。

资料来源：吴超、孙未《基于舞弊三角理论的上市公司财务舞弊研究——以同济堂为例》，《财务与会计》2024年第8期，第48~50页。

为了推进反舞弊机制的建立，企业还应当加强宣传教育，使员工充分认识到舞弊行为的严重性和后果。特别是，企业应当建立举报投诉制度和举报人保护制度，设置举报专线，明确举报投诉处理程序、办理时限和办结要求，确保举报、投诉成为企业有效掌握信息的重要途径。举报投诉制度和举报人保护制度应当及时传达至全体员工。

第六节　内部监督

内部监督是企业不可或缺的一环，旨在持续监测和评估内部控制体系的有效性，识别并纠正潜在缺陷。这包括日常监督和专项监督两种形式。日常监督是对内部控制进行常规、持续的跟踪检查，确保各项控制活动正常运行；专项监督是在发展战略、组织结构、经营活动、业务流程、关键岗位员工等关键领域发生较大调整或变化的情况下，进行有针对性的深入检查。专项监督的频率和范围依据风险评估结果和日

2-12 三钢闽光：
内部控制检查监督
制度（2023 年修订）

常监督的效果来确定。两者相辅相成，日常监督为专项监督提供基础，而专项监督则对日常监督进行有效补充。若某些专项监督活动变得常态化，应将其纳入日常监督范畴，实行持续监控。一般而言，有效的日常监督可降低专项监督频率，但为确保内部控制体系全面有效，两者缺一不可。

企业在开展内部监督时，应当制定内部控制监督制度，明确内部审计机构（或经授权的其他监督机构）和其他内部机构在内部监督中的职责权限，规范内部监督的程序、方法和要求。

内部控制评价是企业提升经营管理效率的关键监督方式。根据《评价指引》，这一评价过程由企业董事会或类似权力机构主导，旨在全面评估内部控制的有效性，并形成相应评价结论和报告。为确保评价的规范性，企业应设定内部控制缺陷的认定标准，对发现的缺陷进行深入分析，提出整改方案，并及时向董事会、监事会或经理层报告。缺陷类型涵盖设计缺陷和运行缺陷，企业需追踪整改情况，并对重大缺陷追究责任。此外，企业应以适当形式保存内部控制建立与实施的相关记录或资料，以确保其可验证性。关于内部控制评价的详细内容请参考本书第七章。

延伸阅读 2-9

民国时期慈善组织内部监督

1912 年，中国红十字会公布《中国红十字会章程》，章程明确规定

建立常议会，"常议会应举会计，管理账目，按照定章收支，届大会时备具详册报告"，此外"常议会公举查账员，查核收支账目，届大会时备具报告"。1922年6月27日，中国红十字会公布《修正中国红十字会章程》，修正章程中规定了常议会的职权，主要包括审查预算决算、审查会员入会资格、刊印征信录等。1935年，《中国红十字会总会章程草案》规定："监事会为本会最高监察机关，在全国会员代表大会闭幕后，依照会章监察一切会务。"1912年至1935年期间，中国红十字会数次修改章程，从常议会到监事会，不断强化监督机构建设，强化内部监督。

资料来源：周秋光、张翰林《民国时期慈善治理监督机制的历史经验与借鉴启示》，《思想战线》2023年第6期，第135~145页。

第七节　制度体系

一　制度体系与内部控制

2-13 广联达内控
合规制度汇编

内部控制五要素为企业构建内部控制体系提供了坚实的理论基石。制度作为这一体系的核心，不仅为五要素的实现提供了具体路径，还确保了各项控制措施的有效执行。例如，在内部环境方面，企业制度明确了各部门的职责与权限，促进了工作的有序进行；在风险评估方面，风险管理制度帮助企业精准识别与评估风险，采取相应控制措施以降低风险；在控制活动方面，企业制度通过规范业务流程和工作指南，确保业务活动的规范化和标准化，提升了业务处理的准确性和效率；在信息与沟通方面，企业制度保障了信息的及时传递与问题反馈，支持管理层做出恰当决策；在内部监督方面，企业制度为内部控制评价、审计和专项检查提供了依据，助力企业发现并纠正潜在问题，确保内部控制体系的持续优化与完善。

延伸阅读 2-10

习近平总书记关于强化监督重要论述摘录

要加强对权力运行的制约和监督，让人民监督权力，让权力在阳光下运行，把权力关进制度的笼子。强化自上而下的组织监督，改进自下而上的民主监督，发挥同级相互监督作用，加强对党员领导干部的日常管理监督。

——《在中国共产党第十九次全国代表大会上的报告》（2017 年 10 月 18 日）

党的十九大对健全党和国家监督体系作出部署，目的就是要加强对权力运行的制约和监督，让人民监督权力，让权力在阳光下运行，把权力关进制度的笼子。在党和国家各项监督制度中，党内监督是第一位的。深化国家监察体制改革，目的是加强党对反腐败工作的统一领导，实现对所有行使公权力的公职人员监察全覆盖。

——《关于深化党和国家机构改革决定稿和方案稿的说明》（2018 年 2 月 26 日至 28 日）。

资料来源：《习近平总书记关于强化监督重要论述摘录》，中国共产党新闻网，http：//fanfu.people.com.cn/n1/2018/0508/c64371-29972360.html。

二　制度的分类与结构

企业设计的管理制度应构建一个全面、系统的体系，确保从人事管理、财务管理到生产运营等各个环节都得到有效规范。这一体系涵盖不同层级的制度文件，如公司章程作为顶层指导，管理办法作为中层执行依据，操作细则作为基层操作指南，这些文件在内容上相互衔接、层层递进，形成一套层次分明、紧密

2-14 东方明珠制度流程管理制度

联系的制度体系，共同支撑企业经营管理。

从层级关系来看，公司章程位于企业制度体系中的第一层级，被认为是公司的基本法，规定了公司的性质、宗旨、股权结构、管理结构等根本事项。其他层级的规章文件均应当服从公司章程的规定。第二层级由各项管理制度构成，包括但不限于信息披露管理制度、销售管理制度、采购管理制度等。管理制度内容较为抽象和宏观，主要包括组织的管理目标、管理原则、管理职责和管理权限等，强调组织的整体运行和管理规范。第三层级是在制度的基础上，针对某项具体流程制定的操作规程、工作细则、管理办法等，相较于管理制度而言，这一层级的文件详细描述了某一个流程或流程动作的具体操作步骤要求，是员工执行工作的直接依据。第四层级主要包括各类表单或者操作标准，它们是开展具体工作时所依据的具体标准或使用的表格单据，被直接应用于业务活动中，确保工作的规范化和标准化。

这些层级的制度文件从上到下形成了企业规章制度体系的完整框架，每一层级都有其特定的作用和意义，共同支撑着企业的规范管理和高效运营。如表 2-5 所示，在内部控制手册或制度汇编中可以按照五要素框架对企业现有制度进行梳理，有助于查漏补缺。

表 2-5　企业内部控制制度清单示例

要素	细分领域	常见制度示例
内部环境	组织架构	董事会议事规则 独立董事管理细则 董事会审计委员会工作细则
风险评估	不适用	风险管理制度
控制活动	资金管理	证券投资管理制度 融资管理制度
	资产管理	固定资产管理制度 无形资产管理制度 存货管理制度

续表

要素	细分领域	常见制度示例
信息与沟通	信息管理	信息披露管理制度 重大信息内部报告及保密制度
	反舞弊	反舞弊与举报制度
内部监督	内部控制评价	内部控制评价制度

第八节　章节综合练习——中国移动的
制度体系与内控五要素

本章主要介绍了内部控制五要素框架及其如何通过制度设计和实际业务执行提升企业管理水平与管理效率。本节基于中国移动 2022 年年度报告内容，改编案例。请结合案例资料，从内部控制五要素的角度出发，分析案例公司在每个维度设计并执行了哪些控制措施及具体的制度。

2-15 中国移动：
2022 年年度报告

一　案例资料

2022 年，中国移动面对内外部环境的变化、新要求和新趋势，完善了中国移动可持续发展管理模型。

（中略）

公司多年形成的可持续发展管理架构和体系（见图 2-1），为管理模型的落地实施提供坚实保障。

作为一家在香港和上海两地上市的公司，公司亦需遵守中国证监会和上海证券交易所有关企业管治的规定。2022 年 1 月 5 日，公司在上海证券交易所挂牌上市。为本次发行上市，根据《中华人民共和国证券法》《上海证券交易所股票上市规则》等境内相关法律法规的要求，公司修订或制定了《组织章程细则》《股东大会议事规则》《董事会议事规则》《审核委员

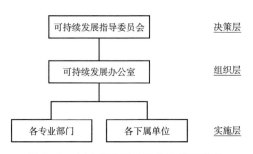

图 2-1　中国移动可持续发展管理架构

会职权范围书》《薪酬委员会职权范围书》《提名委员会职权范围书》《对外担保管理办法》《对外投资管理办法》《关联（连）交易管理办法》《募集资金管理办法》《投资者关系管理办法》《信息披露管理办法》等多项制度和细则。

（一）董事会

公司按照《企业管治守则》的各项原则严格规范董事会、各委员会以及公司内部的职能工作流程。中国移动遵守或超越《企业管治守则》原则的主要范畴载列如下。

• 公司董事会超过 1/3 人数（截至 2022 年 12 月 31 日，8 位董事中占 4 位）为独立非执行董事。

• 披露董事所持有的本公司及相联法团股份权益，确认其遵守《香港上市规则》附录十的《上市发行人董事进行证券交易的标准守则》。

• 所有董事委员会成员均为独立非执行董事，并且具备会计、财务与风险管理、人工智能与科研、法律与监管、金融与财经等专业资格和/或专长。

• 每年为董事和管理人员安排合适的培训。

• 董事于获委任时及之后每半年向公司披露其所担任职位的公众公司或组织及其他重大承担的情况。

• 连续 17 年发布《可持续发展报告》，提供有关环境、社会及管治方面的表现，在多方面超越了《香港上市规则》附录 27《环境、社会及管治报告指引》的要求。

• 审核委员会每年对公司风险管理及内控系统的有效性进行评估，并公布评估结果。

• 公司及其运营子公司设有内审部，对公司及子公司各业务单位开展独立的内部审计工作。

（中略）

本公司董事会已采纳董事提名政策。提名委员会和/或董事会应一经收到有关委任新董事的建议及人选的履历（或相关详情）后，根据下述标准评估该人选以决定该人选是否适合担任董事职位。其后，提名委员会应向董事会推荐委任合适的人选担任董事职务（如适用）。

评估及甄选董事职位人选的标准如下。

• 品德及操守。

• 资历，包括与本公司业务及企业战略相关之专业资历、技能、知识和经验，以及董事会多元化政策下的多元化考虑。

• 《香港上市规则》规定的委任独立董事的要求及根据《香港上市规则》列明的有关候选人独立性的要求。

• 人选可为董事会的资历、技巧、经验、独立性及性别多元化等方面带来的贡献。

• 履行董事会和/或董事委员会成员职责而投入足够时间的意愿及能力。

（中略）

公司所有董事已遵守《企业管治守则》守则条文第 C.1.4 条规定，参与持续专业发展，并向公司提供了所接受培训的记录。2022 年内，公司为新任董事提供有关香港上市公司及其董事之持续责任的指引和 A 股上市公司规范运作的培训，并就公司战略情况、内部审计管理和创新发展等提供培训。

（二）商业道德操守与反腐败

为了鼓励诚实道德的行为，防范错误行为，公司于 2004 年通过了适用于公司首席执行官、财务总监、副财务总监、助理财务总监以及其他高级职务的《职业操守守则》。根据该守则，如发生违反守则的情况，本公司经与董事会协商，将采取适当的防范或惩戒性措施。

公司设有如下举报渠道：邮政信箱，地址为北京市西城区金融大街 29

号 A 座，邮编为 100033；监督检查工作现场；CEO 信箱。公司依法保护举报人的权益，对举报事项、受理举报情况以及与举报人相关的信息予以保密。已公开的贪污诉讼案件数目及诉讼结果等更多信息可登录中央纪委国家监委网站查询。

在廉政建设方面，公司坚持把制度建设贯穿到反腐倡廉各个领域中，深化廉洁风险防控，持续优化防控信息化平台建设，加强廉洁文化建设，扎实推动作风建设。截至 2022 年底，风险预警平台已汇集总部 20 个领域和各单位各领域的廉洁风险点 2.2 万余个，累计触发预警 2.9 万余条；制定印发《关于加强新时代廉洁文化建设的实施意见》，形成 18 项落实举措；以"善作为、重实效、促发展"为主题开展各类学习教育活动 1.15 万场次（见表 2-6），员工教育覆盖率达 90% 以上。

表 2-6　中国移动反舞弊培训统计

指标	2020 年	2021 年	2022 年
年度开展反腐倡廉教育活动数量（场次）	11951	11390	11524
年度接受反腐教育与培训人次数（人次）	906980	786085	724519

（三）管理体系

公司定有严格的重大事项集体决策制度，规范决策行为。建立健全监督制约机制，开展效能监察工作，加强对采购招投标等重点领域和关键环节合法合规风险的排查和监督，发现并逐步解决管理中存在的问题。督促公司内各级公司诚信经营、健康发展，创造优良业绩，维护股东合法权益。

公司持续推进各项管理制度优化和业务流程改进。在风险管理方面，完善"年初风险评估—季度风险监控—中期风险评价—年度回顾评价"的闭环管理流程，建立重大经营风险事件报告工作机制，保障各项风险防控措施的有效执行，守住不发生重大风险的底线。2022 年，公司持续完善风险评估体系，将防控措施与战略规划、生产经营决策同谋划、同部署，压紧、压实风险防控责任。建设内控风险管理系统，推动风控数智化转型。

加强重大风险识别量化评估，精准科学管控风险，全年累计发布风险提示13类。建立风险日常动态监控体系，开展动态跟踪。

（四）内部审计

公司内部审计运用系统化和规范化的审计程序和方法，对公司各项业务活动、内部控制和风险管理的适当性、合规性和有效性进行独立、客观的确认并提供咨询服务，协助改善公司治理、风险管理和内部控制的效果，旨在增加公司价值，改善公司运营，促进公司持续健康发展，服务公司战略目标的达成。

公司及其运营子公司设有内审部，对公司及子公司各业务单位开展独立的内部审计工作。内审部主管每年四次直接向审核委员会汇报，并由审核委员会定期向董事会做出报告，董事会及审核委员会对内部审计工作进行具体指导。内审部定期向管理层报告审计工作，管理层对内审资源和权限予以充分保障。内审部在执行职务时，可不受限制地查阅各业务单位相关业务、资产记录及接触相关人员。

（五）风险管理及内部监控

公司审核委员会负责每年定期检查公司风险管理及内部监控系统的成效，以合理保障公司的合法经营、资产安全，以及业务上使用或向外公布的财务数据的正确、可靠。截至2022年12月31日，审核委员会已完成检查，涵盖所有重要的监控方面，包括财务监控、运作监控及合规监控等。基于上述检查，董事会认为公司风险管理及内部监控系统是有效及足够的。

建立和维持足够的与财务报告相关的内部控制是公司管理层的责任。公司管理层至少每年两次向审核委员会汇报风险管理及内部监控系统的建设和执行情况，包括中期评估汇报和全年度评估汇报，接受审核委员会的指导和监督。公司采用美国COSO《内部控制——整合框架》（2013版）的标准框架，遵循《香港上市规则》，以及中国内地《基本规范》《评价指引》等相关监管要求，完善了常态化的内部控制管理机制，建立了一套严格的与财务报告相关的内部控制体系。2022年，公司已取得管理层对风险管理及内部监控系统有效性的确认。

公司建立了自上而下的分层级风险评估机制，依靠公司层面的战略层风险评估（重大风险评估）、经营层风险评估（重大项目专项风险评估）和操作层风险评估（流程风险评估），协助管理层及时掌握风险管理信息，做出科学合理的决策。在风险评估的基础上，建立了"内控顶层制度—内控专业制度—内控操作指引"的三层级内控管理制度，将控制要求扩展到市场、生产、管理等全流程，并力求从业务视角出发，聚焦高风险领域和管理重点，促进内控要求融入日常业务活动。同时，公司通过责任到人以及将内控要求固化到 IT 系统中的方式强化内控执行，并通过自查、管理层测试、外部审计等多层次、内外结合的监督检查，有效提升了内控制度的执行效率和效果。

（六）信息披露及内幕消息

公司信息披露工作由董事会统一领导和管理，公司管理层履行相关职责。公司自 2003 年起实施信息披露内控制度和流程，并成立信息披露委员会，成员包括董事长、首席执行官、财务总监，以及各主要职能部门负责人。董事会授权信息披露委员会全面负责公司日常的对外信息披露的组织及协调工作，促使公司及时、合法、真实和完整地进行信息披露，确保公司的优良企业管治和透明度，并尽快妥善回复投资者、证券分析师和媒体的查询，防止公司股价因市场错误信息引起波动。

为满足公司人民币股份发行的相关监管要求，公司董事会审议并通过了《信息披露管理办法》和《募集资金管理办法》，于 2022 年 1 月 5 日开始生效。上述办法以中文书写，并载本公司、香港联合交易所和上海证券交易所的网站上。

任何部门或人员如违反信息披露流程及内控制度，导致公司对外信息披露失误，或违反信息披露相关法律法规，公司将在适当的情况下追究有关当事人的责任。信息披露委员会成员、内审部及各相关部门负责人、各子公司领导每年均就其信息披露责任做出书面声明并承担个人责任。

根据香港《证券及期货条例》（香港法例第 571 章）、《中华人民共和国证券法》、中国证监会《上市公司信息披露管理办法》等规定，公司制定了

《中国移动内幕信息管理办法》，对公司董事、管理层及员工进行公司股票有关交易或行使公司期权进行规范，实施禁售期，明确保密要求，并要求内幕消息知情人签署保密承诺书，严禁未经授权使用机密或内幕消息获利，预防违反法律法规及公司纪律。

二　案例分析

表2-7为基于案例公司年报披露信息，按照内部控制五要素框架梳理出的底稿，根据我国《基本规范》及配套指引，从内部环境、风险评估、控制活动、信息与沟通及内部监督五个方面对中国移动的内部控制体系进行了拆解。但由于本身年报所披露的信息范围有限，因此对案例公司内部控制体系的描述并不完整，特别是缺少对控制活动的说明。为了更全面地理解公司的内部控制体系，应当通过尽量多的途径获取更为丰富、准确的信息。此外，在对公司的内部控制体系有了基本的梳理之后，结合《基本规范》、COSO《内部控制——整合框架》等制度规范可进一步对该公司内部控制的设计进行有效性评价。

表2-7　中国移动的内部控制五要素

五要素	子要素	表现形式	所涉及制度/文件
内部环境	组织架构	合理设置治理结构；权责划分明确；董监高任职及培训要求明确；成立信息披露委员会；等等	《董事会议事规则》《审核委员会职权范围书》《薪酬委员会职权范围书》《提名委员会职权范围书》《信息披露管理办法》等
内部环境	企业文化	建立诚实、道德、廉洁、合规的企业文化，出台相关制度，开展培训等	《关于加强新时代廉洁文化建设的实施意见》《职业操守守则》等企业文化制度
	人力资源政策	明确董事提名流程及标准；安排董事、管理层培训	《董事会议事规则》、董事提名及《职业操守守则》等相关制度
	社会责任	可持续发展管理	中国移动可持续发展管理体系

续表

五要素	子要素	表现形式	所涉及制度/文件
风险评估	风险管理	搭建"年初风险评估—季度风险监控—中期风险评价—年度回顾评价"闭环管理流程；建立重大经营风险事件报告工作机制；完善风险评估体系；建设内控风险管理系统，推动内控数智化转型；建立风险日常动态监控体系	内控顶层制度、内控专业制度、内控操作指引等风险管理及内部监控制度
	风险识别及分析	建设内控风险管理系统，建立风险日常动态监控体系，加强重大风险识别量化评估	
控制活动	审核批准制度	设定严格的重大事项集体决策制度，规范决策行为	集体决策制度等管理制度
信息与沟通	企业内部沟通	设立邮政信箱、CEO信箱，收取内部员工意见；内审部门定期向董事会汇报工作；管理层至少每年两次向审核委员会汇报风险管理及内部控制体系建设和执行情况，包括中期评估汇报和全年度评估汇报	《信息披露管理办法》等信息披露及内幕消息管理制度
	信息披露	信息披露的流程、及时性要求及责任认定	
	反舞弊机制	设立邮政信箱、CEO信箱，收取公众意见及举报；保护举报人的权益；公开披露贪污诉讼案件数目及诉讼结果；搭建风险预警平台汇集廉洁风险信息；组织反腐教育与培训	《关于加强新时代廉洁文化建设的实施意见》等商业道德操守及与反腐败相关的政策
内部监督	日常监督	内控融入日常业务活动	内控顶层制度、内控专业制度、内控操作指引等风险管理及内部监控制度
	专项监督	建立自查、管理层测试、外部审计等多层次、内外结合的监督检查体系；开展效能监察工作，监督采购招投标等重点领域和关键环节合法合规风险；规范内部审计；定期检查风险管理及内部监控系统的成效	

三　进一步思考

为何基于公司内部控制体系的梳理，只能完成对控制设计有效性的评价？

内部控制有效性的评价是公司内部控制体系的重要组成部分，也是《基本规范》提出的要求，具体包括设计和实施两个层面。通过制度的梳理只能看到公司对内部控制各方面的要求，因此仅能开展设计层面的评价。公司内部控制是否在执行层面有效，应当结合测试结果及负面事件等开展分析及讨论。执行层面的检查及评价方式请参见第七章。

内控微课堂 2——支票

支票作为一种委付证券，由出票人签发，委托办理支票存款业务的银行或者其他金融机构在见票时无条件支付确定的金额给收款人或者持票人。支票分为现金支票、转账支票和普通支票。其中，现金支票专门用于支取现金，可以由存款人（单位和个人都可以）在银行开立基本存款账户的情况下申请购买和使用。这种支票只能用于支取现金。转账支票只能用于转账，不能用于支取现金。它适用于各单位之间的商品交易、劳务供应和其他经济往来的款项结算。转账支票由付款单位签发后交收款单位，不准委托收款单位代签；不准签发空头支票和远期支票；不准出租出借支票。普通支票既可以用于支取现金，也可以用于转账。在普通支票左上角划两条平行线的，为划线支票，划线支票只能用于转账，不能用于支取现金。

作为企业常见的支付工具，由于支票管理不当引起的舞弊事件屡见不鲜。支票相关的内部控制风险主要包括以下几个方面。

（1）申请与审核时，当申请资料填写不完整或错误时，可能导致支票处理延误或出错；未严格审核申请资料，可能引发潜在的欺诈行为或错误支付。

（2）支票印鉴管理不善，如支票保管人和银行预留印鉴保管人未分离，容易发生该保管人利用支票盗取公司资金的风险；支票保管不当，如遗失或被盗，可能引发支付安全问题。

（3）支付与结算时，大额支取未经有权人审批或超权限授权，可能导致资金流失或不当支付。

（4）作废与核销支票时，若作废支票未及时处理或处理不当，可能导致重复支付或作废支票被"重新启用"，继而损害公司资金安全。

为了降低这些风险，企业应建立完善的内部控制体系，包括明确申请与审核流程、加强印鉴和信息管理、规范支付与结算操作、严格执行作废与核销程序等。具体措施包括但不限于以下几个方面。

（1）明确管理责任部门。支票的管理应由财务部门负责，并指定专门的出纳员进行妥善保管，严防丢失和被盗。

（2）分离重要凭证和印鉴。支票和预留银行印鉴、支票密码单应分别存放，并由专人保管，以确保安全。

（3）建立领用审批制度。领用支票必须填制专门的"支票领用单"，详细说明领用支票的用途、日期和金额。领用单需经办人员签章，并经相关领导批准后方可领用。

（4）严格签发流程。支票应由指定的出纳员专人签发。出纳员需根据经领导批准的"支票领用单"按规定签发支票，并在支票签发登记簿上进行登记。

（5）控制空白支票的使用。原则上不允许携带盖好印鉴的空白支票外出采购。如确需使用空白支票，应经单位领导同意，并严格限定支票的日期、收款单位、用途和金额。设立空白支票签发登记簿，实行领用销号制度，严格控制空白支票的签发和使用。

（6）健全报账制度。领用支票的部门和人员应按规定及时报账，确保财务部门能准确掌握支票的使用情况。

（7）持续监控与审计。财务部门应定期与开户银行核对往来账，了解未达账项情况，准确掌握银行存款余额；定期对支票管理制度进行审查和更新，确保其适应业务发展和法规变化；实施定期的内部审计，以验证支票管理内部控制的有效性。

思考题

1. COSO 报告中的内部控制五要素和《基本规范》所述的内部控制五要素有何区别与联系？

2. 如何理解内部控制五要素之间的关系？

3. 内部控制五要素分别都有哪些二级要素，即这五个要素分别又包含了哪些内容？

4. 内部审计属于内部环境还是内部监督，抑或二者皆有？

5. 如何理解制度体系在内部控制中的作用？

第三章　组织架构

学习目标

1. 了解组织架构的内涵，理解组织架构对企业的价值。

2. 了解企业内部控制的责任主体结构。

3. 理解组织架构的主要风险，熟悉主要控制措施。

4. 理解"三重一大"的含义以及常见的控制设计。

5. 理解并掌握组织架构图和岗（职）位说明书的作用以及编制方法。

课程思政融入点

1. 通过我国企业典型案例剖析，体会企业组织架构与环境变化辩证统一、动态和谐的关系，树立并践行社会主义核心价值观。

2. 深刻领会习近平总书记有关"关键少数"的讲话，理解企业领导层在企业内部控制中的重大影响，体会不断增强政治定力、纪律定力、道德定力、抵腐定力的重要性。

3. 通过内部控制责任主体及岗位职责的理论及案例学习，培养主人翁意识、责任意识。

4. 通过典型舞弊案例的剖析，加强个人社会主义核心价值观培养，塑造反舞弊信念。

新时达连续并购管理层分析

新时达创立于 1995 年，2010 年 12 月 24 日，公司在深交所成功上市。新时达从 2014 年 3 月起收购深圳众为兴技术股份有限公司（以下简称"众为兴"）等公司股权，4 年间进行了 4 次并购，其并购结果不论是反映在经营状况上还是股价上都没有大的成效。

新时达的实际控制人同时也是其创始人纪德法，其股权占有比例常年高居 10% 以上，以 2016 年 5 月 14 日为分界线，之前纪德法担任公司董事长，之后其女纪翌担任董事长。直到 2020 年，纪德法再次坐上董事长之位。自 2013 年 12 月起，纪德法、其妻刘丽萍及其女纪翌常年居新时达十大股东前 3 名，3 位股东股权合计始终保持在 30% 左右，可见纪氏家族足以对公司的重大决策产生巨大影响。自 2014 年新时达并购众为兴后，两家公司并未进行企业文化合并，而是以并存的方式经营，与其说二者为"母子公司"，不如说是"兄弟公司"。2017 年，新时达提出融合的想法遭到反对，矛盾一触即发。2018 年，经济进一步下滑，竞争日趋激烈，众为兴老总曾义强在众为兴的年会上提出"企业文化模糊不清、战略不切实际、团队没有活力"三大痛点，双方不欢而散。新时达管理层具有权力高度集中与股权高度集中的鲜明特点，与此同时，股东会与董事会并未相互独立，缺少强大的第三方力量帮助制衡董事会做出决策。

管理层权力高度集中，缺少抗衡及监管约束，导致公司管理层可"随心所欲"地按照自身的意愿做出决策。拥有高度集中权力的管理层具有过于自信以致过度投资的特点，容易对公司的财务数据产生负面影响。同时，锥形的组织结构并不利于信息的传递，易造成内部上下级的信息不对称，从而增加了做出非理性决策的概率。

资料来源：贺天玥、冯体一、潘超《企业以技术获取为导向的连续并购绩效研究——以新时达为例》，《管理案例研究与评论》2021 年第 3 期，第 339~354 页。

第一节　组织架构概述

组织架构（Organizational Structure）是组织整体的核心框架，它深受企业管理需求、管控定位、特定管理模式以及业务特性等多重因素的影响。这一结构不仅决定了企业内部资源的配置方式，也指导了企业如何构建运营流程、实施业务操作以及执行管理策略。通常，"组织架构"一词会让人联想到一个具体的组织架构图，该图直观地展示了企业各部门及分支机构之间的层级和从属关系。然而，这种描述仅展现了公司内部的机构设置，未体现出治理结构的特征。组织架构是一个更为复杂和动态的概念，它涉及企业运营的方方面面，是确保企业高效运作和持续发展的关键。

按照《企业内部控制应用指引第 1 号——组织架构》（以下简称《应用指引第 1 号》）的定义，组织架构是"企业按照国家有关法律法规、股东（大）会决议和企业章程，结合本企业实际，明确股东（大）会、董事会、监事会、经理层和企业内部各层级机构设置、职责权限、人员编制、工作程序和相关要求的制度安排"。因此，组织架构在企业内部扮演着至关重要的角色，它清晰地定义了组织内部的不同层级及其相应的职责。一般来说，组织架构包括高层、中层和基层。高层负责制定战略和决策，中层负责管理与执行，基层则负责具体的操作和任务执行，三者共同确保企业的高效运作和持续发展。

一般来讲，企业的组织架构可以划分为治理结构和内部机构两大部分。治理结构是企业与外部主体发生经济关系的基础，主要定义了公司股东（大）会、董事会、监事会、经理层等之间的权责分布，规定了公司事务决策时应遵循的规则和程序。它的主要功能是协调内部矛盾、制定发展战略、确保企业稳定与可持续发展，并监督企业运营情况，同时与外部环境互动。而内部机构则是企业具体运营的组织基础，根据业务发展需要设置不同层级的部门、分支机构和管理团队，行使业务层面的决策、计划、执行、监督等职能，以实现企业生产经营、技术创新、市场拓展等各项任务和目标。内部机构通常按行政等级或业务职能划分，各部门间相互依存、相互合作。

延伸阅读 3-1

MCN 模式下湖南广电的组织架构重建

湖南广电基于内容生产与 MCN 服务两方面的需要建立完善的运营模式，重建商业化运营的组织架构，推动湖南广电进行新业态的大胆尝试。广电媒体与 MCN 机构的运营模式有所不同，广电媒体侧重于社会效益，有着结构清晰的内容生产流程，而 MCN 机构更加倾向于获得经济效益，运营模式以商业化为主。为更好地实现广电媒体转型，湖南广电旗下的芒果 MCN 建立完整的商业化运营体系，及时把握 MCN 市场风向，实现项目信息共享与资源互通，促进芒果 MCN 焕发活力。

芒果 MCN 立足内容生产，建立"飞黄"平台，将引进的达人与内容资源进行整合，为达人提供输出内容的优质平台，在形成内容供应链的过程中实现 MCN 内容生产与输出的高效配置。同时，"飞黄"平台可根据客户需求对内容生产资源进行推送，满足 MCN 市场个性化需求，通过完善的运营模式与流程实现芒果 MCN 内容生产的供给侧革新。此外，芒果 MCN 重建组织架构，设立服务中小型 MCN 机构的平台"万灿"，利用业务定位与数据模型等商业性方式为 MCN 机构提供个性化定制服务，为中小型 MCN 机构的提质增效打好专业基础。

资料来源：王成悦《MCN 模式下广电媒体的转型策略探析——以湖南广电为例》，《传媒》2023 年第 13 期，第 41~43 页。

一　治理结构

按照《基本规范》和《应用指引第 1 号》的要求，企业应当根据国家有关法律法规的规定，明确股东（大）会、董事会、监事会和经理层的职责权限、任职资格、议事规则和工作程序，确保决策、执行和监督相互分离，形成科学有效的职责分工和制衡机制。

常见的治理结构如图 3-1 所示，按照《应用指引第 1 号》，顶层的股东（大）会享有法律法规和企业章程规定的合法权利，依法行使企业经营方针、筹资、投资、利润分配等重大事项的表决权。董事会对股东（大）会负责，依法行使企业的经营决策权，可按照股东（大）会的有关决议，设立战略、审计、提名、薪酬与考核等专门委员会，明确各专门委员会的职责权限、任职资格、议事规则和工作程序，为董事会科学决策提供支持。监事会对股东（大）会负责，监督企业董事、经理和其他高级管理人员依法履行职责。经理层对董事会负责，负责组织实施股东（大）会、董事会决议事项，主持企业的生产经营管理工作。经理和其他高级管理人员的职责分工应当明确。董事会、监事会和经理层的产生程序应当合法合规，其人员构成、知识结构、能力素质应当满足履行职责的要求。

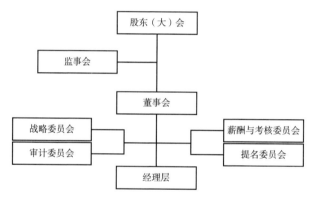

图 3-1 常见的治理结构示意图

3-1 中信出版
董事会议事规则

企业应当根据组织架构的设计规范，对现有治理结构进行全面梳理，确保本企业治理结构符合现代企业制度要求。企业梳理治理结构，应当重点关注董事、监事、经理及其他高级管理人员的任职资格和履职情况，以及董事会、监事会和经理层的运行效果。治理结构存在问题的，应当采取有效措施加以改进。

二 内部机构

（一）内部机构的含义

根据《基本规范》和《应用指引第1号》的要求，企业应当按照科学、精简、高效、透明、制衡的原则，综合考虑企业性质、发展战略、文化理念和管理要求等因素，合理设置内部职能机构，并对各机构的职能进行科学合理的分解，确定具体岗位的名称、职责和工作要求等，明确各个岗位的权限和相互关系，尽量避免出现职能交叉、缺失以及权力过于集中的问题。在机构设计的基础上，企业还应当使每个岗位都明确知道自身的职责范围，做到各司其职、各负其责，同时促进不同岗位之间的相互制约和协调，确保企业内部的各项工作高效、有序地进行。

通常情况下，企业董事会负责决定公司内部机构的设置。这包括根据公司的业务性质来合理划分组织单位，以及决定是采用集权管理还是分权管理，或者选择部分集权与部分分权的结合。同时，董事会应当确保管理层对公司的职责和战略有清晰的认识。当经营环境发生变化时，企业需要及时调整其组织结构以适应新的市场环境。

延伸阅读 3-2

美团的内部机构调整

2024 年 4 月 18 日，美团 CEO 王兴发布内部邮件宣布新一轮架构调整：此前整合的美团平台、到店事业群、到家事业群和基础研发平台将合并成为"核心本地商业"板块，王莆中出任"核心本地商业"CEO。同时，美团将不再设置到店事业群和到家事业群，两个事业群原下辖各部门调整为直属于"核心本地商业"。

这是该公司 2024 年以来第四次架构调整。此前进行的几次调整均集中在以到店、到家为核心的本地商业业务上，主要是把原来各自独立发展的到店、到家业务整合起来协同发展。

2024 年 2 月，美团到家事业群、到店事业群、美团平台、基础研发等事业群调整为共同向 S-team 成员王莆中汇报，美团高级副总裁、原到店事业群总裁张川负责大众点评、SaaS、骑行、充电宝等业务。此后，到店和到家业务均任命了新的业务负责人，且均为美团内部成长起来的年轻管理者。

王兴在邮件中表示，期待"核心本地商业"秉承"帮大家吃得更好，生活更好"的使命，加强管理体系建设，持续升级组织能力，夯实技术基础，抓住技术机遇，深耕产业，为客户创造更多价值。

有关人士分析认为，近年来，美团业务呈现典型的多样性特点，包括平台、自营等多种模式，且不同业务处于不同发展阶段时，在资源配置和管理方式上也不尽相同。因此，进一步整合业务和迭代组织，有利于提升效率、适应变化。知名互联网分析师李成东指出，美团 2024 年频繁进行架构调整的原因主要是应对抖音和快手的竞争。李成东表示，原来美团的组织架构中，到店和到家业务是独立运营的，但不同业务线服务的商家群体重合度非常高，不同业务线有不同的流量，计价方式也不同，这对商家造成了困惑。现在统一到"核心本地商业"，能够提升商家的体验，否则商家可能更愿意去用抖音。而在此次架构调整中，另一个不容忽视的细节是，基础研发平台也被整合进"核心本地商业"。这一思路在 2 月的架构调整中已经明确显现，当时相对独立的基础研发平台已调整为向王莆中汇报。这意味着，美团"核心本地商业"业务在和抖音、快手的竞争中，拥有了更多可以灵活调配的资源，可从技术角度灵活应对，从而提升效率。

从几轮架构调整可以看出，美团一方面要强化自己在供给侧的优势，另一方面也要不断洞察和满足消费端的新需求，提升消费体验。

资料来源：《美团开启年内第四次架构调整》，36 氪网站，https://36kr.com/p/2738648027507205。

（二）常见的内部机构设置模式

内部机构设置模式又可理解为组织结构模式的设计。常见的组织结构模式主要有直线式、职能式、直线职能式、事业部制和矩阵式等，组织结构与企业发展是否匹配是影响企业经营效率的重要因素之一。

1. 直线式

直线式组织结构是一种传统的组织结构，来源于军事指挥系统。如图 3-2 所示，其特点是一个下级只接受一个上级的领导，一级对一级负责，指挥管理统一，责任和权限比较明确。这种模式的优点在于结构简单、权力集中、命令统一、决策迅速，缺点是组织系统刚性大，对外界变化的反应灵敏度差。

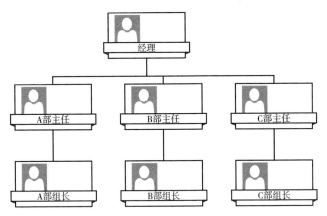

图 3-2　直线式组织结构示意图

2. 职能式

职能式组织结构是一种强调专业分工的大跨度组织结构模式。如图 3-3 所示，它强调管理职能的专业化，由总负责人将相应的管理职权交给各个职能部门负责人，后者在其职权范围内直接指挥下级单位。这种模式有利于发挥各职能机构的专业管理能力，提高工作效率，缺点是命令源不唯一。

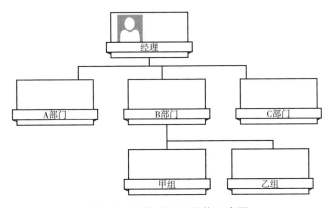

图 3-3　职能式组织结构示意图

3. 直线职能式

直线职能式组织结构是由直线制和职能制相结合而成的组织结构模式。如图 3-4 所示，它将管理机构和人员分为两类：一类是直线指挥机构和人员，他们在自己职责范围内有一定的决定权，对其下属有指挥和命令的权力，对自己工作的部门负责；另一类是职能机构人员，是直线指挥的业务助手，代表主管行使管理权。这种模式综合了直线制和职能制的优点，能够满足统一协调组织和严格责任制的要求。

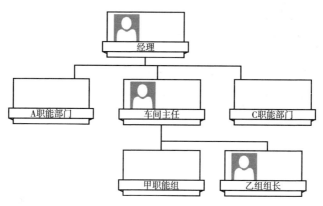

图 3-4　直线职能式组织结构示意图

4. 事业部制

事业部制组织结构是一种集中政策、分散经营的组织结构模式。如图 3-5 所示，它按照产品、地区或顾客划分出若干事业部，实行集中决策下的分散经营。每个事业部都是独立核算、自负盈亏的利润中心，公司总部只保留人事决策、预算控制和监督大权，并通过利润等指标对事业部进行控制。

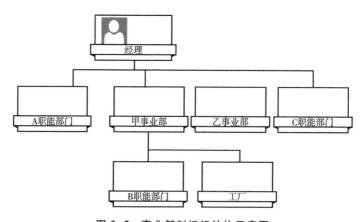

图 3-5　事业部制组织结构示意图

5. 矩阵式

矩阵式组织结构是现代新型项目管理的一种组织模式，纵向管理部门和横向管理部门交叉形成矩阵。如图3-6所示，在这种矩阵中，横向管理部门一方为按专业分工组建的稳定的职能部门，另一方为按项目目标和类型组建的一次性的工作班子，职能部门负责专业人员调度、业务指导，而一次性工作班子的负责人对专业人才负领导责任。这种模式适应性强、机动灵活，既有利于专业团队管理，又有利于加强团队部门协作，充分利用资源。

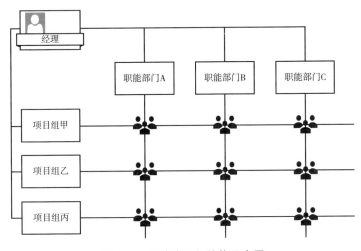

图3-6 矩阵式组织结构示意图

第二节 组织架构的主要风险及关键控制措施

根据《应用指引第1号》，企业至少应当关注组织架构设计与运行中与治理结构和内部机构相关的两类风险：①治理结构形同虚设，缺乏科学决策、良性运行机制和执行力，可能导致企业经营失败，难以实现发展目标；②内部机构设计不科学，权责分配不合理，可能导致机构重叠、职能交叉或缺失、推诿扯皮，运行效率低下。这两类风险的具体体现以及关键的控制措施参考表3-1。

表 3-1　组织架构设计和运行的主要风险及控制措施举例

风险描述			关键控制措施参考
层面	总体风险	识别过程及具体表现	
治理结构	治理结构形同虚设	股东（大）会	（1）股东（大）会是否规范而有效地召开，股东是否可以通过股东（大）会行使自己的权利 （2）企业与控股股东是否在资产、财务、人员方面实现相互独立，企业与控股股东的关联交易是否贯彻平等、公开、自愿的原则 （3）企业是否对中小股东权益采取了必要的保护措施，使中小股东能够和大股东同等条件参加股东大会，获得与大股东一致的信息，并行使相应的权利	（1）按照股东（大）会决议，设立战略、审计、薪酬与考核等专门委员会，明确各专门委员会的职责权限、任职资格、议事规则和工作程序 （2）董事会、监事会和经理层的产生程序应当合法合规，其人员构成、知识结构、能力素质应当满足履行职责的要求 （3）明确董事会、监事会和经理层的职责权限、任职资格、议事规则和工作程序，确保决策、执行和监督相互分离，形成制衡 （4）企业应当严格遵守监事会以及独立董事议事规则，确保监事及独立董事的意见反映渠道畅通
		董事会	（1）董事会的设立、工作程序是否符合国家法律、法规和公司章程的要求 （2）董事会对重大信息的上报是否符合有关上级部门的披露程序及要求 （3）董事会是否独立于经理层和大股东，董事会及各专门委员会中是否有适当数量的独立董事存在且能有效发挥作用 （4）董事会决策权限设立是否清楚，是否存在越权管理现象 （5）董事对自身的权利和责任是否有明确的认知，并且有足够的知识、经验和时间来勤勉、诚信、尽责地履行职责	
		监事会	（1）监事会的工作流程是否遵从相关法律法规要求，监事会的构成是否能够保证其独立性，监事能力是否与相关领域相匹配 （2）监事会是否能够规范而有效地运行，监督董事会、经理层正确履行职责并纠正损害企业利益的行为 （3）董事会及经理层是否勤勉履职，是否存在违法、违规以及不遵守公司的规章制度等问题	
		经理层	（1）经理层的积极性是否得到充分发挥 （2）对经理层的权力是否存在必要的监督和约束机制	

风险描述			关键控制措施参考
层面	总体风险	识别过程及具体表现	
内部机构	内部机构设计不科学	内部机构的设计与运行	（1）企业内部组织机构是否考虑经营业务的性质，按照适当集中或分散的管理方式设置，是否考虑企业当前实际情况与后续落实执行问题 （2）企业是否对内部组织机构的设置、各职能部门的职责权限、组织的运行流程等有明确的书面说明和规定，是否存在关键职能缺位、职能交叉、岗位重复等现象 （3）企业内部组织机构是否支持发展战略的实施，并根据环境变化及时做出调整 （4）关键岗位员工是否对自身权责有明确的认识，有足够的能力履行职责，是否建立了关键岗位员工轮换制度和强制休假制度 （5）企业是否对董事、监事、高级管理人员及全体员工的权限有明确的制度规定，对授权情况是否有正式的记录 （6）企业是否对岗位职责进行了恰当的描述和说明，是否存在不相容职务未分离的情况 （7）企业是否对权限的设置和履行情况进行了审核和监督，对越权或权限缺位的行为是否及时予以纠正和处理 （8）判断组织架构运行稳定性，是否存在毫无计划的不断调整 （9）企业内部组织机构的设计与运行是否适应信息沟通要求，有利于信息的上传、下达和在各层级、各业务活动间的传递，有利于为员工提供履行职责所需的信息 （10）企业监督体系是否完善，各部门是否按要求落实，是否存在徇私舞弊的现象	（1）合理设置内部职能机构，明确各机构的职责权限，避免职能交叉、缺失或权责过于集中，应形成各司其职、各负其责、相互制约、相互协调的工作机制 （2）应当对各机构的职能进行科学合理的分解，确定具体岗位的名称、职责和工作要求等，明确各个岗位的权限和相互关系 （3）企业在确定职权和岗位分工过程中，应当体现不相容职务的分离 （4）全面梳理企业现有的治理结构和内部机构设置，确保企业组织架构和运行机制符合相关法律法规要求 （5）定期对组织架构设计与运行的效率和效果进行全面评估，发现组织架构设计与运行存在缺陷时，应当及时优化并进行调整 （6）重点关注董事、监事、经理及其他高级管理人员的任职资格和履行情况，以及董事会、监事会和经理层的运行效果 （7）及时解决内部机构设置和运行中存在的职能交叉、缺失或运行效率低下等问题

资料来源：黄佳蕾编著《企业内部控制全流程实操指南》，人民邮电出版社，2021，第71~73页。

3-2 诚通证券股份有限公司关于青岛鑫光正钢结构股份有限公司 2022 年度公司治理专项自查及规范活动的专项核查报告

根据《应用指引第 1 号》，在设计组织架构时应当注意，企业应当根据组织架构的设计规范，对现有内部机构设置进行全面梳理，确保本企业内部机构设置和运行机制符合现代企业制度要求。企业梳理内部机构设置，应当重点关注内部机构设置的合理性和运行的高效性等。内部机构设置和运行中存在职能交叉、缺失或运行效率低下的，应当及时解决。企业拥有子公司的，应当建立科学的投资管控制度，通过合法有效的形式履行出资人职责、维护出资人权益，重点关注子公司特别是异地、境外子公司的发展战略、年度财务预决算、重大投融资、重大担保、大额资金使用、主要资产处置、重要人事任免、内部控制体系建设等重要事项。

3-3 韵达股份控股子公司管理制度

企业通过定期对组织架构设计与运行的效率和效果进行全面评估，发现组织架构设计与运行中存在的缺陷，并进行优化调整，能够助力上述目标的实现。企业组织架构调整应当充分听取董事、监事、高级管理人员和其他员工的意见，按照规定进行决策审批。

第三节　"三重一大"决策管理制度

3-4 广西能源股份有限公司贯彻落实"三重一大"决策制度实施办法（2024 年 3 月修订）

合理的组织架构设计，能够帮助企业实现"事事有人管、件件有落实"。根据《应用指引第 1 号》的要求，企业的重大决策、重大事项、重要人事任免及大额资金支付业务（简称"三重一大"）等，应当按照规定的权限和程序实行集体决策审批或者联签制度。任何个人不得单独进行决策或者擅自改变集体决策意见。"三重一大"的具体标准由企业自行确定。表 3-2 列出了"三重一大"中一些具体事项的示例。

表 3-2　"三重一大"内容示例

分类	具体内容示例
重大决策	（1）企业发展战略、经营方针、中长期发展规划等重大战略管理事项 （2）企业年度生产经营计划、工作报告、财务计划、预算、决算等重大生产经营管理事项 （3）企业改制、兼并、重组、破产、变更、投资参股、重大收购等重大资本运营管理事项 （4）企业薪酬分配、福利待遇、绩效考核及奖惩等涉及职工切身利益的重要事项 （5）企业重大安全、质量等事故及突发性事件的调查处理 （6）企业对违规人员的调查处理 （7）企业产权变动、资产损失核销、重大资产处置、利润分配和亏损弥补等重大资产管理事项 （8）有关企业战略性、方向性、全局性的其他重大事项等
重大事项	（1）企业年度投资计划与融资、担保事项及计划外追加投资事项 （2）企业重大项目采购招标管理、合同签订，企业重大工程承发包项目 （3）企业新产品研发项目 （4）产品定价、重大销售合同签订 （5）企业涉及环保、安全等社会责任项目等
重要人事任免	（1）涉及本企业中层以上经营管理人员及所属二级子集团或子公司领导成员的聘用、管理 （2）向控股、参股企业委派或者更换股东代表、高级经营管理人员 （3）推荐董事会、监事会成员等
大额资金支付	（1）年度计划大额度资金使用，较大额度的非生产性资金使用 （2）较大金额预算外资金使用 （3）重大捐赠、资助等

资料来源：黄佳蕾编著《企业内部控制全流程实操指南》，人民邮电出版社，2021，第86页。

在设计企业的"三重一大"决策管理制度规则及程序时，应当特别关注会前准备、会后记录和回避原则的应用。

关于"三重一大"的讨论和决策应具备高度的计划性，以确保决策过程的严谨性和透明度。同时，严格禁止未经股东充分讨论便擅自做出决策的行为，这一原则对于保障企业的长期稳定发展至关重要。在准备阶段，分管管理者需召集相关部门进行初步审核，深入调研并广泛听取各方意见。对于专业性和技术性较强的事项，应实施专家论证、技术咨询和决策评估，以确保可行性；涉及员工利益的事项应公示并提升员工参与度。同时，根据决策内容和调研内容准备会议材料，并明确会议的时间、地点和与会人员。对于重要人事任免，应在决策会议前征求多方意见，并遵循相关管理规定。对于大额资金支付，需预算清晰并严格审核资金使用情况，确保符合规定流程。在决策会议的组织过程中，应当提前以书面形式通知需与会的部门，确保信息的准确传达。会议应遵循集体决策审批原则，严格按照联签制度进行，确保决策过程的公正性和透明度。

会议结束后，形成的决议和决定应以书面形式整理并输出，作为决策执行的依据。此外，与会人员、会议记录人员以及档案管理人员都必须严格遵守集体决策记录和保密规定，确保会议内容的保密性，防止信息泄露。若会议中遇到特殊情况无法立即做出决议或决定的，应当重新进行深入的调研和探讨，必要时进行方向调整，重新拟订方案并准备会议材料，以确保决策的科学性和有效性。

在决策会议的组织和执行过程中，与会人员应当严格遵守回避制度。若决策事项与某位与会人员本人、其亲属或利益相关者存在直接关联，该人员应当主动提出回避申请，以确保决策过程的公正性、客观性和无偏见性。

延伸阅读 3-3
习近平总书记关于"关键少数"重要论述摘录

抓住"关键少数"，破解一把手监督难题。各级领导班子一把手是"关键少数"中的"关键少数"。一把手违纪违法最易产生催化、连锁反应，甚至造成区域性、系统性、塌方式腐败。许多违纪违法的一把手之所以从"好干部"沦为"阶下囚"，有理想信念动摇、外部"围猎"的原因，更有日常管理监督不力的原因。领导干部责任越重大、岗位越重要，就越要加强监督。

——2016 年 1 月 12 日，习近平在第十八届中央纪律检查委员会第六次全体会议上的讲话

要坚持抓"关键少数"和管"绝大多数"相统一，既对广大党员提出普遍性要求，又对"关键少数"特别是高级干部提出更高更严的标准，进行更严的管理和监督。

——2018 年 1 月 11 日，习近平在第十九届中央纪律检查委员会第二次全体会议上的讲话

领导机关是国家治理体系中的重要机关，领导干部是党和国家事业发展的"关键少数"，对全党全社会都具有风向标作用。"君子之德风，小人之德草，草

上之风必偃。"在上面要求人、在后面推动人，都不如在前面带动人管用。

——2020 年 1 月 8 日，习近平在"不忘初心、牢记使命"主题教育总结大会上的讲话

资料来源：《习近平谈"关键少数"》，党建网微平台，http：//www. dangjian. cn/shouye/dangjianyaowen/202106/t20210604_ 6072708. shtml。

第四节　内部控制的主体

由《基本规范》可知，内部控制是全员控制，因此内部控制的主体包含了从治理层到基层的每位成员。虽全员参与，但各个层级在内部控制系统中所起的作用并不相同。如图 3-7 所示，企业的组织架构也反映出各层级人员在内部控制体系中的不同职责。

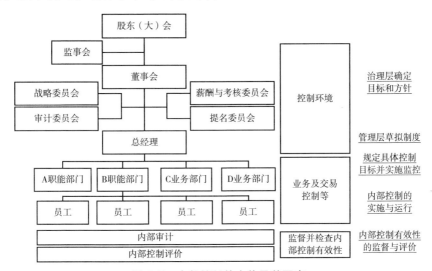

图 3-7　内部控制的主体及其职责

企业治理层在企业管理中扮演着核心角色，他们负责制定企业的长远战略目标、日常经营方针以及道德规范，为整个企业的内部控制体系提供明确的指导方针。同时，治理层必须密切关注企业的整体风险和合规性，

确保企业严格遵循国家法律法规，从而有效规避潜在的法律风险和维护企业的良好声誉。作为企业的最高决策机构，治理层中的董事会对内部控制体系的有效性负有最终责任，他们需要确保企业建立了健全的内部控制体系，并对管理层的执行情况进行监督。

管理层需在日常经营中识别并评估风险，制定控制措施并确保其及时有效。对于重要制度，管理层需草拟并提交治理结构审批。同时，管理层需将治理层的内部控制政策转化为日常管理和操作规范，并确保其执行。此外，管理层应定期检查和监督内部控制执行情况，及时纠正问题，确保内部控制体系的有效性。

业务层作为企业的第一线，构成了企业内部控制体系的基础。在日常工作中，业务层人员须严格遵守内部控制规范，确保操作流程符合规定，及时向上级反馈内部控制执行中遇到的问题并提出改进建议。此外，基层员工需具备敏锐的风险意识，能够主动识别和报告工作中遇到的风险，为管理层提供及时的风险信息，以便迅速采取控制措施。来自基层员工的制衡和监督对于维护内部控制的有效性同样至关重要。

延伸阅读 3-4

银行保险机构操作风险管理办法之三道防线

为提高银行保险机构操作风险管理水平，根据《中华人民共和国银行业监督管理法》《中华人民共和国商业银行法》《中华人民共和国保险法》等法律法规，制定本办法。

银行保险机构应当建立操作风险管理的三道防线，三道防线之间及各防线内部应当建立完善风险数据和信息共享机制。

第一道防线包括各级业务和管理部门，是操作风险的直接承担者和管理者，负责各自领域内的操作风险管理工作。第二道防线包括各级负责操作风险管理和计量的牵头部门，指导、监督第一道防线的操作风险管理工作。第三道防线包括各级内部审计部门，对第一、第二道防线履职情况及有效性进行监督评价。

资料来源：《银行保险机构操作风险管理办法》，国家金融监督管理总局网站，https：//www.cbirc.gov.cn/cn/view/pages/rulesDetail.html？docId=1144382&itemId=4214。

第五节 组织架构图和岗（职）位说明书

企业应当制定组织架构图、业务流程图、岗（职）位说明书和权限指引等内部管理制度或相关文件，使各层级人员了解和掌握内部机构设置、岗位职责、业务流程等情况，明确权责分配，正确行使职权。

业务流程图和权限指引将分别在第四章和第六章进行介绍，本节主要围绕组织架构图的绘制方式和岗（职）位说明书的相关编制展开说明。

一 组织架构图

组织架构图是一个企业组织架构的视觉化表示。如图 3-8 所示，它展示了企业的各个部分如何相互关联，以及它们在组织层级结构中的位置。组织架构图可以揭示企业的整体结构、部门设置、职位层级以及各部门和职位之间的关系。

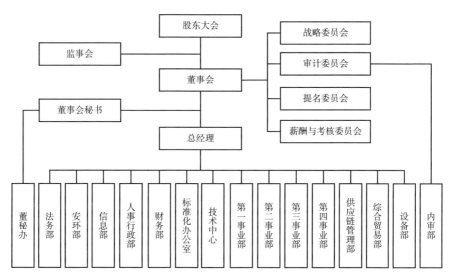

图 3-8 上海汇得科技股份有限公司组织架构图

资料来源：《汇得科技：上海汇得科技股份有限公司组织架构图》，巨潮资讯网，http://www.cninfo.com.cn/new/disclosure/detail? orgId = 9900035551&announcementId = 1212974439&announcementTime＝2022-04-20。

组织架构图通常包含层级、部门和职位。其中，层级表示组织中的不同级别，从最高管理层到基层员工；部门即根据组织的业务、职能或地域等因素划分的不同单位；职位是指组织中的具体岗位或角色，每个职位都有其特定的职责和权力。各组成部分之间的隶属关系、协作关系或其他关联由连接线展示。不同的组织架构图反映了组织不同的管理风格、战略目标和业务需求。

对于组织内部员工来说，组织架构图有助于他们了解自己的职位、职责以及与其他部门和职位的关系，从而更好地理解组织运作方式，提高工作效率。对于外部利益相关者如投资者、供应商和合作伙伴来说，组织架构图有助于他们了解组织的整体结构和运营方式，评估组织的稳定性和发展潜力。

组织架构图的绘制可以基于多种软件，包括但不限于市面上常见的思维导图软件、PowerPoint 以及 Visio 等办公软件。本书中的图例均基于 PowerPoint 以及 Visio 绘制。

二　岗（职）位说明书

职责分工明确在组织架构的设计和执行中有着重要作用，而岗（职）位说明书则是职责分工落地的关键工具。一般来说，如表 3-3 所示，岗（职）位说明书不仅包含该岗位的具体职责和职能，还应标明职位名称、所属部门、直接上下级、任职资格等基本信息，能够帮助员工快速、清晰地了解岗位职责及与其他岗位之间的汇报、协作关系。此外，岗（职）位说明书可以作为评估员工绩效的标准，为绩效考评控制提供依据。

表 3-3　财务部部长岗（职）位说明书示例

	岗位名称	财务部部长	岗位编号	MF03
	所属部门	财务部	直接上级	财务副总经理
基本情况	直接下属岗位名称	会计室经理、财务室经理		
	岗位设置目的	为了保障集团公司经营工作的正常运行，领导本部门建立健全集团公司的财务管理体系，负责公司的财务预算、核算、结算和财务分析工作，确保公司财务数据的完整、清晰、准确，为经营层、管理层提供准确的财务信息服务		

工作职责	（1）全面负责财务部管理工作，协调部门内各室之间以及本部门与其他部门之间的业务关系 （2）组织制定和修订财务、成本等方面的规章制度和管理办法，并组织检查其执行情况 （3）组织编制集团公司的年度财务预算，并检查其执行情况 （4）组织制定集团公司内部结算价格体系并监督实施 （5）组织集团公司的会计核算和内部财务结算工作，组织汇总、编报有关财务会计报表 （6）组织编制、审查、上报公司年度财务成本计划，组织管理、筹措集团公司各类资金和经费，保证公司生产经营和科研工作的需要 （7）组织管理集团公司的固定资产和流动资产，加快资金周转，促进各项资金的合理高效使用 （8）指导集团公司会计人员的工作，实施员工培训，不断提高员工的业务水平 （9）为集团公司领导提供有关财务方面的决策资料和意见 （10）负责完成财务副总交办的其他工作
工作职权	（1）对本部门员工任免、晋升、降职、解聘的建议权 （2）对部门内各室及其负责人工作绩效的考核权 （3）对部门预算内开支的审批权，预算外支出的审核权 （4）对公司财务运行状况的监控权 （5）对公司资金调配的建议权 （6）各种会计凭证和财务报表的审核权 （7）对本部门提交的报告的审核权
办公设备	

工作关系	内部工作关系	汇报	职责范围内的工作直接向财务副总经理汇报
		督导	对会计室、财务室的工作进行监督指导
		协调	对公司财务部与公司内部其他所有部门和单位之间的相关工作进行协调
	外部工作关系		接受集团对口部门的业务指导，与银行等金融机构进行有关业务往来，与客户进行资金结算往来

任职资格	学历	大学本科及以上	专业	财务管理及相关专业
	年龄	30~60岁	性别	不限
	工作经验	从事公司财务管理工作5年以上		
	工作技能	熟悉财会专业知识和实务，熟悉国家有关财务、会计、税收政策和实务，具有较强的组织领导能力、公关交际能力和实施运作能力		
	其他要求	掌握《会计法》《税法》《经济法》《合同法》等相关法律法规，掌握现代企业财务管理专业知识，具有资本运作经验，了解公司产品的基本知识		
	职前培训	公司相关规章制度		

修订履历	修订时间	修订内容	修订者	审核者	审批者

资料来源：《成飞集团总部核心岗位职务说明》，百度文库，https://wenku.baidu.com/view/f5d2d0bc59fb770bf78a6529647d27284a733765？aggId=e4a8a2dad35abe23482fb4daa58da0116c171f7b&fr=catalogMain_text_ernie_recall_feed_index%3Awk_recommend_main3&_wkts_=1724226930943&bdQuery=%E6%88%90%E9%A3%9E%E9%9B%86%E5%9B%A2%E6%80%BB%E9%83%A8%E8%81%8C%E8%83%BD%E9%83%A8%E9%97%A8%E8%81%8C%E8%B4%A3%E8%AF%B4%E6%98%8E%E4%B9%A6。

岗（职）位说明书多数由人力资源管理部门或者具体的部门管理者负责编制。编制过程可能涉及多个角色的参与和协作，但通常主导责任由前述两者承担。人力资源管理部门具备专业的人力资源管理知识和技能，了解岗位分析的方法和流程。企业可以选择由人力资源管理部门主导，通过与其他业务及职能部门的合作，收集关于岗位职责、任职资格和工作环境的信息，进行综合分析后，形成岗（职）位说明书。企业也可选择由各部门管理者负责所在部门岗（职）位说明书的编写工作。由于部门管理者对其所在部门的岗位有深入的了解和认识，他们可以基于自身的工作经验和对部门的熟悉程度，详细描述岗位的主要职责、工作流程、工作环境和技能要求等。部门管理者与人力资源管理部门合作，可以提供第一手的岗位信息，确保岗（职）位说明书的准确性和实用性。在编制过程中，部门管理者还可以与下属员工进行沟通，了解他们对岗位的理解和建议，进一步完善岗（职）位说明书。

岗（职）位说明书的编制需要遵循一定的方法和步骤，以确保其准确性和实用性。在编制岗（职）位说明书时，应当明确岗位的目标和职能，列出该职位需要完成的具体任务和职能。同时，收集岗位相关的基本信息，如所属部门、直接上级、下属职位、工作地点、工作时间等。按照实际情况编写岗（职）位说明书的基本信息、岗位职责、任职要求等信息，提交审核与修改。审核审批流程的设计应当注意不相容职务的分离。例如，当人力资源管理部门主导编写时，由部门管理者审核；当部门管理者主导编写时，由人力资源管理部门审核。但无论是哪种情况，均应当由人力资源管理部门负责人及公司高层管理者最终审批通过，以确保岗（职）位说明书符合公司的整体战略目标和人力资源政策，同时也确保其在公司内部的统一性和规范性。

除针对各具体岗（职）位可编写说明书，针对企业的各业务及职能部门也能编写部门职责说明书，后者提供了部门层面的总体指导和规划，主要描述部门需要完成的重要任务指标以及部门间的协作关系。

如表3-4所示，部门职责说明书可包括部门的基本情况、部门使命、部门主要岗位设置及职责、业务相关部门等内容。其编写方式可参考岗（职）位说明书的编写。

表 3-4　财务部部门说明书示例

基本情况	部门名称	财务部		直接上级	财务副总经理
	部门岗位	部长			
		会计室经理、核算会计岗、出纳岗			
		财务室经理、管理会计岗			
	部门使命	为集团公司实现经营管理目标和主要经济指标,做好资金保障、会计核算、费用监控、资产管理和价格管理工作			
部门主要职责	一、会计职责 (1)负责集团公司会计核算的组织、实施与管理工作; (2)负责建立、健全集团公司会计核算方面的财务制度和规定,并组织实施和监督; (3)负责编制年、季、月、旬度各类财务会计报表,搞好年度会计结算工作,包括企业、科研和基建报表; (4)负责集团公司科研费、基本建设项目、技术改造项目、往来账业务核算; (5)按照各部门工资发放情况,进行工资明细核算,编制工资报表报人力资源部; (6)负责财务软件系统管理及财务信息化建设; (7)负责编制产品成本计划,制定成本定额,组织成本核算,并制定内部价格; (8)负责全公司固定资产的核算与管理工作 二、财务职责 (1)负责建立、健全集团公司财务资金管理方面的制度和规定,并组织实施和监督; (2)负责编制公司年度及月度财务计划,并检查、监督计划的执行情况; (3)负责集团公司财务预算体系的建立和实施,并监督、控制、考核预算执行情况; (4)负责编制财务资金计划及财务分析报告,进行内部流动资金及专项基金的管理; (5)负责集团公司的融资工作; (6)协助战略规划部门制定公司整体战略; (7)负责组织集团公司财会人员进行业务培训				
业务相关部门	公司所有部门				
主要工作制度流程	主要制度:成本管理办法、固定资产管理办法、预算管理办法				
	主要流程:预算管理流程、资金管理流程				
修订履历	修订时间	修订内容	修订者	审核者	审批者

资料来源:《成飞集团总部职能部门职责说明书》,百度文库,https://wenku.baidu.com/view/7bd71dd4360cba1aa811daad? aggId = e4a8a2dad35abe23482fb4daa58da0116c171f7b&fr = catalogMain_ text_ ernie_ recall_ feed_ index%3Awk_ recommend_ main3&_ wkts_ = 1724226899169&bdQuery = %E6%88%90%E9%A3%9E%E9%9B%86%E5%9B%A2%E6%80%BB%E9%83%A8%E8%81%8C%E8%83%BD%E9%83%A8%E9%97%A8%E8%81%8C%E8%B4%A3%E8%AF%B4%E6%98%8E%E4%B9%A6。

第六节　章节综合练习——组织架构的识别及分析

本章主要介绍了组织架构以及内部控制组织体系的相关内容。本节基于华润博雅生物制药集团股份有限公司（简称"博雅生物"）和上海汇得科技股份有限公司（简称"汇得科技"）两家公司公开披露的最新组织架构图改编案例。请结合案例资料，对比分析两家公司组织架构的特点，并判断两家企业分别采用的是何种组织结构模式。

一 案例资料

前文图 3-8 为汇得科技于 2022 年披露的组织架构图，图 3-9 为博雅生物于 2023 年披露的组织架构图。

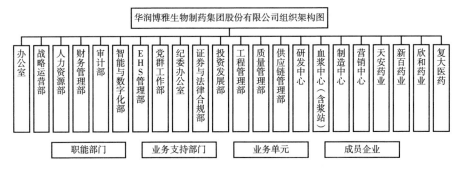

图 3-9 华润博雅生物制药集团股份有限公司组织架构图

资料来源：《博雅生物：公司组织架构图》，巨潮资讯网，http：//www.cninfo.com.cn/new/disclosure/detail？orgId=9900021175&announcementId=1216220715&announcementTime=2023-03-25。

二 案例分析

博雅生物的组织架构图比较清晰地列示出了公司各部门及分支机构的分组，能够清晰地看到该企业的内部机构组成。

汇得科技的组织架构图中不仅有内部机构的体现，还描绘出了治理结构。

从组织架构图来看，博雅生物的组织架构具有职能式特点，汇得科技采用的是事业部制模式。

三 进一步思考

博雅生物的组织架构图存在哪些有待提升的空间，应当如何处理？

博雅生物的组织架构图绘制得过于简单。首先，图3-9中未体现出公司治理层面的结构，无法从设计层面看出其内部控制监督主体的设置是否合理；其次，图3-9中未体现出企业内部各层级、各部门之间的汇报关系，无法从组织架构设计层面考量内部控制设计的有效性。例如，由图3-8可看出，汇得科技的内部审计部门直接向审计委员会汇报工作，在一定程度上确保了独立性和权威性，能够加大对内部控制的监督力度。相比之下，博雅生物虽然也设置了审计部，但从目前的组织架构图来看，无法看到其独立性和权威性是否得到保证，若汇报层级设置不合理，可能会导致监督部门形同虚设，影响内部控制有效性。

内控微课堂3——印章

企业印章的种类多样，每种印章都有其特定的用途。企业常见的印章包括公章、财务专用章、合同专用章、法定代表人章（又称"法人章"）、发票专用章以及人事章等其他印章。

公章用于企业对外事务处理，如工商、税务、银行等外部事务处理时需要加盖，具有法律效力。财务专用章主要用于公司票据的出具，如支票等在出具时需要加盖财务专用章，财务专用章通常与公章一起作为银行预留印鉴。合同专用章专门用于签订合同时，若企业无合同专用章也可用公章代替，但需要公章的不能用合同专用章。法定代表人章代表企业的法定代表人认可，一般不单独使用，与公章一起使用表示法人认可，与合同专用章一起用于合同盖章，与财务专用章一起用于银行预留印鉴。印鉴单独使用只代表法定代表人的个人行为，与其他章一同使用则代表企业行为。发票专用章在企业开具发票时需要加盖。其他专用章分别代表企业不同部门或特定职能。

企业印章管理的常见风险主要包括以下几个方面。

（1）印章刻制业务流程不清晰或没有明确的审批程序，领导或部门可能随意刻制印章，没有明确印章的使用范围和使用时间；印章刻制不在公安部门指定的单位进行，也不进行备案。

（2）企业没有完善的印章管理规章制度，导致使用印章时未经过严格审批；用印审查不严格，甚至在空白介绍信或空白纸张上使用印章。

（3）印章保管不善，印章保管者可能让印章离开自己的视线，或允许他人代为盖章，没有设立监管人即允许他人携带印章外出。

（4）企业没有统一的印章使用台账，采用一页纸请示的方式，导致领导审批用印的签批单未妥善保管，无法追溯。

（5）印章未设专人保管，可能导致印章丢失或被盗后不及时报告、报案，也不主动在报纸上发布公告声明作废；印章保管时未做到不相容职务分离，如银行预留印鉴全部由同一人保管。

（6）企业在下属单位、部门、项目部被撤销或关闭后，没有及时收回和销毁这些单位的印章。

上述问题均增加了印章风险，可能给企业造成进一步的经济损失及法律纠纷。

为降低这些风险，企业应建立完善的印章管理制度并采取有效的风险防范措施，明确印章的保管责任人和使用权限，注意印章保管时的不相容职务分离，建立印章使用审批程序，编制印章刻制、使用等台账，加强对印章保管和使用情况的监督检查，确保印章的规范、安全使用。

思考题

1. 如何理解企业组织架构的内涵？

2. 企业组织架构属于内部控制五要素中的哪一个要素，如何对内部控制产生影响？

3. 企业大额的业务合同是否属于"三重一大"事项？

4. 企业组织架构的设计与企业战略存在什么关系？

5. 如何理解企业内部控制中的"三道防线"体系？

第四章 业务层面的流程管理

学习目标

1. 了解业务流程的内涵，了解企业常见的业务流程构成。

2. 理解典型业务流程的常见风险及内部控制应对措施。

3. 理解梳理业务流程的意义，掌握流程图梳理及绘制方式。

课程思政融入点

1. 分析典型舞弊案例，塑造社会主义核心价值观，培养反舞弊信念。

2. 深刻领会习近平总书记有关诚信的讲话，理解各类企业都要把守法诚信作为安身立命之本的原则，强化诚信价值观。

3. 通过业务流程的梳理，培养细致耐心、实事求是的职业操守。

4. 通过对典型舞弊案例的剖析以及对业务流程常见风险的梳理，培养风险意识。

引导案例　　　　一枚"萝卜章"引发的300亿元诈骗案

2024年5月7日，上海市金融法院再次开庭审理诺亚财富旗下上海歌斐资产管理有限公司（下称"歌斐资管"）和上海自言汽车租赁服务有限公司（原诺亚上海融资租赁有限公司，下称"自言租赁"）诉京东贸易（下称"京东"）、"承兴系"公司及苏州晟隽等公司保理合同纠纷案，并

101

做出判决。此案件又被称为"罗静诈骗案"。判决书显示，2015年2月至2019年6月期间，罗静实控的承兴控股及相关公司虚构与苏宁、京东的供应链贸易，并以此为底层资产融资，骗取湘财证券、摩山保理、歌斐资管、云南信托、安徽众信等机构300余亿元资金，并最终造成80余亿元损失。

在这场骗局中，"承兴系"工作人员通过伪造印章及相关购销合同等底层资料，虚构了苏宁、京东两家公司的应收款债权，并以此诱骗各被害单位进行融资合作，而苏宁、京东相关人士对此并不知情。

在涉京东的案件中，自言租赁和歌斐资管在与"承兴系"公司分别签署了三份《应收账款转让及回购合同》和其他配套合同之后，均通过现场尽职调查、邮件确认函、电话会议等多种形式认证真伪，最终认定了交易的真实性。然而，这些证据后均被发现为伪造。

2016年，"承兴系"与京东确有真实业务往来，这也成为诺亚下属公司为承兴系提供融资的基础，但真实业务往来很快就被变成了一场蓄谋已久的骗局。

诺亚提出，公司派业务人员前往京东办公区，由京东当面在业务确认函上盖章。但京东已向"承兴系"表示，不能在确认函上盖章。"承兴系"没有将该情况告知诺亚，还谎称京东业务的账期从30日改为180日。随后，诺亚通过快递的方式向京东发送确认单，并由京东盖章后寄回，这是《应收账款转让确认函（回执）》的由来。但令诺亚没有想到的是，"承兴系"提供的京东地址虽是位于北京亦庄的京东总部，于某也是京东工作人员，但所给的联系方式却是空号。而"承兴系"的工作人员也通过快递单号，从EMS快递员处直接拦截了信件，并加盖了私刻的"萝卜章"，骗过了诺亚的审查。

不仅如此，根据上海金融法院的判决书，"承兴系"员工利用供应商身份，获得了进入京东办公场所的预约码，并伪造工牌冒充京东员工，接触诺亚现场尽职调查人员。"承兴系"公司还在2019年通过京东贸易POP业务刷单，将案涉应收账款回款监管账户绑定为POP业务回款的账户，伪造京东贸易回款的假象等。

上海金融法院本次的判决，对自言租赁要求广东中诚、广东承兴支付应收账款回购款8500万元，并赔偿财产保全担保费43526.88元的诉请予以支持；对歌斐资管要求广东中诚、广东承兴支付应收账款回购款34.15亿元，并赔偿律师费 300 万元、财产保全担保费 61.77 万元的诉请予以支持。在本次判决中，法院并未支持诺亚方面对京东的"侵权赔偿责任"主张。

资料来源：《300 亿"罗静案"后续：诺亚告赢"承兴系"京东不再"躺枪"》，新京报，https：//www.bjnews.com.cn/detail/1715171924129056.html。

第一节 业务流程概述

内部控制领域所说的业务流程是指企业为实现特定业务目标而执行的一系列有序的活动或步骤。这些活动从业务开始到结束，形成了一个完整的工作流程。业务流程不仅涉及具体的操作和执行，还包括相关的决策、审批、记录和报告等环节。

业务流程是内部控制体系的重要组成部分，它直接关系到企业运营的效率、合规性以及风险管理的有效性。设计良好的业务流程能够确保企业在执行各项任务时，既遵循既定的政策、程序和标准，又最大限度地减少错误、欺诈和浪费，并保护企业资产的安全。

企业的业务流程通常涵盖了多个核心领域，这些领域不仅包括基础的采购和销售活动，还涉及了财务和人力资源管理等关键职能。此外，不同企业根据其特定的经营模式和战略定位，还可能拥有一些独特的业务流程。业务流程的设计并非一成不变，而是会根据企业的实际经营特征、市场需求以及内部资源等因素进行灵活调整和优化。表 4-1 为一些企业常见的业务流程示例。

表 4-1 企业常见的业务流程示例

业务流程名称	子流程模块
销售业务	信用管理、销售合同管理、产品交付或服务提供、收款及应收账款管理、退货管理
采购业务	供应商管理、采购计划与采购预算、采购申请及采购执行、采购合同、验收入库、结算与付款
货币资金管理	货币资金收支、货币资金保存及盘点、货币资金记录与监督

除表4-1所示流程，还有研发、担保、工程项目、全面预算、资产管理及财务报告等业务流程。这些业务流程是企业日常运营的重要组成部分，能够确保企业高效地开展各项业务活动，实现既定的业务目标。《应用指引》为企业的资金活动、采购、资产管理、销售、研发、工程项目、担保、业务外包以及财务报告9项核心业务活动提供了控制思路和方法。

描述业务流程既可以采用文字的形式，如延伸阅读4-1所示，也可采用流程图的形式。流程图相关内容请参见本章第三节。

延伸阅读4-1
龙蟒佰利关连交易/持续关连交易披露流程

对于关连交易/持续关连交易，公司行政中心须协调公司相关部门，积极准备须经董事会会议审批的拟披露事项议案，或提供有关编制特别公告或报告的内容与格式的要求，并协调公司相关部门按时编写特别公告或报告的初稿。

公司行政中心须整合一切须予以讨论的文件，统筹财务总监、附属公司总经理及涉及重大交易的部门副总，于董事会会议召开前提供交易相关档案及数据，如可行性报告、尽职审查报告、合同最终稿及其他资料予董事会。

关连交易/持续关连交易的初稿，公司行政中心必须在董事会会议召开前至少3天送达各董事审阅。

经公司董事会会议审议和批准后，公司行政中心须保留所有关连交易/持续关连交易的初稿、修订稿、最终稿、有关支持性文件、报告及会议记录，拟定会议记录最终稿，由各列席董事及相关列席者审阅并签署，整合并统一归档。

所有关连交易/持续关连交易的公告及最终稿，必须经律师审阅及董事会会议最终审批，并授权公司秘书处理，于公司网页及联交所网页上公布。

董事会会议审批公告或报告时，管理层应一并提供相关数据及档案，如重大合同、可行性报告、尽职审查报告及其他相关文件。

公告公布前，对于拟公告内容，相关人员应绝对保密，禁止以此"股价敏感资料"获得任何利益，或在数据公布的同期买卖公司的证券。

财务总监、董事会可外聘顾问（如审计师、评估师及律师等）为其公告内容提供专业意见，费用应由公司支付。

公司董事会应对整份关连交易/持续关连交易的公告内容进行审核，以确保符合公司法及上市规则的要求。

资料来源：《龙蟒佰利：关连交易制度及流程（H 股发行并上市后适用)》，巨潮资讯网，http：//www.cninfo.com.cn/new/disclosure/detail？orgId = 9900020849&announcementId = 1210199638&announcementTime = 2021-06-09。

第二节　业务流程常见风险及控制手段

虽然不同企业的业务运作方式和具体流程各有差异，但其中不乏一些共通的核心流程，采购业务便是其中的典型代表。本节将以采购业务为范例，系统阐述其业务流程梳理过程，展示业务流程图，进一步分析采购业务中可能存在的风险点，并探讨相应的风险控制设计策略。

一　采购业务概述

采购是指企业在一定条件下从供应市场获取产品或者服务作为资源，主要用以保证企业生产及经营活动正常开展的一项重要的经营活动，具体包括供应商管理、采购计划、采购执行、采购验收及支付款项等相关活动。

采购作为企业生产经营的起始环节，不仅构成了企业"实物流"的核心组成部分，而且与"资金流"紧密相连，对企业的整体运营具有深远的影响。通过规范采购业务的内部控制，企业能够有效提升采购管理水平，确保采购过程的透明度和公正性，推动采购业务合法合规进行。此举不仅有助于企业在实际运营中节约成本，从而提高企业利润，还能够确保物资的质量和合理的库存水平，进一步增强企业的市场竞争力和持续发展的能力。

在进行业务流程梳理时，一种有效的方法是先明确并列出构成该业务的主要环节。随后，针对这些环节逐一进行详细的流程梳理，以确保每个步骤都得到清晰定义和深入分析。采购业务流程主要涉及编制需求计划和采购计划、立项、选择采购方式、选择供应商、确定采购价格、订立框架协议或采购合同、管理供应过程、验收、换货、退货、付款、会计控制等环节，如图4-1所示。企业在实际进行采购业务流程设计时，可以参照上述流程框架，同时充分考虑自身业务特性、组织结构和市场环境等实际情况，对流程进行必要的扩充和具体化。

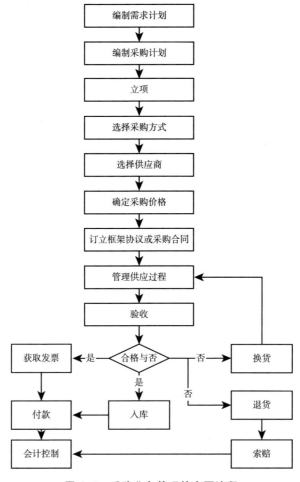

图4-1 采购业务管理的主要流程

《应用指引第 7 号——采购业务》将采购业务分为采购和付款两个环节，但为了更细致地介绍采购业务的流程及风险，本章将对采购业务中常见的供应商管理、招标采购管理、采购合同管理、采购验收管理环节展开详细讲解。

二　供应商管理流程、风险及控制手段

（一）供应商管理流程

供应商管理是指企业为实现供应稳定性和效率的提升，对向其提供商品和相应服务的企业及机构等所进行的一系列综合性管理活动。这些活动包括供应商的选择、评估、协同以及绩效管理和风险管理等，旨在确保供应商能够满足企业的业务需求，维持供应链的稳定运行，并不断提升供应链的整体效率和质量。

供应商管理作为采购业务的核心组成部分，其流程通常涵盖新供应商的引入、供应商的选择、供应商的考评以及供应商信息管理等多个子流程。这些子流程共同构成了供应商管理的完整体系，以确保供应链的稳定性、高效性和质量。

图 4-2 展示了常见的供应商管理流程。在这个过程中，需求部门及其他相关部门，如财务部门、仓储部门等，也扮演着至关重要的角色。这些部门与采购部门紧密合作，共同参与到供应商管理的各个环节中，以确保供应商的选择和管理符合企业的整体战略和业务需求。决策及其他流程中涉及的具体部门名称可基于企业自身情况调整，本书的其他部分同理。

在新供应商引入阶段，企业需要对潜在供应商进行初步筛选和评估，以确定其是否符合企业的采购标准和要求。接下来，在供应商选择阶段，企业会基于供应商的资质、能力、价格和服务等多方面因素进行综合考量，选择最适合的供应商进行合作。

在供应商考评阶段，企业会对已合作的供应商进行定期或不定期的绩效评估，以了解供应商的服务质量、交货期、价格等方面的表现。根据考评结果，企业可以对供应商进行奖惩，以激励供应商提供更好的服务和产品。

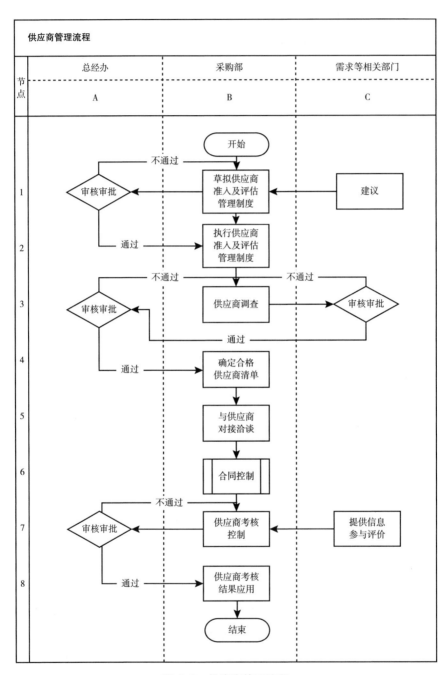

图 4-2 供应商管理流程

在供应商管理过程中，企业需要建立完善的供应商信息库，对供应商的基本信息、历史交易、考评结果等进行详细记录和管理。这有助于企业更好地了解供应商的情况，为后续的采购决策提供有力支持。

图4-2绘制的流程图中省略了从合格供应商清单中选出特定供应商的环节，这个过程在采购实务中可以通过招标、询价、直接委托等方式开展，本节后续内容将以招标为例进行详细讲解。

（二）供应商管理风险及控制手段

企业采购业务的内部控制不足将导致与不良供应商合作，影响采购及经营效率。供应商管理常见的风险及控制手段如表4-2所示。

表4-2　供应商管理常见风险及控制示例

控制点	风险描述	控制手段
A1,B1	供应商评估和准入制度存在缺失或不合理、不完善之处，致使企业在选择供应商时面临困难，进而提高了采购成本，并对采购质量产生负面影响	（1）基于企业实际需求，指派专人依据企业规章制度，构建科学的供应商评估和准入制度 （2）强化对供应商评估和准入制度建设的评估与审查，以保障其合理性与有效性
A3,B3,C3	（1）忽视对供应商市场的深入调查，企业难以全面了解市场并选择最匹配的供应商 （2）相关部门在新供应商评价中参与度不足，监督机制薄弱，易导致评价片面和潜在舞弊风险	（1）指派专人负责调查工作，制定详尽的《供应商考察表》等审计标准，明确调查内容、程序及证据要求 （2）采用多元化调查手段，必要时与外部专业机构合作，确保调查的全面性和准确性 （3）依据市场调查结果，严格审查供应商资质信誉的真实性与合法性，编制并更新合格的供应商清单，完善企业统一的供应商管理系统 （4）实时监督并综合评价供应商提供的物资、劳务质量、价格、交货期等，结合多部门意见，合理选择和调整供应商。在供应商清单制作和审核中，明确职责分工，确保不相容职务的有效分离
B4	合格供应商清单的确认缺少监督，不利于保证选择过程及结果的合理性，且存在舞弊空间	设计合格供应商清单的制作和审核职责，注意不相容职务分离，由不同岗位分别承担上述职责

续表

控制点	风险描述	控制手段
B7	忽视对供应商的考评和调整工作，或评价维度单一，导致无法发现服务质量不高的供应商，影响企业采购业务的质量	（1）对供应商提供的物资或劳务的质量与价格、交货及时性、供货条件、售后服务态度及其资信、经营状况等进行实时管理和考核评价 （2）设计标准的《供应商评价表》，由多个相关部门参与考核评价。填写评价表至少需采购部门、财务部门与仓储部门的参与。其中，仓储部门负责验货入库的工作，对各个供应商的货物质量情况了解深入；财务部门是辅助管控的部门，从提出采购申请、选择供应商、签署采购合同到采购执行、退货、结算与付款，财务部门几乎全程参与，因此也对供应商的合作情况有深入了解
B8	未利用供应商评价结果做出合作方式调整，导致评价工作形同虚设	根据供应商考核评价结果，提出供应商淘汰和更换名单，或者提出新的合作模式，经审批后对供应商进行合理的选择和调整，并在供应商管理信息系统中做出相应记录

延伸阅读 4-2

采购风险评估之供应商入围及供应商选择

采购流程的第一步为供应商"入围"，即满足企业要求的供应商才能进入企业的采购备选名单中。本文描述供应商入围过程为：采购方首先邀请可能满足其要求的潜在供应商参加投标，采购方一方面要求投标方提供必要的材料并对其进行资格审核，另一方面还要主动对其进行综合风险评估，如财务风险评估、道德风险评估等。达到预定资格审核和综合评估要求的投标方进入采购方的可接受供应商列表。

由于供应商入围通常是一个高度事务性的、动态的过程，这就不可避免地产生各种风险，具体包括以下方面。

（1）采购方对潜在客户需求的预测不准确，导致邀请了错误的潜在投标方；采购方邀请潜在供应商时存在偏见，导致没有邀请潜在的优质投标方。

（2）投标方提供伪造的文件或虚假资料，如不正确的财务报告、虚假证书等。

（3）采购方对供应商进行调查时输入了错误或不正确的信息，导致后期评估出现错误或偏差；采购方的调查人员有腐败行为。

（4）采购方没有考虑或低估外部环境因素如经济、政治、政策等的影响，导致实际不符合要求的投标方通过资格审核。

（5）采购方低估技术进步和其他竞争因素的影响，导致实际不符合要求的投标方通过资格审核。

（6）采购方对投标方进行综合评估时，投标方与采购方内部人员共谋，篡改评估结果。

（7）供应商入围后，环境因素如经济、政治、政策、自然条件的变化带来的新风险。

（8）供应商入围后，竞争因素如新产品、新技术、可替代的产品或服务、新商业模式等带来的新风险。

资料来源：陈剑、肖勇波、朱斌《大数据视角下的采购风险评估——基于某服务采购企业的案例分析》，《系统工程理论与实践》2021年第3期，第596~612页。

三　招标采购管理流程、风险及控制手段

（一）招标采购管理流程

招标作为采购过程中标准化的供应商或服务提供商选择机制，是指通过招标方（政府机构、企业或其他组织）发布的招标公告，公开邀请潜在供应商或服务提供商提交投标书，以竞争方式争取成为特定项目、服务或商品的提供者。招标管理则是指招标企业为实现招标竞标过程公平公正、中标结果符合质量要求及本企业经济效益最大化等目标而制定的一系列管控措施。

根据《中华人民共和国招标投标法》规定，招标分为公开招标和邀请招标。公开招标是指招标人以招标公告的方式邀请不特定的法人或者其他组织投标。邀请招标是指招标人以投标邀请书的方式邀请特定的法人或者其他组织投标。民营企业招标多属于邀请招标的形式，即企业一般会搭建一个供应商库，当需要招标时从该库中选取资质符合要求的企业构成招标对

4-1 中华人民共和国招标投标法

象，并向这些企业发出投标邀请。

　　一般来说，企业中大宗商品、服务的采购会采用招标形式。采购申请经相应领导层级审批通过后，开始执行采购招投标业务。如图 4-3 所示，采购部门编制招标文件并上报审核，通过后发布招标公告。供应商提交资格审查文件，采购部门审查后确定合格名单并发售标书。合格供应商购买标书并提交投标书，采购部门初步评审后，由采购部门经理组织评标委员会评选中标者，报总经理审批。审批通过后，采购部门宣布中标单位并启动采购合同签订流程。

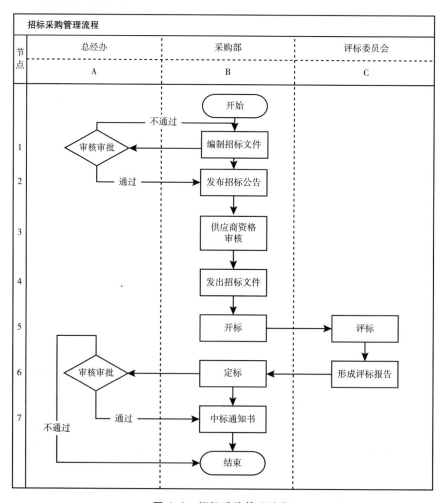

图 4-3　招标采购管理流程

（二）招标采购管理风险及控制手段

《应用指引第7号——采购业务》提出，供应商选择不当，采购方式不合理，招投标或定价机制不科学，授权审批不规范，可能导致采购物资质次价高，出现舞弊或遭受欺诈的风险。另外，招标采购涉及金额巨大，企业应审慎行事。精心设计和严格执行招标管控流程，确保采购过程公开、公平、公正，防范腐败风险；提升采购效率，降低成本，实现经济效益最大化；确保采购质量与安全，保障生产或工程顺利进行。招标采购管理常见的风险及控制手段如表4-3所示。

表4-3　招标采购管理常见风险及控制示例

控制点	风险描述	控制手段
A1,B1	（1）招标文件不规范、不完善，导致其公信力缺失，需求传达不到位，使得招标工作难以顺利开展 （2）招标人在招标文件中设置不合理的条件，如过高的资质要求、特定的地域限制以及截标日期过短等，以此限制或排斥潜在的投标人，帮助特定的投标人中标	（1）设计标准化的招标文件模板，根据招标项目的特点和需要进行进一步调整。招标文件应当包括招标项目的技术要求、对投标人资格审查的标准、投标报价要求和评标标准等所有实质性要求和条件以及拟签订合同的主要条款 （2）招标文件的编制和审核属于不相容职务，应当设计不同的岗位承担不同的职务，加强招标文件编制过程中的制衡 （3）加强对招标文件的审查，关注招标条件等的合理性，审查不通过的，不得发布公告
B4	未发布招标公告或公告内容、时间存在错误，均会干扰招标工作的正常进行，导致潜在供应商无法及时获取准确信息	（1）依法需发布招标公告的项目，须通过国家指定的报刊、信息网络等媒介发布，确保信息广泛传播 （2）招标公告应详细载明招标人信息、项目性质、数量、实施地点和时间，以及获取招标文件的途径，确保潜在投标者充分了解招标要求
B5	（1）开标时间、地点、流程出错，影响招投标工作的正常运行 （2）蓄意操纵开标结果，通过替换投标资料等方式影响评估结果，帮助特定的投标人中标	（1）开标应当在招标文件确定的提交投标文件截止时间的同一时间公开进行；开标地点应当为招标文件中预先确定的地点 （2）开标时，由投标人或者其推选的代表检查投标文件的密封情况，也可以由招标人委托的公证机构检查并公证；经确认无误后，由工作人员当众拆封，宣读投标人名称、投标价格和投标文件的其他主要内容 （3）在招标文件要求提交投标文件的截止时间前收到的所有投标文件，开标时都应当众予以拆封宣读 （4）不召开开标会时，也应当在招标小组或评标委员会等多人监督的环境下开标，确认资料无误 （5）应当记录整个开标过程，并存档备查

续表

控制点	风险描述	控制手段
C5	评标过程不公正、不合理，影响企业声誉，也导致无法选择到最合适的供应商，例如：招标人、评标委员会成员或其他相关人员收受投标人的贿赂或回扣，以此换取对特定投标人的偏袒或支持；招标人或评标委员会在招标过程中违规修改招标文件，以迎合某些特定投标人的利益	（1）评标由招标人依法组建的评标委员会负责，并对评标委员会成员的利益关系进行排查 （2）按照招标文件确定的评标标准和方法，对投标文件进行评审和比较；设有标底的，应当参考标底 （3）通过将内部审计纳入评标委员会等形式增强对评标过程的监督 （4）应当客观、公正地履行职务，遵守职业道德，对所提出的评审意见承担个人责任
A6、B6	招标人或评标委员会在确定中标人后未经批准擅自更换中标人，以迎合某些特定投标人的利益	（1）评标结果应当经过审核审批 （2）对照中标文件和评标结果，确认中标人一致

延伸阅读 4-3

付某某、徐某某等 7 人串通投标案

山东 Y 通讯集团公司临沂分公司（以下简称 Y 公司）、山东 Z 通信技术有限公司（以下简称 Z 公司）均系国有企业。付某某系 Y 公司政企客户部政企中心经理，谷某某等 4 人系 Y 公司政企客户部工作人员，徐某某、王某某系 Z 公司信息系统集成中心工作人员。

2020 年 9 月，山东省临沂市某单位信息化项目向社会公开招投标。因 Y 公司不具备竞标资格，付某某、徐某某等人为提升个人工作业绩，共谋借用 Z 公司的名义参与竞标，并拉拢其他公司参与串标，约定在竞标成功后，Y、Z 两公司分享中标利益。后谷某某借用 H 公司、G 公司等 4 家公司资质，徐某某、王某某统一制作标书控制投标报价，共同实施串通投标行为。2020 年 11 月 9 日，Z 公司中标，中标价格 3500 万余元，远超项目实际造价。

2021 年 7 月 30 日，临沂市公安局兰山分局以付某某、徐某某等人涉嫌串通投标罪移送检察机关审查起诉。审查起诉期间，临沂市兰山区检察院对 Y 公司、Z 公司启动涉案企业合规整改。经第三方组织监督评估考察合格后，2023 年 3 月 10 日，临沂市兰山区检察院综合考量涉案人员的犯罪事实、情节以及企业合规整改情况，依法对付某某等 7 人做出不起诉决定。

资料来源：《检察机关依法惩治串通招投标犯罪典型案例》，最高检官网，https：//www.spp.gov.cn/xwfbh/dxal/202311/t20231103_ 632860.shtml。

四 采购合同管理流程、风险及控制手段

（一）采购合同管理流程

确定中标单位或供应商后，采购合同签订，业务随即展开。在洽谈过程中，采购人员应确保合同条款不损害企业利益，满足采购需求，同时杜绝权力寻租行为，确保合同公平、公正和合法。

采购人员与供应商洽谈合同条款取得共识后，创建采购合同并判断是否在权限内。若在权限内，则直接签订采购合同。若不在权限内，如图 4-4 所示，采购人员应提交采购合同至采购部门经理、法律事务部门及财务部门审核，并上报总经理审批。审批通过后，采购人员持合同至法律事务部门或相关部门盖章。采购部门经理负责监控合同正本回收，并交由法律事务部门或总经理办公室等管理部门保存。若审批未通过，采购人员需与供应商重新洽谈，如双方达成修改条款共识，则修改合同并重新审核审批；若无法达成共识，则采购业务终止。值得关注的是，如果合同涉及重大变更，应当考虑重新执行采购流程。

其他相关部门如法律事务部门、财务部门等可以在合同审核过程中提供专业意见。例如，法律事务部门主要识别采购合同中的法律风险，评估其潜在损害与后果，并提出法律专业修改建议；财务部门着重审查价格、结算方式等条款，进行成本核算，提供财务专业意见。

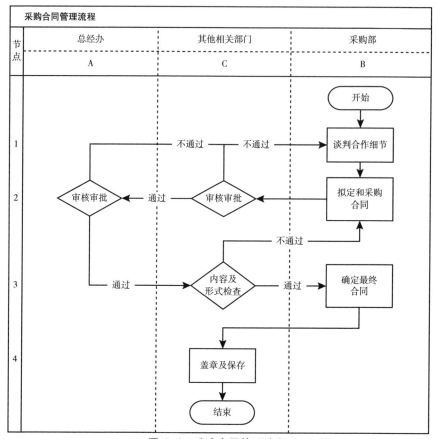

图 4-4　采购合同管理流程

（二）采购合同管理风险及控制手段

4-2 中华人民共和国
合同法

为防范管控漏洞、腐败及徇私舞弊风险，企业应明确界定采购部门及其他合同审批部门的权限，如通过设定单笔采购合同金额上限的方式开展授权。为避免采购人员拆分合同规避审核，应完善控制手段，如将同一供应商在特定时间内的合同金额合并计算，确保不超过权限范围。同时，财务部门或内控审计部门应定期核查，确保采购活动合规。除此以外，采购合同管理常见的风险及控制手段如表 4-4 所示。

表 4-4 采购合同管理常见风险及控制示例

控制点	风险描述	控制手段
B1	（1）忽视与供应商的洽谈可能错失潜在的价格优惠 （2）重大项目合作细节不统一可能为未来合作埋下隐患，增加纠纷风险 （3）供应商可能采取贿赂手段，以影响采购谈判人员，获取不当利益，这严重破坏了公平竞争的市场环境，并可能涉及违法行为 （4）采购过程管理不规范，如仅有签字未盖章、存在手工修改等，这为潜在的舞弊行为提供了便利条件	（1）对于重大、专业性强或法律关系复杂的合同，应组织法律、技术、财会等专业人员及外部专家参与洽谈 （2）谈判过程需详细记录 （3）强化对谈判过程及结果的监督，确保结果合理 （4）定期开展采购业务专项检查，重点审查流程及过程中资料是否符合规定，如关注供应商报价单、谈判记录等资料是否存在、制式及内容是否符合要求等，警惕舞弊迹象
A2、B2、C2	（1）采购合同存在缺陷与疏漏，未经有效审查 （2）合同内容未准确反映谈判成果，引发后续合作争议	（1）实行采购合同创建与审核审批岗位分离，确保法务、财务等部门参与合同审核 （2）基于供应商、采购方式、价格等信息，精确拟定合同条款，明确双方权责及违约责任，并依规签署合同
C3	最终版合同仍存在漏洞，如修改意见未体现等，从而影响后续合作	加强对最终合同的审核，如设置针对盖章前合同的内容及形式审查，重点关注是否经各相关部门审核，各部门提的合同修改意见是否在该版本中体现
C4	企业采购合同若未妥善保管，将丧失可追溯性，给后期检查带来不便，增加法律维权难度，可能导致信息泄露，损害企业声誉等	应当对合同进行归口管理，包括但不限于确定保管部门或保管人员、进行合同备份以及对合同进行台账管理

延伸阅读 4-4

习近平总书记在企业家座谈会上的讲话摘录

希望大家诚信守法。"诚者，天之道也；思诚者，人之道也。"人无信不立，企业和企业家更是如此。社会主义市场经济是信用经济、法治经济。企业家要同方方面面打交道，调动人、财、物等各种资源，没有诚信寸步难行。由于种种原因，一些企业在经营活动中还存在不少不讲诚信甚至违规违法的现象。法治意识、契约精神、守约观念是现代经济活动的重要意识规范，也是信用经济、法治经济的重要要求。企业家要做诚信守法的表率，带动全社会道德素质和文明程度提升。

资料来源：《在企业家座谈会上的讲话》，中国政府网，https：//www.gov.cn/xinwen/2020-07/21/content_ 5528791. htm。

五 采购验收管理流程、风险及控制手段

（一）采购验收管理流程

采购验收作为企业采购业务中货物质量把控的关键环节，其管理控制至关重要。若验收管理设计不合理且异常情况未得到妥善处理，将引发验收混乱，导致次品入库，造成账实不符、物资损失，进而对产品的生产和质量产生不良影响。企业常见的采购验收管理流程如图 4-5 所示。

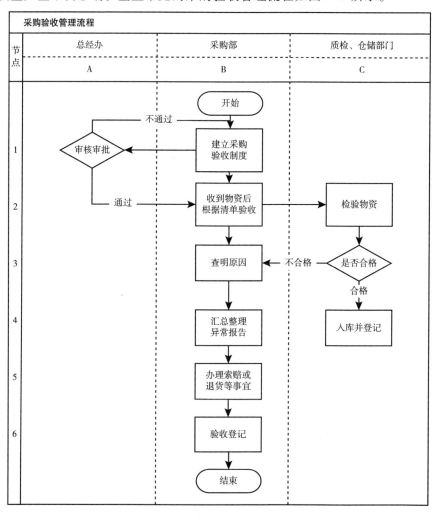

图 4-5 采购验收管理流程

（二）采购验收管理风险及控制手段

采购验收环节存在诸多风险，《应用指引第 7 号——采购业务》提出"采购验收不规范，付款审核不严，可能导致采购物资、资金损失或信用受损"。除此以外，采购验收环节还存在异常情况不处理等风险。通过加强内部控制，企业可以及时发现并处理这些风险，降低因验收问题而引发的潜在损失。采购验收管理常见的风险及控制手段如表 4-5 所示。

表 4-5　采购验收管理常见风险及控制示例

控制点	风险描述	控制手段
A1,B1	未建立健全采购验收制度,致使验收工作缺乏规范指导,流程不明晰	(1)确立采购验收制度,明确检验方式、方法、步骤及标准 (2)制定清晰的采购验收标准,依据物资特性制定必检目录,要求相关物资须凭质量检验报告方可入库 (3)强化采购验收制度审核,确保制度合理且全面
B2,C2	物资检验不严谨,导致错误或不合格物资入库,给企业造成经济损失	(1)设立专职验收机构或人员,依据采购合同及质量检验证明,严格核对原始单据与采购物资的数量、质量、规格、型号等信息 (2)大宗、新型、特殊物资采购,须进行专业测试,必要时委托具备检验资质的机构或外部专家协助验收
B3,B4	验收异常未及时查明、报告或处理,导致不合格物资入库,影响企业物资管理质量	验收中发现异常情况,如缺乏采购合同、超预算采购、物资毁损等,验收机构或人员应立即向有权管理机构报告,相关机构须迅速查明原因并采取相应措施
B5	对不合格物资未采取恰当措施,缺乏与供应商的有效沟通,影响采购质量,延误生产进度	(1)针对不合格物资,采购部将依据检验结果和合同条款,采取让步接收、退货或索赔等措施 (2)若供应商延迟交货导致企业生产建设受损,采购部将依据合同条款向供应商提出索赔
B6	验收登记工作不到位,采购活动无记录可循,既不利于采购工作总结,也妨碍了问题追溯	(1)预先明确登记环节与责任部门,指定专人负责登记 (2)强化对登记人员与资料的审核,及时发现并处理验收问题

除本节所列示的风险，《应用指引第 7 号——采购业务》提出，"采购计划安排不合理，市场变化趋势预测不准确，造成库存短缺或积压，可能导致企业生产停滞或资源浪费"，对此企业应当关注。

第三节　流程图的绘制

一　流程图概述

如图 4-1 至图 4-5 所示，流程图作为一种图形工具，可用于清晰地展示一个事件或过程的步骤。该工具通常由一系列部门、步骤和决策点等组成，并使用特定图形符号加上文字说明来表示具体流程。在流程图中，每个步骤都有一个相应的符号来表示该步骤的内容和操作，不同步骤之间用箭头或其他符号连接，以显示它们之间的顺序和关系。

由于流程图具有直观、便捷和易于阅读的优点，目前大部分企业在日常管理实践过程中已开始大量使用流程图这一工具。企业中使用的流程图主要包括 3 种形式，分别是过程流程图、工作流程图和职能流程图。如图 4-6 所示，过程流程图是最简单的一种流程图表达形式，主要适用于表达流程在同一岗位或者同一部门中的流转，适用于三级子流程或者四级子流程。

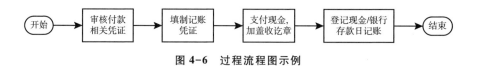

图 4-6　过程流程图示例

工作流程图多见于办公自动化系统，即 OA 系统后台。如图 4-7 所示，与过程流程图相比，工作流程图更完整、直观地展现了流程的执行步骤和顺序，即使面对复杂流程，工作流程图也可以通过设计判断条件等方式展示流程中存在的各类分支结构，覆盖多种可能出现的状况。

职能流程图适用于展现跨部门协作流程，通过引入"泳道"，详细地描述了流程在不同部门、不同岗位或者员工之间的流转。职能流程图是三者

之中最直观、完整的流程图表达形式。一般内部控制手册中使用的均是该
类流程图。后续将详细介绍职能流程图的绘制方法。

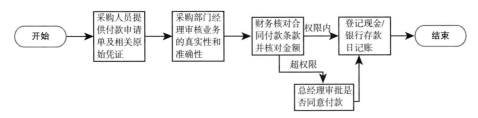

图 4-7　工作流程图示例

　　流程图在多个领域都有广泛应用，如产品设计、软件开发、工艺生产
以及包括内部控制在内的企业管理等。它可以帮助人们更好地理解和记忆
事件或过程的步骤，发现和解决问题，优化和改进流程，并被作为诊断和
决策制定的工具。如表 4-6 所示，在内部控制中，流程图作为一种重要的
工具，可以被用于描述和展示企业业务流程，通过绘制流程图，企业可以
更好地了解业务流程和管理流程的运行过程，发现可能存在的风险和问题，
并制定相应的控制措施和解决方案，流程图在内部控制设计、实施及评价
中都能起到重要作用。

表 4-6　五要素框架下的流程图多用途示例

五要素	作用示例	阶段
内部环境	通过流程图,企业厘清自身在战略制定、人事筛选及考评、环保合规等方面的管控现状,并开展问题梳理	设计、实施及评价
风险评估	通过绘制流程图,企业可以直观地展示业务流程和管理流程的运行过程,发现可能存在的风险点和漏洞,进而进行风险识别和分析	设计及评价
控制活动	流程图可以作为控制设计的重要依据和参考,帮助企业设计更加合理和有效的内部控制体系和流程。同时,通过优化流程图,企业可以对现有控制措施进行改进和提升	设计及评价
信息与沟通	流程图可以作为一种沟通工具,帮助企业内部不同部门和岗位之间更好地理解彼此的工作内容和流程,促进协作和沟通。同时,企业也可以通过流程图向员工传达内部控制的要求和规范,提高员工对内部控制的认识和理解	设计、实施及评价
内部监督	流程图可以作为监督和评价内部控制体系的重要工具,帮助企业发现可能存在的问题和缺陷,并实施相应的措施	设计、实施及评价

二 流程图的绘制

绘制流程图一般需首先明确对象，即确定要展示的事件或过程，如资金活动中的货币资金支付流程。通过与财务部门的访谈，结合企业货币资金支付相关规定，梳理企业货币资金支付流程涉及的所有部门、步骤、决策点以及在该过程中会形成的各类原始文件单据，并将它们按照顺序排列。对于流程图中的每个步骤、决策点以及文件，均应当选择相应的符号进行标记，如开始符号、结束符号、流程符号、决策符号等。使用箭头或其他符号将所有步骤和决策点连接起来，以显示它们之间的顺序和关系。为了使流程图与其他控制工具及企业管控政策有更好的统一连贯性，同时方便使用者查阅及理解，应当在每个流程图中都注明流程名称、主要责任部门、生效日期以及流程编号等信息。完成流程图后，要进行回顾、确认，结合内部控制评价及时修改，确保其准确性和完整性。绘制和管理流程图需要专业的知识和技能，若企业缺乏相应专业人员，可寻求外部咨询机构的支持。

如今利用电脑绘制流程图的情形较为普遍，除了 WPS、Word、PowerPoint 等传统办公软件以外，还可以使用专门的流程图绘制软件，如 Visio、亿图图示、Draw.io、ProcessOn 等。这些软件都有各自的特点和优势，可以根据个人或团队的需求选择。其中，Visio 是微软推出的一款流程图绘制工具，是市场上出现较早的流程图类图形绘制软件，可以辅助使用者绘制各种图表，如组织结构图、网络图、流程图、日程表等。亿图图示是一款国产的流程图绘制软件，支持多种格式导入、导出以及团队协作和共享。Draw.io 是一款免费的开源图表工具，可以在线使用或下载安装，支持多种平台，拥有大量图形符号。ProcessOn 是一款在线流程图绘制工具，支持多人协作和实时编辑，方便团队成员之间的沟通和协作。本书主要基于 Visio 软件展开流程图的电脑绘制介绍。

在 Visio 自带模板中，有两款适用于内部控制流程图的绘制，即基本流程图模板和跨职能流程图模板，二者在目的、使用场景和表现形式上存在一些区别。

（一）基本流程图

基本流程图模板适用于对一个工作内容模块的流程进行梳理，以图形的方式快速了解流程如何进行。这种模板中的每个步骤都可以使用简单的几何形状来表示，如图4-8所示，非常直观。其中，椭圆形通常用于表示流程的起点或终点，方框表示流程，菱形表示需进行判断的节点，通常会由该节点延伸出两条路径，分别表示是或否两种不同的判定结果。基本流程图模板适用于绘制过程流程图和工作流程图。

（二）跨职能流程图

跨职能流程图模板是在基本流程图的基础上，对整体流程按职能部门或项目角色来进行梳理，包括水平和垂直两种。无论是水平模板还是垂直模板，均可以清晰地展示不同职能部门或角色之间的分工情况及其在不同阶段需要介入的时间点。以垂直模板为例，如图4-9所示，它有助于避免混淆，明确每个阶段中各职能角色需要处理的流程节点和采取的行动。模板中各形状的含义与基本流程图相同，职能1、职能2、职能3和职能4对应的列被称为"泳道"，主要用于区别流程中的各个职能或业务部门。本章中图4-2至图4-5即属于跨职能流程图。

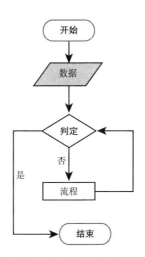

图4-8 微软 Visio 基本流程图模板

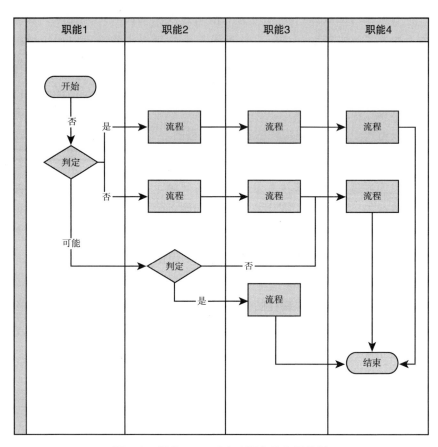

图 4-9　微软 Visio 垂直跨职能流程图模板

总的来说，基本流程图更注重对单一流程的展示，而跨职能流程图更注重对涉及多个职能或角色的复杂流程的展示。在实际应用中，可以根据需要选择合适的模板。例如，在信息梳理阶段，采用基本流程图能更快、更有效率地达成目标，而在内部控制的问题梳理以及形成制度文件时，采取跨职能流程图能进一步提升信息的丰富度，更准确地反映企业管控流程的现状并提升信息传递的准确性。

第四节　章节综合练习——货币资金支付业务流程图绘制任务

本章主要以采购业务为核心，介绍了业务流程梳理、业务流程风险点及对应控制措施的相关内容，同时介绍了业务流程图的绘制方式。本节编写情景较为简单的资金支付流程内容，设计流程图绘制任务。

以下为某公司货币资金支付管理制度部分摘录，请根据以下文字分别绘制过程流程图、工作流程图和职能流程图。

一　案例资料

第三章　费用报销管理

第九条　费用报销的程序

1. 经办人填写《付款申请单》，并附原始凭证。如为出差的，附原始凭证及《差旅报销单》，由经办人所在部门负责审核。

2. 根据费用的审批权限经相关领导审批。

3. 财务部审核付款单据及审批手续，根据费用预算，审核是否超出费用预算，如超出预算，应将《付款申请单》返回经办人填写《超预算说明》，按审批程序交相关领导审批。

4. 出纳根据审批的《付款申请单》付款或冲销借款，或注销支票。

5. 出纳填写《银行存款日记账》或《现金存款日记账》，会计根据业务登账。

二　案例分析

如图 4-10 所示的过程流程图筛选了公司规定中费用报销的主要流转信息，并以图形的形式展示出来，能够帮助使用者快速了解该流程的概貌，但因为缺少了执行人、负责部门等信息，不适用于指导具体工作的开展。如图 4-11 所示的工作流程图在过程流程图的基础上增加了必要的任务执行人以及不同审批结果情形的对应处理方式展示，方便业务执行人明确工作前后的流转关系以及不同情形下的处理方式，但由于含有多个部门，仍然存在理解上的困难。如图 4-12 所示的职能流程图很好地解决了上述问题，付款流程上各个节点对应的部门、负责人及其对应的工作内容均清晰可见，因此最适宜放在内部控制手册中描述工作流程，直观形象地体现各内部控制节点。在图 4-12 中出现了一个新的形状，即"资金支付账务处理流程"所处的子流程形状，该形状为长方形中左右各一条竖线，企业可基于自身偏好选择形状的颜色，但一般形状本身不建议擅自更改。图 4-12 中引入子流程主要起到简化流程图的作用，突出资金支付任务。而其中的资金支付账务处理流程可以根据相关政策绘制对应的职能流程图，突出资金支付账务处理任务。

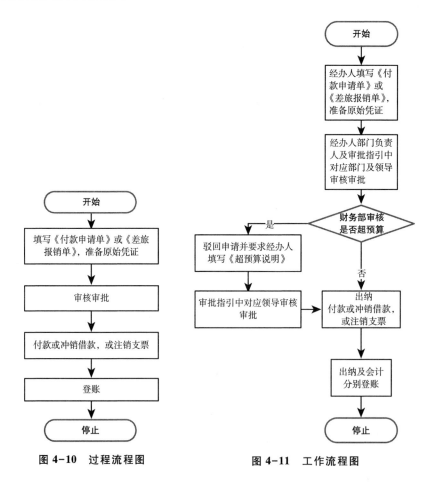

图 4-10　过程流程图　　　　图 4-11　工作流程图

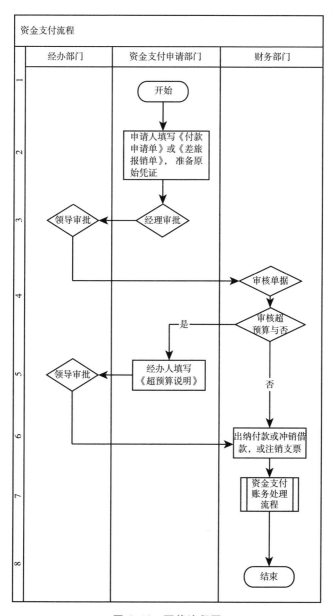

图 4-12 职能流程图

三 进一步思考

以上流程图如何体现出与现行制度规范之间的和谐统一关系？

练习中的职能流程图能够较好地展示出业务的流转信息，但在整体性和系统性上仍然有所欠缺。例如，企业中常有"打补丁"的内部控制制度，即针对前期未预见到的问题制定新的制度规范，根据前面章节的学习，我们可知由于例外事件的存在，内部控制设计本身就存在局限性，因此打补丁也是一种正常的情况，很多企业的内部控制制度都是在发展中逐步建立起来的。例如，企业以往没有采用过框架协议采购的方式，而如今在企业降本增效战略下决定对部分采购业务进行改革，与供应商按照框架协议定期结算就是以前没做过的事情，那么就需要拟定相关的管理规定以及对应的资金支付办法。新的制度何时开始执行，具体执行过程中出现了问题应当由谁负责，新的管理办法与现行的财务制度之间是何种关系等问题都需要考虑。此外，还存在对原控制流程及制度进行修订的需求，如何从内容及形式上确保控制的体系化和完整性都是需要考虑的，以避免出现分类不科学导致不同制度之间存在矛盾或重叠的现象。因此，企业应有一套制度来规范程序和形式，包括对制度编号、分类内容、审批程序、执行及其他应注意事项进行统一的规范化管理，并以书面形式予以约束，也就是在整个企业里统一"画黄色框线"。如何将流程图规范地整合到公司的内部控制体系中就是一个必须解决的问题，常见的方法就是给流程图加上说明信息，如图4-13所示，在职能流程图上方，增加流程名称、流程编号、生效日期、主责部门等附属信息。

图4-13中新增了两个关键的内容，可以进一步完善流程图的信息，提升其作为内部控制工具的效能。第一，新增了一列名为"涉及文档"的"泳道"，该列中所列示的形状模块均为文档形状，不作为流程的节点与其他部分连接，仅在产生或应用到该文档的流程节点尾端进行列示，帮助业务执行人员及审核监督人员明确该流程节点的文档规范。一般此类文档均应当设计企业标准模板，提供系统下载端口。第二，增加了控制点的描述。控制点指的是在业务流转过程中可能发生错弊因而需要控制的节点。这些

流程名称	资金支付流程	流程编号		F-Z100×-1
生效日期	20××年×月×日	概要		资金支付四大控制点
主责部门	财务部	签发人		

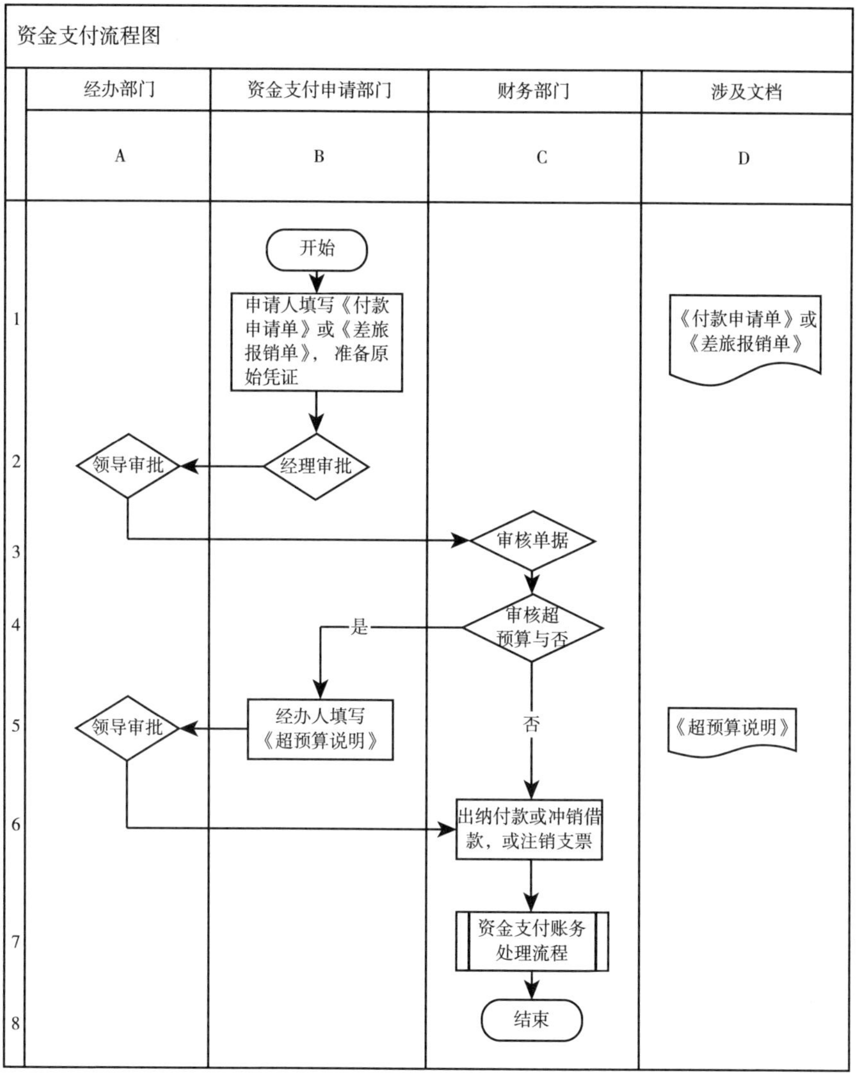

资金支付流程图

	经办部门	资金支付申请部门	财务部门	涉及文档
	A	B	C	D

开始

1　申请人填写《付款申请单》或《差旅报销单》，准备原始凭证　　　《付款申请单》或《差旅报销单》

2　领导审批　←　经理审批

3　审核单据

4　审核超预算与否　是

5　领导审批　←　经办人填写《超预算说明》　否　　　《超预算说明》

6　出纳付款或冲销借款，或注销支票

7　资金支付账务处理流程

8　结束

图 4-13　资金支付流程图示例

节点对于保证业务流程的顺利进行和确保控制目标的实现有着重要影响。具体来说，在实际工作过程中，可能因为理解偏差或者对内部控制不够重视等各种原因而使内部控制执行出现问题，即出现执行缺陷，通过进一步明确这些控制点的具体要求和操作流程，提升控制流程与企业整体制度体系的嵌套、协调程度能够强化控制效果。因此，在具体的业务活动流程图下标注对应的控制点描述，能够进一步增加流程图对实际工作的指导作用，出现理解偏差或者信息传递问题时，可通过回溯对应的公司制度，降低前述"打补丁"式政策制定可能导致的不良影响。

企业可以结合自身情况以及常见风险，从这些控制点中提炼出关键控制点，并有针对性地设计控制措施，制作风险控制矩阵这一工具，提升企业内部控制管理水平。这部分的内容详见本书第六章。

内控微课堂4——合同

除本章介绍的采购合同，企业在经营过程中还会使用销售合同、投资合同、借款合同、租赁合同等多种合同。合同在企业经营中起着至关重要的作用。它是保障企业权益、规范双方行为的重要法律文件，能够确保交易的公平性和合法性。通过签订合同，企业可以明确与合作方的权利和义务，有效预防和解决纠纷，降低经营风险。同时，合同也是企业间建立长期合作关系的基础，有助于维护商业信誉，促进企业稳健发展。因此，合同管理应成为内部控制中不可忽视的一环。

《应用指引第 16 号——合同管理》中提出，企业合同管理至少应当关注下列风险。

（1）未订立合同、未经授权订立合同、合同对方主体资格未达要求、合同内容存在重大疏漏和欺诈等风险。

（2）合同未全面履行或监控不当可能导致的诉讼失败、经济利益受损。

（3）合同纠纷处理不当可能对企业利益、信誉和形象造成的损害。

具体开展合同管理时，应当确定合同归口管理部门，合同的调查、谈判、订立及监督等不同的职责应当分工执行，注意不相容职务分离原则的应用。同时，对不同金额和不同类型的合同应当设立分级授权体系。此外，企业还应当加强合同过程管理，若存在违法违规行为，及时追责；在合同执行完毕后开展效果评估，总结经验，不断优化合同管理流程。

思考题

1. 企业开展业务流程梳理的主要作用有哪些？

2. 如何判断企业的关键业务流程？

3. 采购业务的各环节之间存在何种关系，如何相互影响？

4. 采购业务常见的风险有哪些，应当如何管控？

5. 各类流程图如何体现其与企业内部控制体系中其他工具之间的逻辑关系？

第五章　内部控制与风险

学习目标

1. 了解企业常见风险，理解风险与内部控制之间的关系。
2. 理解风险分析的主要步骤的概念、内涵及相互关联。
3. 理解风险来源，掌握风险识别与控制设计之间的联系。
4. 掌握通过风险清单、风险地图识别并分析风险的方法。

课程思政融入点

1. 通过对典型风险管控案例的剖析，全面强化风险意识。
2. 深刻领会习近平总书记有关防范化解重大风险的讲话，理解风险防控思想以及路径。
3. 通过辨析风险防控与企业目标实现之间的关系，塑造风险管理的战略思维和系统思维。

引导案例　　　　　　运用"七张问题清单"机制的风险防控

"七张问题清单"机制是浙江省委着力打造的党政机关整体智治系统重点应用，以构建"党建统领大闭环"为重要抓手加强党的全面领导，包含巡视、审计、督查、信访、安全生产、生态环保督察、网络舆情七个"问题整改小闭环"，围绕问题发现、分析、整改、评估、预防全周期，运用数字化改革赋能问题整改"1+7"闭环管理，打造形成"一核一库一指数、双榜双链双闭环"的核心场景，为全流程精密智控、全要素综合分析、全方位党建统领创新机制。

利用"七张问题清单"下好源头防控风险的"先手棋"，把"七张问题清单"整改的过程变成精准防范化解风险隐患的过程，严格落实问题闭环整改、动态开展隐患排查、主动补齐工作短板，加强对国资系统内部风险隐患和薄弱环节的分析研判，推动完善国资国企风险防控机制，牢牢守住不发生重大风险的底线。

（1）严格预警排查，有效防范风险。针对可能传导为政治风险、群众反映强烈或易引发社会广泛关注的倾向性、苗头性问题，要注重风险预警提示，加大对市属国企存在问题的警示力度，压实各集团党组织发现、防控风险的主体责任，加快实现实时动态监测、实时预警，推动各企业保持内部风险控制的先进性和有效性，提高防范化解重大风险的能力。加强自查自纠，定期组织市属国企全面风险排查工作，切实摸清风险底数，将发现的一般性风险问题纳入本地问题库，对于符合"七张问题清单"准入标准的重大风险隐患，也可以主动向上推送，根据"七张问题清单"的不同重点和要求，分类防控清单风险，提升自我排险能力，有效应对断链风险、金融风险、债务风险、国际化经营风险、法律风险、安全风险等突出领域风险。

（2）严格问题整改，精准化解风险。利用"七张问题清单"建立整改工作规则，规范问题整改流程、明确整改目标和要求，同步建立整改责任追究机制，切实提升问题整改质量和效果，抓早抓小、防微杜渐，将风险消除在萌芽状态。同时将国资系统历年来未整改完毕的"老大难"问题主动推送"蓄水池"，利用多跨协同"中控室"与其他协同整改部门合作解决疑难问题，加强问题警示和经验推广，对问题反复多发等情况注重从体制机制层面查漏补缺、改防并举、标本兼治、精准施策，及时处置各类风险隐患。

（3）严格制度约束，完善防控体系。强化顶层设计，健全优化风险管理防控体系，制定相应的规章制度、实施细则和程序标准，如构建债务风险监测预警机制，制定责任约谈工作规则，并完善相关监督机制，推进国有企业风险防控工作规范化、科学化、精细化。建立风险分类防控工作制度，加快推进重大风险分类建档、研判评估、应对处置、责任落实等工作机制出台，根据"七张问题清单"反映问题，结合国资系统风险排查情况，归纳国资领域共性风险点，分级分类编制风险防范清单，要求各市属国企对照检查，提前防范，定期或不定期对存在的各种风险进行识别分析和评价，并及时发布风险信息预警，全力打赢防范化解重大风险的攻坚战、持久战。

资料来源：王厚明、蔡丹炎《运用"七张问题清单"机制提升国资国企监管效能》，《国资报告》2024年第3期，第109～112页。

第一节　风险概述

在前面章节，我们已对企业内外风险进行了概述，并探讨了内部控制中风险评估的关键步骤。本节将讲解风险的基本要素、分类以及目标设定，旨在为后续的风险识别、分析和控制工具的设计提供理论基础。

（一）风险的基本要素

在内部控制领域，风险通常指某一事件或结果的不确定性及其可能引发的负面效应。对特定风险的理解，可以从风险因素、风险事故以及损失三个维度开展。

1. 风险因素

风险因素可以理解为能够增加风险事故发生概率或影响损失严重程度的条件，作为风险事故发生的潜在诱因，它们是企业损失产生的间接原因。企业外部环境、经营方式、管控风格等因素，均可能成为企业在追求目标过程中遭遇的风险因素，进而增加企业运营失败的风险。

2. 风险事故

风险事故，亦称风险事件，是指导致财产、声誉等损失的偶然性事件，是损失的直接诱因，也是损失发生的媒介。以某奶粉生产商为例，其内部控制执行不力，原材料质检环节疏忽，导致生产出的产品存在严重质量问题，进而引发客户退货、索赔甚至法律诉讼，这一连串事件即构成了一个典型的风险事故。

3. 损失

损失是指非故意、非预期且非计划的经济价值减少，它直接源于风险事故。仍以某奶粉生产商为例，由奶粉质量问题导致的退货、索赔、诉讼以及市场份额下降带来的收入减少，均属于经济损失的具体体现。同时，该企业的产品质量问题被媒体曝光，对企业的品牌形象和声誉亦造成了损失。经济损失和声誉损失是企业风险管控不当时常见的两种损失类型，均会对企业的持续经营产生显著影响。

延伸阅读 5-1
某美妆公司的风险要素分析

某美妆公司没有遵守监管机构对化妆品成分含量的规定，核心产品中心某项成分含量超标，该产品出现严重质量问题，导致客户退货、索赔甚至法律诉讼，最终公司市场份额下降，收入减少，企业的产品质量问题被媒体曝光，企业的品牌形象和声誉受损。

在本案例中，对监管政策的忽视是风险因素，发生质量问题被索赔、被诉讼是风险事故，公司所遭受的经济及声誉损失是风险第三要素损失。

（二）风险的分类

借用金融投资学的概念，风险按照能否分散，可分为系统性风险和非系统性风险。

系统性风险是一种不可分散的风险，它源于政治、经济及社会环境等外部因素的不确定性，对整体社会行为产生影响。其特征在于由共同因素如通货膨胀、利率和汇率变动、国家宏观经济政策调整、战争冲突、政权更迭、所有制改造、经济周期等所引发，这些因素均非个别企业所能控制，且对企业扩张具有显著影响。

非系统性风险是一种可分散的风险，它源于经营失误、消费者偏好变化、劳资纠纷、工人罢工、新产品试制失败等特定因素，仅影响个别企业的扩张行为。其特点是仅发生在个别企业中，由单个特殊因素引起，且这些因素的发生具有随机性。

第二章所提及的外部风险多属系统性风险，单个企业往往难以控制其发生，但可采取终止等措施减少损失。而内部风险属于非系统性风险，企业可通过事前的防范、事中及事后的控制措施来应对此类风险。

（三）风险分析的起点——目标设定

企业内部控制旨在为企业达成目标提供合理保证，而风险则是可能阻碍这些目标实现的不利事件发生的可能性。因此，风险防范成为内部控制的核心目标之一。通过一系列控制活动和方法，内部控制确保企业能够有效识别、评估、应对和监控风险，从而降低风险对企业目标实现的潜在影响。

5-1 常青科技未来三年（2024—2026）业务发展目标和经营规划

另一方面，内部控制不是凭空产生的，从根本上来讲多是针对风险设计出来的。从第一阶段的内部牵制手段到现代的内部控制体系，曾经发生过的或者正在发生的风险事件均刺激着管理者设计管控手段，以防止未来类似事件的发生，或者降低事件发生以后的损失程度。COSO《内部控制——整合框架》（2013）原则 6 中指出："组织应设定清晰明确的目标，以识别和评估与目标相关的风险。"《基本规范》第三章第三十条规定"企业应当根据设定的控制目标，全面系统持续地收集相关信息，结合实际情况，及时进行风险评估"。由此可见，目标设定是风险评估的起点，是风险识别、风险分析和风险应对的前提。

《基本规范》第一章第三条规定，"内部控制的目标是合理保证企业经营管理合法合规、资产安全、财务报告及相关信息真实完整，提高经营效率和效果，促进企业实现发展战略"。在这五大目标中，战略目标是最高层次的目标，经营目标、资产目标、报告目标与合规目标是建立在战略目标基础上的业务层面目标。表 5-1 为五大目标的具体示例，企业在实务中可以根据自身情况设置更为详细的子目标、指标等，为企业发展及内部控制设计提供更具体的指引。

表 5-1 内部控制五大目标的具体示例

五大目标	企业具体目标	控制示例
报告目标	通过实施严格的会计政策和程序,确保所有交易和事项都得到准确、完整和及时的记录与报告	企业建立详细的会计记录制度,确保每一笔交易都有相应的凭证支持,并定期进行内部审计,以确保财务报告的准确性和可靠性
资产目标	通过采取账簿和实物控制措施,防止资产被盗窃、滥用或破坏	企业采取安装门禁系统、监控摄像头等物理安全措施,限制对敏感区域的访问;同时,采用密码保护、数据加密等逻辑安全措施,确保电子资产的安全
经营目标	通过优化业务流程,确保员工遵循既定政策和程序,减少浪费,提高生产效率	企业实施 ERP(企业资源规划)系统,整合各个部门的业务流程,实现信息共享和协同工作;同时,通过制定明确的职责和权限,确保员工在各自职责范围内高效工作
合规目标	确保企业遵守所有适用的法律法规和行业标准,降低因违规行为而面临的法律风险和处罚	企业建立合规性部门,负责监控和评估企业的合规性状况;同时,定期对员工进行合规性培训,确保员工了解并遵守相关法规
战略目标	通过内部控制确保企业资源得到合理配置,优化业务流程,降低风险和不确定性,从而支持企业实现长期战略目标	企业制定长期发展战略,明确各部门的职责和目标;通过内部控制确保各部门之间的协同合作,共同推动战略目标的实现;同时,建立风险评估机制,定期评估企业面临的风险和挑战,并采取相应的应对措施

第二节 流程风险梳理

　　无论是战略目标的设定,还是战略目标的分解实现,均与一个个业务流程不可分割。基于业务流程的内部控制设计方法,基本遵从流程梳理、风险识别和控制设计这几个步骤。在第四章我们已经基于文字描述以及流程图的学习熟悉了流程梳理的方法,本节将在此基础上重点说明风险识别的方法。

一 关键风险点概述

业务流程梳理的重要目的之一就是识别流程中的关键风险点。关键风险点是指在企业或组织的业务流程中，与核心业务活动紧密相关，可能对组织目标、财务状况、声誉或持续运营造成重大不利影响的特定风险点，需要企业给予特别的关注和管理。

关键风险点的识别与管理构成企业内部控制及风险管理的核心要素。精确识别这些风险点有助于企业评估风险的潜在影响与可能性，进而制定精准的风险应对策略，以保障企业的稳健运营与持续发展。

关键风险点可能出现在企业的各个业务环节中，包括但不限于资金流动性风险、财务报告准确性风险、税务合规风险等财务管理领域的关键风险点，市场需求变化风险、竞争风险、品牌声誉风险等市场运营领域的关键风险点，数据安全风险、系统故障风险、网络安全风险等信息技术领域的关键风险点。关键风险点也可能出现在具体的业务子流程中，如资金支付环节的付款错误风险、票据管理不当风险等，又如招标业务流程中的招标资格审查风险、评标风险等。

延伸阅读 5-2

全球化自由贸易区网络关键风险点识别

当前，新冠疫情在全球蔓延，俄乌冲突持续，全球供应链"断链""脱钩"风险加大，使得我国自由贸易区网络风险显性化，具体体现在以下四个方面。

（1）地缘政治风险。我国自由贸易区网络以东亚国家为主，涵盖了亚洲、欧洲、非洲、拉丁美洲、大洋洲等多个地区。区域内国家在文化、宗教、制度以及经济发展水平等方面差异较大，关系也错综复杂，容易引发地缘政治冲突事件。自由贸易区伙伴国中的斯里兰卡国内局势动荡、巴基斯坦安全局势持续预警、巴基斯坦和阿富汗的冲突激烈，使得我国以及自由贸易区成员国均面临较高的地缘政治风险。

（2）重大输入性风险。当前全球经济趋缓、通货膨胀高企、能源短缺等外部风险，给自由贸易区网络带来了重大输入性风险。

（3）产业链安全风险。当前全球产业链处于深度调整，关键链条趋于重构，深刻地影响着我国自由贸易区网络的产业链安全。首先，美国试图通过其主导的印太经济框架、全球基础设施伙伴关系等非传统贸易协定，以及《芯片与科学法案》《保护战略矿产品安全和可靠供应的联邦战略》等国内法案，对中国产业链实施围堵，遏制中国在贸易、科技、金融等领域的发展。其次，美国近期还依托美墨加协定（USMCA），着力打造北美"本土化"产业链体系，缩小产业链空间布局。在关键原材料上试图"去中国化"，减少对中国原材料、中间品的依赖，导致我国自由贸易区网络的产业链安全受到威胁。

（4）国际经贸规则重构背景下的规则条款风险。在自由贸易区规则方面，我国签订的自由贸易协定以边境规则为主，边境内规则覆盖率相对较低。倘若构建面向全球的高标准自由贸易区网络，不可避免地将采取国际通行高标准规则，将会对我国出口以及国内产业安全造成一定威胁。

资料来源：王俊、王聪《全球化自由贸易区网络关键风险点识别、预警与防范机制》，《经济学家》2022年第12期，第57~66页。

二 关键风险点的梳理方式

梳理企业各业务流程，依托制度与流程图，明确目标、输入、输出及关键活动，是识别关键风险点的基础。利用流程图等工具实现可视化展示，有助于提升风险识别的准确性和效率。

在清晰理解业务流程后，首先，运用头脑风暴、专家访谈、风险清单等手段全面识别相关风险。其次，通过风险矩阵等工具，根据风险的可能性和影响程度进行排序筛选，同时考虑风险的紧迫性和可控性，识别出对目标实现构成重大威胁的风险。最后，与利益相关者沟通，综合考虑他们的观点，从而确定业务流程中的关键风险点。

对业务二级、三级等子流程关键风险点的梳理，应细致审查每个子流程和程序，重点关注资金流转、信息传递、员工职责划分等关键节点。以销售业务流程为例，应特别关注销售回款子流程，以识别如收入截留等潜在的关键风险点。

此外，内部控制审计报告和内部审计报告是识别关键风险点的重要信息来源。这些报告揭示了以往因企业管控不足而暴露的问题，这些问题对企业经营具有重大影响。特别是存在重大、重要缺陷的业务领域，更应深入分析其风险来源，以确认关键风险点。

通过上述手段识别出的所有关键风险点均应当被归纳和整理，作为后续控制活动设计以及风险持续监控的基础。

延伸阅读 5-3

收银员利用平台优惠券截留餐厅营业款

某知名餐饮店收银员王某参加工作近十年，对入账结算等流程十分熟悉。她从工作中得知，店里的结账系统有漏洞，可以套取现金。

王某每次等到下班前只身一人进行对账，偷偷将客户当日已经结算的账单重新修改，利用优惠券打折使得公司系统中的应收款变少，但账面上的实际金额变相增多，待有顾客使用现金结账时，就能将先前优惠的部分营业款收入囊中。

王某第一次得手后，便觉得这是个发财的"好机会"。每当有顾客使用现金结账，她便利用系统漏洞使用优惠券进行套现。

起初王某还忐忑不安，随着次数增多，她的胆子越来越大，"操作"也越发频繁，短短一年时间，就通过这种方式侵占了店内 7 万余元营业款。

某日，餐饮店负责人在一次核对账单时发现，系统中有大量已结算账单被修改，改为了使用优惠券进行收款，这些"优惠"订单还与当日现金结账订单有所关联。负责人找来审计公司全面审查营业款，随即报警处理。3 月，王某被徐汇公安分局经侦支队民警抓获归案。

目前，王某因涉嫌职务侵占罪被警方依法采取刑事强制措施。

资料来源：《收银员利用平台优惠券侵占餐厅营业款，一年套现 7 万元被抓》，澎湃新闻，https://www.thepaper.cn/newsDetail_forward_27274685。

第三节　风险清单

一　风险清单概述

根据财政部《管理会计应用指引第 702 号——风险清单》的定义，风险清单是"企业根据自身战略、业务特点和风险管理要求，以表单形式进行风险识别、风险分析、风险应对措施、风险报告和沟通等管理活动的工具方法"。

5-2 管理会计应用
指引第 702 号——
风险清单

从内部控制五要素框架来看，风险清单这一工具可以服务于风险评估要素和信息与沟通要素；单从风险评估要素的三个步骤来看，风险清单的作用覆盖了全部步骤，即从风险识别、风险分析到风险应对均能利用这个工具。

风险清单不仅能用于各类企业整体风险的管理，也能用在企业内部各个层级、各种业务流程类型的风险管理。因此，企业的风险清单可分为企业整体和部门两个层级。

企业运用风险清单工具方法的主要目标在于全面掌握企业风险概况及重大风险，明确各部门的风险管理职责，规范风险管理流程，并为构建风险预警、考评机制及持续监控体系奠定坚实基础。

二　风险清单的编制方法

风险清单的编制流程主要包含搭建风险信息库、风险分析、制定风险应对措施、风险清单管理几个步骤。

（一）搭建风险信息库

风险信息库是一个企业或机构用于收集、整理、归类、分析和评估可能对其产生影响的各种风险的数据仓库，并对识别出的风险进行归类、编号，根据风险的性质和指标是否可量化等进行分类。风险信息库应当包含企业或机构在运营过程中可能遇到的各种风险信息，如市场风险、金融风险、环境风险、自然风险、能力风险、合作关系风险、人力资源风险、财务风险、运行流程风险等。

风险信息库的搭建应当由企业风险管理部门牵头，从全局角度识别可能影响风险管理目标实现的因素和事项，并做记录。这个部分的内容主要对应了风险评估的第一步，即风险识别。

获取风险信息的具体途径多种多样。文献调查、专家咨询、历史资料分析、现场调查和数据统计等方法都可以为风险信息库提供丰富的数据来源。

1. 文献调查

收集相关文献和研究报告是获取风险信息的基础途径，可以查阅行业报告、专业书籍、学术论文等，以获取关于特定风险的历史记录、发展趋势和影响因素等方面的信息；利用学术数据库、行业数据库、在线论坛等在线资源，可以快速获取大量关于风险的信息和数据。

2. 专家咨询

通过与行业内的专家进行交流和咨询，可以获取他们对特定风险的专业见解和评估，这有助于更准确地识别和理解风险；可以委托专业机构进行风险评估和咨询，这些机构通常具有丰富的经验和专业的知识，能够提供更全面和深入的风险信息；采用德尔菲法，由内部控制建设部门选定各领域专家，采用匿名征询的方式搜集专家意见并向专家反馈收集结果，直到所有专家的意见趋于一致，便能较准确地识别出风险。

3. 历史资料分析

通过分析过去发生的风险事件，可以了解风险的发生原因、影响范围、因果关系等信息，为当前和未来的风险管理提供参考；对历史数据进行统计和分析，可以了解风险事件的频率、概率、趋势等信息，有助于预测未来可能发生的风险。

4. 现场调查

通过实地考察和观察，可以了解实际情况，包括风险所在地的环境、设备、操作流程等，从而更准确地识别潜在的风险；与相关人员（如员工、供应商、客户等）进行访谈，可以获取他们对风险的第一手资料和看法，有助于更全面地了解风险情况；由内部控制体系建设部门组织各部门骨干以会议的形式开展头脑风暴，轮流提出所识别出的风险，并由相关人员进行记录、汇总。

5. 数据统计

通过实时监测和收集数据，可以了解风险事件的实时动态和变化趋势，为风险预警和应对提供支持；利用数据挖掘和分析技术，可以从海量数据中提取有价值的信息和模式，为风险识别和评估提供数据支持。

此外，还可以采用情景分析法，设想企业经营可能遇到的不同情形，通过系统性分析来识别可能面临的风险。大部分从事专业内部控制咨询的公司均会根据以往项目经历，针对关键流程构建标准风险事件库。因此，在实施过程中，企业可以聘请外部咨询公司，辅助自身开展风险识别及后续管理工作。

相较于聘请外部咨询公司，传统的风险识别方法需要经历从 0 到 1 的过程，识别风险的难度较高，但是所识别的风险更适合企业的实际情况。企业可根据具体需求，结合自身的资源及人才储备情况选择恰当的方式，以确保风险信息库的准确性和完整性。同时，为了保持风险信息库的时效性和有效性，还需要定期更新和维护风险信息库中的数据和信息。

（二）风险分析

在风险识别的基础上，风险管理部门与相关部门沟通后，分析各类风险可能产生的后果，确定关键影响因素及责任主体；各责任主体基于风险偏好和风险应对能力，分析风险发生的可能性和后果严重程度，确定风险的重要性等级；以风险重要性等级结果为依据，确定企业整体的重大风险，并报企业风险管理决策机构批准。

风险分析的方式多种多样，可以有定性分析（例如，风险发生可能性的定性评估可以参考表 5-2 所示的标准，发生以后影响程度的评估可参考表 5-3 所示的标准展开），同时也可以采用专家赋权等方式展开定量计算。

表 5-2 风险发生可能性的评估

等级	定性标准
极低	只有在例外情况下才可能发生,发生的概率非常低
低	多数情况下都不太可能发生

续表

等级	定性标准
中	某些时候可能发生
高	多数情况下可能会发生
极高	多数情况下预期会发生

资料来源：黄佳蕾编著《企业内部控制全流程实操指南》，人民邮电出版社，2021，第38页。

表5-3　风险发生的影响程度评估

等级	战略目标	经营目标	声誉影响	经济影响（可根据企业自身情况调整金额比例、基数）
极低	目标实现不受影响，这种影响只是短暂的	对业务流程的影响很小，可以忽略	对企业声誉没有影响，或影响很小可以忽略	影响基数金额的1%以下
低	对目标实现有轻度影响，消除这种影响需要较长时间	某些业务流程受到一定的影响，局部工作发生滞缓，对整个业务流程运作影响较小	企业声誉受到暂时的负面影响，且影响程度较低	影响基数金额的1%~5%，造成轻微经济损失
中	对目标实现有中度影响，消除这种影响需要较长时间，付出比较大的代价	某些业务流程中断或辅助业务功能受到影响，对整个业务流程运作造成一定影响	企业声誉受到一定的负面影响，持续时间较长或较难消除	影响基数金额的5%~10%，造成较小经济损失
高	对目标实现有严重影响，消除这种影响需要较长时间，付出比较大的代价	关键业务流程中断，恢复难度较大，持续时间较长，项目受到严重影响	企业声誉受到严重不良影响，消除这种影响需要很长时间，或付出很大的代价	影响基数金额的10%~20%，造成较大经济损失
极高	对目标实现有重大影响，并且这种影响将持续存在	项目中断或停顿，公司濒临改革	企业声誉完全丧失，很难甚至无法恢复	影响基数金额的20%以上，造成极大经济损失

资料来源：黄佳蕾编著《企业内部控制全流程实操指南》，人民邮电出版社，2021，第38~39页。

（三）制定风险应对措施

风险管理部门与各责任主体结合企业的风险偏好和管理能力，制定相应的风险管理应对措施。具体内容请参考第二章风险应对策略部分。

延伸阅读 5-4

习近平总书记关于防范化解重大风险重要论述摘录

2019 年 1 月 21 日，习近平总书记在省部级主要领导干部坚持底线思维着力防范化解重大风险专题研讨班开班式上强调："我们要统筹国内国际两个大局、发展安全两件大事，既聚焦重点，又统揽全局，有效防范各类风险连锁联动。要加强海外利益保护，确保海外重大项目和人员机构安全。要完善共建'一带一路'安全保障体系，坚决维护主权、安全、发展利益，为我国改革发展稳定营造良好外部环境。"

2020 年 10 月 26 日，习近平总书记就"十四五"规划《建议》起草的有关情况向党的十九届五中全会做说明时指出："防范化解各类风险隐患，积极应对外部环境变化带来的冲击挑战，关键在于办好自己的事，提高发展质量，提高国际竞争力，增强国家综合实力和抵御风险能力，有效维护国家安全，实现经济行稳致远、社会和谐安定。"

2020 年 1 月 8 日，习近平总书记在"不忘初心、牢记使命"主题教育总结大会上强调："我们党作为百年大党，要始终得到人民拥护和支持，书写中华民族千秋伟业，必须始终牢记初心和使命，坚决清除一切弱化党的先进性、损害党的纯洁性的因素，坚决割除一切滋生在党的肌体上的毒瘤，坚决防范一切违背初心和使命、动摇党的根基的危险。"

2021 年 1 月 22 日，习近平总书记在十九届中央纪委五次全会上强调："必须清醒看到，腐败这个党执政的最大风险仍然存在，存量还未清底，增量仍有发生。政治问题和经济问题交织，威胁党和国家政治安全。传统腐败和新型腐败交织，贪腐行为更加隐蔽复杂。腐败问题和不正之风交织，'四风'成为腐败滋长的温床。腐蚀和反腐蚀斗争长期存在，稍有松懈就可能前功尽弃，反腐败没有选择，必须知难而进。"

资料来源：汪晓东、董丝雨《下好先手棋 打好主动仗——习近平总书记关于防范化解重大风险重要论述综述》，《人民日报》2021 年 4 月 15 日第 1 版。

5-3 黔源电力内控合规风险管理实施办法

（四）风险清单管理

通过前面三个步骤，可获取风险的基本信息、影响以及应对策略，及时将对应内容填入如表5-4所示的风险清单基本框架，包括风险类别、风险描述、关键风险指标、可能产生的后果、关键影响因素、风险责任主体、风险发生可能性、风险后果严重程度、风险重要性等级和风险应对措施。

表5-4 风险清单格式示例

风险识别								风险分析						风险应对
风险类别						风险描述	关键风险指标	可能产生的后果	关键影响因素	风险责任主体	风险发生可能性	风险后果严重程度	风险重要性等级	风险应对措施
一级风险		二级风险		……										
编号	名称	编号	名称	编号	名称									
1	战略风险	1.1												
		1.2												
		……												
2	营运风险	2.1												
		2.2												
		……												
3	财务风险	3.1												
		3.2												
		……												
	……													

风险管理部门在完成风险清单的填制后，应迅速将风险信息传递给相关责任主体，以确保其准确理解并有效实施风险管理活动。此外，企业应定期或根据内外部环境变化不定期地对风险清单进行全面评估，确保信息的时效性和准确性，并据此进行必要的更新调整。

第四节　风险矩阵

风险矩阵，又称风险地图、风险热力图，是指按照风险发生的可能性和风险发生后果的严重程度，利用矩阵图，展示风险及其重要性等级的风险管理工具，主要用于风险分析完毕以后的可视化展示，有助于提出风险应对策略。

5-4 管理会计应用
指引第 701 号——
风险矩阵

根据财政部《管理会计应用指引第 701 号——风险矩阵》的内容，风险矩阵的基本原理是，根据企业风险偏好，判断并度量风险发生可能性和后果严重程度，计算风险值，以此为主要依据在矩阵中描绘出风险重要性等级。

如图 5-1 所示，风险矩阵是以风险后果严重程度为横坐标、以风险发生可能性为纵坐标的矩阵坐标图。企业可根据风险管理精度的需要，确定定性、半定量或定量指标来描述风险后果严重程度和风险发生可能性。风险后果严重程度的横坐标等级可定性描述为"极低""低""中""高""极高"等（也可采用 1、2、3、4、5 等 M 个半定量分值），风险发生可能性的纵坐标等级可定性描述为"极低""低""中""高""极高"等（也可采用 1、2、3、4、5 等 N 个半定量分值），从而形成 $M \times N$ 个方格区域的风险矩阵图，也可以根据需要通过定量指标更精确地描述风险后果严重程度和风险发生可能性。

如图 5-1 中的灰色圆点所示，企业应将由每一风险发生的可能性和后果严重程度的评分结果组成的唯一坐标点标注在建立好的风险矩阵图中，标明各点的含义并给风险矩阵命名，完成风险矩阵的绘制。

绘制风险矩阵图的目的在于对多项风险进行直观的比较，从而确定风险管理的优先顺序和策略。根据风险发生的可能性和风险发生后的严重程度，可将图 5-1 划分为右上角、左下角和中间区域三个区域，左下角区域是低风险区域，中间区域是中等风险区域，右上角区域是高风险区域。对低风险区域中的各项风险，可以不再增加控制措施；严格控制中等风险区

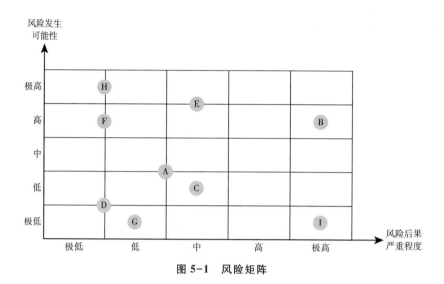

图 5-1　风险矩阵

域中的各项风险，且专门补充各项控制措施；确保规避和转移高风险区域中的各项风险，且优先安排实施各项防范措施。

还有一种风险矩阵图如图 5-2 所示，这种图从本质上来讲和风险矩阵一致，只是通过加上对比强烈的颜色，以示风险的分区。

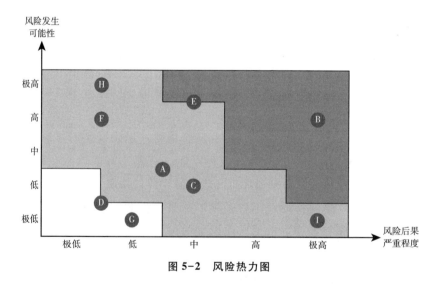

图 5-2　风险热力图

风险矩阵的绘制工具有多种，通过最基础的 Excel 和 PowerPoint 软件就能画出书中例图。其步骤是在 Excel 中列出风险发生可能性和风险后果严重程度的数值，利用散点图工具描绘出数据分布，而后利用 PowerPoint 软件画出坐标轴，标出相应的文字说明即可。风险热力图的绘制也可通过 Excel 的柱状图功能实现，此处不再赘述。

第五节 章节综合练习——风险清单和风险矩阵的制作

本章主要以内部控制五要素的风险评估为核心，介绍了风险的定义及目标设定相关概念，回顾了风险分析的三个步骤，包括风险识别、风险分析及风险应对。在理论知识的基础上，着重介绍了风险清单和风险矩阵两种工具及其使用方式。本节编写情景较为简单的甲公司风险管理案例，设计风险清单和风险矩阵的制作任务。

以下为甲公司风险管理部经理整理的调查结果摘录，请根据以下内容分析并填写风险清单，并绘制风险矩阵。

一 案例资料

甲公司是一家小型的汽车零件生产商，其内部控制体系尚在完善过程中。为进一步提高企业管控水平，甲公司目前正在开展风险评估工作，以下是风险管理部门经理收集到的部分资料。

（一）销售部门访谈记录

20×4 年 6 月 10 日访谈销售部门王经理，主要内容如下。

客户满意度低，导致客户流失。客户满意度低的主要原因是目前供货能力不足，导致延期交付的情况经常发生，按期交付率不高，影响公司的声誉。目前已有部分客户表示合同到期后不太考虑续约，大概率会有客户流失风险，预计未来将给公司带来较大的经济损失。

在确认公司未来 5 年没有增产计划的前提下，建议在保证产品质量的同时，主动选择客户，维护好核心客户的需求，改善公司声誉。

（二）生产部门访谈记录

20×4 年 6 月 13 日访谈生产部门李经理，主要内容如下。

本公司的生产线能耗水平还是比较低，目前来看是符合政策标准的，但是近年来政府对节能减排的要求越来越高，未来可能会有相应的监管政策出台，公司的碳排放量可能会稍微超标，可能会需要少量的资金去购买碳排放资格。

目前来看不太需要做过多的工作。

（三）采购部门访谈记录

20×4 年 6 月 14 日访谈采购部门刘经理，主要内容如下。

公司的供应商数量较少，目前核心原材料均由 Y 公司供给。虽然 Y 公司的履约表现一直很好，预期未来发生交货问题的可能性比较小，但如果产生交付问题，可能会对本公司的经营带来一定的影响。

建议公司批准增加核心原材料的供应商，分散采购，分散风险。

（四）人力资源管理部门访谈记录

20×4 年 6 月 15 日访谈人力资源管理部门张经理，主要内容如下。

因为薪酬问题，公司目前员工满意度不高，虽尚未出现人员流失问题，但长远来看对公司的稳定性、积极企业文化的构建都有一定程度的负面影响。目前公司在针对这部分员工做心理工作，但基本问题尚未解决，所以未来这种情况有一定可能性会继续。

建议公司在合理范围内提升员工的薪酬、福利，通过组织各类慰问活动，提升员工满意度。

二 案例分析

要填制风险清单，首先应当对风险进行梳理，列出哪些领域存在哪些问题，然后分析风险发生的可能性及其后果，继而寻找解决方案。

从案例中提取上述信息，可填制出风险清单，如表 5-5 所示。其中，编号可以由企业按照自身情况调整，表 5-5 按照出现的先后顺序排列。

表5-5 甲公司的风险清单

编号	风险识别						风险分析				风险应对
	风险类别		风险描述	关键风险指标	关键影响因素	可能产生的后果	风险责任主体	风险发生可能性	风险后果严重程度	风险重要性等级	风险应对措施
	一级风险 名称	二级风险 编号 名称									
1	销售风险	1.1 客户流失风险	无法按时交付,导致客户投诉以及客户流失	按期交付率	产能和激进的销售计划	预计客户流失,影响公司经济利益和声誉	销售部门	极高	高	高	保证产品质量的同时,主动选择客户,维护好核心客户的需求
2	生产风险	2.1 合规风险	碳排放量可能会超标	碳排放量	生产技术	公司的碳排放超标,可能会需要少量的资金去购买碳排放资格	生产部门	极低	极低	低	风险承受
3	采购风险	3.1 供应商风险	独家供货,可能产生交付问题	供应商数量	供货能力	如果产生交付问题,可能会给本公司的经营带来一定的影响	采购部门	极低	中	中	建议公司批准增加核心原材料的供应商,分散采购,分散风险
4	人力资源风险	4.1 满意度风险	因为薪酬问题,公司目前员工满意度不高,长远来看对公司的稳定性,积极企业文化的构建都有一定程度的负面影响	员工满意度	薪酬体系	员工满意度不高,长远来看对公司的稳定性,积极企业文化的构建都有一定的负面影响,甚至会影响到公司经营效率	人力资源管理部门	中	中	中	建议公司在合理范围内提升员工的薪酬、福利,通过组织各类慰问活动,提升员工满意度

基于风险清单中风险分析的信息，可以绘制出如图5-3所示的风险矩阵图。

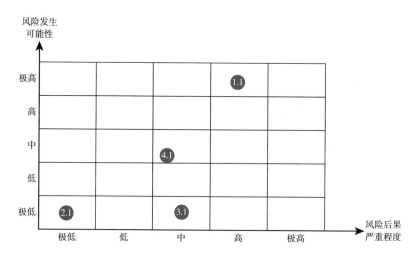

图5-3 甲公司的风险矩阵

三 进一步思考

针对以上四个风险所提的应对策略分别属于风险应对的哪种策略？

针对风险1.1，销售经理提出主动放弃部分无法满足其需求的顾客，集中保证核心顾客的需求，这种策略并未对风险发生的概率和发生以后的影响做出任何动作，而是直接选择放弃部分无法实现的业务，因此属于风险规避策略；针对风险2.1，生产部门建议不做其他工作，未对风险发生的概率和发生以后的影响做出任何动作，也未选择终止、放弃任何业务，属于对未来潜在风险的接受，因此属于风险承受策略；针对风险3.1，采购部门建议增加供应商，实现原材料的分散采购，降低风险发生的概率，这属于风险降低策略；针对风险4.1，人力资源经理提出涨薪以提高员工满意度，进而降低潜在的员工离职以及士气低下等风险产生的可能性，因此也属于风险降低策略。

内控微课堂5——职务侵占罪

延伸阅读5-3中的收银员利用平台优惠券侵占餐厅营业款，最后被判职务侵占罪，那么什么是职务侵占罪呢？

5-5 中央纪委国家监委：记者观察｜严惩严治"侵占"行为

职务侵占罪是一种财产型犯罪，根据刑法第271条规定，公司、企业或者其他单位的工作人员，利用职务上的便利，将本单位财物非法占为己有，数额较大的，处三年以下有期徒刑或者拘役，并处罚金；数额巨大的，处三年以上十年以下有期徒刑，并处罚金；数额特别巨大的，处十年以上有期徒刑或者无期徒刑，并处罚金。[①] 该罪主要体现为行为人利用自身具有的职务便利，侵占本该属于公司、企业或者其他单位占有的数额较大的财物。

根据最高人民法院、最高人民检察院《关于办理贪污贿赂刑事案件适用法律若干问题的解释》（法释〔2016〕9号），职务侵占罪中的"数额较大""数额巨大"的数额起点，按照受贿罪、贪污罪相对应的数额标准规定的二倍、五倍执行。根据该解释，贪污或者受贿数额在三万元以上不满二十万元的，应当认定为刑法第三百八十三条第一款规定的"数额较大"，贪污或者受贿数额在二十万元以上不满三百万元的，应当认定为刑法第三百八十三条第一款规定的"数额巨大"。相对应的，职务侵占罪中的"数额较大"的起点按照受贿罪、贪污罪相对应的数额标准的二倍，即六万元；职务侵占罪中的"数额巨大"的起点按照受贿罪、贪污罪相对应的数额标准的五倍，即一百万元。[②]

---

① 《中华人民共和国刑法》，国家法律法规数据库，https：//flk.npc.gov.cn/detail2.html？ZmY4MDgxODE3OTZhNjM2YTAxNzk4MjJhMTk2NDBjOTI%3D。

② 《常见职务犯罪解读｜职务侵占罪》，中国政府法制信息网，https：//www.moj.gov.cn/pub/sfbgw/jgsz/gjjwzsfbjjz/zyzsfbjjzzlk/201912/t20191227_187166.html。

思考题

1. 分析风险时应当考虑哪些基本要素?
2. 目标设定为什么是风险评估的起点?
3. 如何分析企业层面和业务层面的关键风险点?
4. 风险清单有什么用处?
5. 如何理解风险矩阵和风险清单之间的关系?

第六章 控制活动

学习目标

1. 掌握常见的控制活动类型、每种控制活动的内涵及其在内部控制领域的作用。

2. 掌握判断职务是否属于不相容的方法。

3. 理解授权审批的原则以及常见风险。

4. 理解权限指引和RCM的作用，掌握两种工具的编制方法。

课程思政融入点

1. 通过财务报告造假典型案例，一方面深刻理解并把握中国资本市场的监管政策，持续强化法治观念；另一方面提升维护公共利益的使命担当，树立底线思维。

2. 领会习近平总书记关于反腐败斗争的重要论述，塑造诚信敬业的社会主义核心价值观，强化反舞弊的职业操守和社会责任感。

3. 分析典型舞弊事件的根源，塑造社会主义核心价值观，树立反舞弊的信心。

4. 通过不相容职务分离与授权审批控制原理、执行及风险讲解，培养团队协作、规范管理和科学决策意识。

引导案例　　　　新《证券法》下的第一起集体诉讼案——康美药业财务造假

2021年11月12日，广东省广州市中级人民法院对全国首例证券集体

6-1ST 康美药业股份有限公司关于收到中国证券监督管理委员会《行政处罚及市场禁入事先告知书》的公告

诉讼案做出一审判决，责令康美药业股份有限公司因年报等虚假陈述侵权赔偿证券投资者损失 24.59 亿元，原董事长、总经理马兴田及 5 名直接责任人员与正中珠江会计师事务所及直接责任人员承担全部连带赔偿责任，13 名相关责任人员按过错程度承担部分连带赔偿责任。

2020 年 5 月 13 日，因康美药业在年报和半年报中存在虚假记载和重大遗漏，中国证监会对该公司和 21 名责任人做出罚款和市场禁入的行政处罚决定。2021 年 2 月 18 日，中国证监会又对负责康美药业财务审计的正中珠江会计师事务所和相关责任人员进行了行政处罚。4 月 8 日，中证中小投资者服务中心有限责任公司受部分证券投资者的特别授权，向广州中院申请作为代表人参加诉讼。经最高人民法院指定管辖，广州中院适用特别代表人诉讼程序，对这起全国首例证券集体诉讼案进行了公开开庭审理。

法院经审理查明，康美药业披露的年度报告和半年度报告中，存在虚增营业收入、利息收入及营业利润，虚增货币资金和未按规定披露股东及其关联方非经营性占用资金的关联交易情况，正中珠江会计师事务所出具的财务报表审计报告存在虚假记载，均构成证券虚假陈述行为。经专业机构评估，投资者实际损失为 24.59 亿元。

法院审理后认为，康美药业在上市公司年度报告和半年度报告中进行虚假陈述，造成了证券投资者的投资损失，应承担赔偿责任。马兴田等人组织策划财务造假，应对投资者实际损失承担全部连带赔偿责任。正中珠江会计师事务所相关审计人员违反执业准则，导致财务造假未被审计发现，应承担全部连带赔偿责任。部分公司高级管理人员虽未直接参与造假，但签字确认财务报告真实性，应根据过失大小承担部分连带赔偿责任。

资料来源：《全国首例证券虚假陈述责任纠纷集体诉讼案宣判——广州中院责令康美药业公司赔偿投资者损失 24.59 亿元》，中国法院网，https：//www. chinacourt. org/article/detail/2021/11/id/6370622. shtml。

第一节　控制活动概述

第二章对《基本规范》所载的七种控制活动做了简单说明，本节将进一步对每种控制活动的特点及设计和实施要点做详细介绍。

（一）不相容职务分离控制

1. 不相容职务分离控制的定义

不相容职务分离指的是将那些如果由同一部门或员工担任，可能产生欺诈或掩饰舞弊行为的职务分配给不同的部门或员工。这些职务包括但不限于授权、批准、业务经办、会计记录、财产保管和稽核检查等。例如，某企业的出纳人员兼任货币资金的稽核工作，那么当他挪用公司资金后，是很难被发现的。因此，为确保企业运营的透明度和公正性，这些职务应由不同的员工分别担任。

基于大多数企业的经营管理特点和业务性质，常见的不相容职务主要包括：①可行性研究与决策审批；②业务执行与决策审批；③业务执行与会计记录；④业务执行与审核监督；⑤业务执行与财产保管；⑥财产保管与会计记录。在这些职务中，决策审批、业务执行和审核监督的分离尤为关键，构成了通常所说的"三权分离"，即决策权、执行权和监督权的相互独立和制衡。常见的不相容职务示例见图6-1。

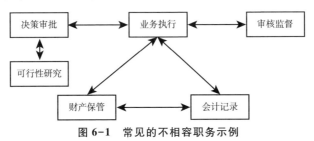

图6-1　常见的不相容职务示例

资料来源：池国华等编著《内部控制学》（第二版），高等教育出版社，2023，第132页。

不相容职务分离控制的核心在于内部牵制，其有效性基于两个基本假定。首先，由于存在相互制衡，两个或两个以上的人员或部门在处理同一交易或事项时，无意识犯下相同错误的概率远低于单一人员或部门。其次，两个或两个以上的人员或部门有意识地合谋舞弊的难度也远高于单一人员或部门。

2. 判断职务是否相容的三种视角[①]

判断职务是否相容是实现制衡过程的关键步骤，可从以下三个视角进行分析。

（1）流程视角

第四章所述流程是由一系列活动构成的集合，其中不相容的活动构成不同的流程节点。这些不相容的活动需要分别处理，以确保流程的独立性和有效性。内控流程节点划分的主要依据是活动或职务的相容性。以费用报销为例，其流程节点包括申请、报销单填制、业务审核、财务审核、领导审批以及出纳付款等，这些节点代表了费用报销业务中的关键不相容职务。从流程视角出发，界定不相容职务的常用方法是"五步骤论"，即业务处理需经历授权、批准、执行、记录和检查五个步骤，以确保控制的有效性，任何部门或个人不得单独完成整个业务处理过程，各步骤应由不同部门或人员负责。

（2）权能视角

企业内部诸多权能具备不相容特性，不应集中于单一机构、部门、岗位或个人。这些不相容权能在企业不同层级和业务中呈现不同形态。从层级角度看，企业治理层（上层）的不相容权能主要是决策、执行与监督，管理层（中层）和操作层（基层）的不相容权能主要是管理、经办和监督。从业务角度看，预算编制、财务报告和规章制度制定中的编（拟订草案）、审（审核或审查）、批（批准），以及经营投资业务中的决策、执行、管理与监督，均属不相容权能。一般而言，任何业务均涵盖决策、执行与监督三项权能，其中决策即最终审批。为实现有效的内部制衡，企业需确保各项业务的决策、执行与监督在组织框架中得到分离。

---

① 李心合：《企业内部控制研究的中国化系列之四内部制衡机制及其构造》，《财务与会计》2022年第11期，第4~12页。

（3）形态视角

业务运营的基本形态有货币形态（资金流）、数据形态（信息流）、实物形态（物流或业务流）等，也就是人们常说的钱、账、物。例如，出纳与会计不能相容，可以理解为出纳接触货币形态的业务，而会计接触的是数据形态的业务，因此两不相容。

3. 不相容职务汇总表

为确保后续使用、评价和改善工作的顺利进行，不相容职务梳理结果应及时记录成案例，以便参考和应用。不相容职务梳理信息可以来自制度汇编、业务流程及部门、岗位说明书等。不相容职务汇总表示例见表6-1。

表6-1　不相容职务汇总表示例

业务类型	不相容职务	详细说明
全面预算管理	预算的编制与审批	（1）编制预算的人员与审批人员是不相容的 （2）审批人应当根据预算工作授权批准制度在授权范围内进行审批，不得超越审批权限 （3）经办人应当在职责范围内，按照审批人的批准意见处理预算工作 （4）对于审批人超越授权范围审批的预算事项，经办人有权拒绝办理，同时向上级部门报告
合同管理	……	……

延伸阅读6-1

在赌球中输掉的人生

2010年10月，冉鑫进入区林产公司，担任办公室主任、出纳。后经朋友介绍，渐渐喜欢上购买足彩，开始时常赢钱，感觉"赌球"是个挣钱的好方法。可后来运气不佳，2013年，冉鑫通过刷信用卡倒款、贷款、找人借钱"赌球"，亏损了200多万元。

"我在公司负责财务支付，挪用一点公款就可以还信用卡，还可以继续购买足彩赌球。等'中奖'翻本，我还清债务之后就'金盆洗手'。"冉鑫决定铤而走险。

2018年10月，冉鑫利用单位出纳袁某上厕所、到其他楼层办公之机，悄悄走进其办公室，从她抽屉里拿出其保管的 U 盾，向自己的账户转账 14 万元，然后火速将 U 盾还回。

冉鑫多次故伎重演，为防止公司每月财务对账发现破绽，他煞费苦心。每次剔除自己挪用的明细金额，然后精心做一张假的对账单，提供给袁某作为做账依据，一次次蒙混过关。

由于公司的银行账户余额提示信息只绑定在冉鑫一个人的手机上，此事没有及时被发现。冉鑫将这笔钱用于归还信用卡欠账和赌球，渐渐债台高筑。

随着挪用的资金"滚雪球"式越滚越多，冉鑫感到压力巨大，最后在亲友陪同下主动投案自首。

经查，冉鑫利用职务便利，从 2018 年 10 月至 2019 年 11 月，"蚂蚁搬家"式先后 36 次挪用公款，共计 450 万元。案发后，冉鑫受到解聘处理，因挪用公款罪被判有期徒刑九年。

资料来源：《以案为鉴丨在赌球中输掉的人生》，中央纪委国家监委网站，https://www.ccdi.gov.cn/yaowenn/202401/t20240116_ 322443.html。

（二）授权审批控制

1. 授权审批控制的定义

授权审批控制，作为企业内部控制的核心手段之一，广泛应用于企业管理的各个环节。其完善性对于明确权责、落实责任以及防范经营风险至关重要。授权审批控制具体包含授权控制和审批控制两个方面。

2. 授权控制的定义

6-2 海康威视
授权管理制度
（2024 年 4 月）

明确的权限指引有助于不同层级的员工明晰其行使权力的范围与相应责任，同时也为事后的考核评价提供了依据。所谓"授权"，即强调企业不同业务由具备相应权限的人员来负责，这种权限的赋予需通过公司制度或其他合规方式进行明确。企业内部各级员工在获得相应授权后，方有权进行决策或业务执行。

无论是常规授权还是包括临时授权在内的特别授

权，都应当考虑不相容职务的分离。例如，一般企业的财务章和法人章作为银行预留印鉴不能让同一人管理，否则资金风险过高。假定某公司的财务章由财务经理保管，法人章由总经理保管，若总经理出差需要临时授权其他人保管法人章时，尽量不要选择财务经理，以降低潜在的资金风险。

为确保权责范围清晰明确、避免滥用职权和推诿责任，一般建议采用书面授权的方式，以防范口头授权可能导致的误解和后续纠纷。

3. 授权控制的基本原则

（1）授权依事不依人

企业应以实现战略目标、优化资源配置为导向，来设置职务并进行授权，而非仅依据被授权者的个人能力进行授权。依事不依人的授权方式旨在确保决策的公正性和客观性，基于工作任务和职责需求进行授权，不受个人能力和关系的影响，从而避免主观偏见和人为干扰，使决策更加科学和合理。此外，依事授权具有较高的适应性和灵活性，能随公司战略和市场环境的变化而调整。相较之下，依人授权可能引发权力集中，增加权力滥用的风险，而依事授权则有助于分散权力，降低此类风险。

（2）不越权授权

越权授权指的是个体或组织在授权过程中，逾越其法定权限范围，擅自行使超出其职责边界的权力。这种行为可能引发决策风险、内部管理混乱，削弱公司的控制力和监督能力，并可能给公司带来法律纠纷等严重问题。

（3）适度授权

在授权时既需避免权力贪恋、不愿下放，又需警惕过度授权的风险。权力下放不足会阻碍下级部门的工作效率与积极性，而过度授权则等同于放弃权力，甚至可能滋生滥用职权的现象。正确的策略是依据下级职责所需，下放必要的权力，并确保权力与责任相匹配。对于重要权限，更应审慎处理，不可轻易下放。

（4）授权的监督

授权后，对相关人员应实施适度监督。放任可能导致越权或滥用职权，过度干涉则会削弱授权效果，阻碍下属的主动性和创造性。监督重点在于防范下级越权行为和"先斩后奏"现象，确保授权的有效性和规范性。

4. 审批控制的定义

审批控制旨在确保企业各项活动和事务在预定的计划和预算框架内，经过严格的审批流程进行控制和管理。负责审批的人员需对经营业务和事项的真实性、合规性、合理性以及相关资料的完整性进行全面复核与审查，并通过签署意见、签字或签章等方式，做出批准、否决或其他处理决定。

5. 审批控制的原则

（1）审批应有界限

审批者须在授权范围内审慎行使审批权力，严禁越权或越级审批。越权审批指超越既定权限范围擅自审批，如财务主管仅有 1 万元资金支出审批权限，却擅自审批了 3 万元支出。越级审批则指上级不当干涉下级事务，如采购部经理未经下属考察直接确定供应商。此两种行为均影响了内部控制的有效性。

（2）审批应该有依据

审批者即便在自身职权范围内，亦不可随意审批，而应严格依据法律法规、规章制度、合同、预算、计划及决议等文件，进行细致审慎的审查与批准。例如，管理人员未经详细审核而草率地"一键审批"，会使审批控制形同虚设。

（3）采用书面审批形式

审批应采用书面形式进行，包括在下级报告上批示、专门行文批示、在相关凭证上签字批准等，以确保审批记录清晰可查。尽量避免口头批准，以避免因缺乏凭证导致的责任不明，如此也有助于监督检查人员后续进行审计与检查。

延伸阅读 6-2

董事长越权认购 7 亿元私募基金产品

经公司董事长审批，隆鑫通用动力股份有限公司（以下简称"公司"）董事长于 2023 年 6 月 14 日代表公司与华睿千和及华泰证券股份有限公司三方签订了《华睿千和聚财精选一百六十六号私募证券投资基金——基金合同》（以下简称"《基金合同》"），公司以自有闲置资金 7 亿元购买华睿千和发行的期限为一年的私募证券投资基金产品。《基金合同》于 2023 年 6 月 15 日生效，并经董事长审批，于 2023 年 6 月 15 日支付了合同项下全部 7 亿元申购款。

由于本次公司与基金管理人就 24 小时冷静期问题存在异议，公司未能在付款后 24 小时内解除基金合同并收回全部款项；另外，公司董事会认为本次购买私募产品事项属于董事会审批权限。

公司董事会一方面认为董事长代表公司签署《基金合同》属于越权审批；另一方面要求公司相关部门立即采取积极措施，力争尽快收回全部 7 亿元认购款。

资料来源：《隆鑫通用动力股份有限公司关于全额收回 7 亿元认购款暨公司购买私募基金产品进展的公告》，巨潮资讯网，http：//www.cninfo.com.cn/new/disclosure/detail？orgId＝9900023200&announcementId＝1217100405&announcementTime＝2023－06－20。

（三）会计系统控制

1. 会计系统控制的内容

会计系统控制通过记账、校对、岗位职责落实、职责分离及档案管理等方法，确保企业会计信息的真实、准确与完整。该系统不仅为内部控制系统提供信息支持，作为内部控制信息的主要来源，还能间接地助力财产保护控制、预算控制等，为企业全面控制提供有力支撑。

企业的会计系统控制措施包括遵循会计法律法规和恰当的会计准则，合理选择会计政策，进行合理会计估计，强化对财务报告编制、对外提供和分析利用的管理，明确流程和要求，落实责任制，以保障会计信息的真实性、及时性和完整性，确保财务报告的合规性、真实性及对财务报告的有效利用。

企业应关注以下主要风险：一是违反会计法律法规和会计准则的会计信息处理，可能使企业面临法律追责和声誉损害；二是披露虚假会计信息，误导信息使用者，导致决策失误，扰乱市场秩序。

2. 会计系统控制的方法

会计系统控制方法多样，可以分为会计岗位设置和权责划分、业务流程控制、会计准则及政策控制、会计档案控制等常规方法。

（1）会计岗位设置和权责划分

企业应依法设立会计机构，配备具备相应专业资格的会计人员。会计机构负责人应至少具备会计师职务资格，大中型企业应设置总会计师，并避免职权重叠。企业需根据规模和业务需求合理设置会计岗位，遵循制衡性原则，确保不相容职务分离，如会计与出纳不可兼任。小企业可设立会计机构、指定会计主管或委托合规会计代理机构代理记账。

（2）业务流程控制

企业应采用业务流程图等工具明确会计业务处理流程，确保财务人员清晰理解各自职责，有序履行岗位责任。会计核算流程涵盖凭证填制与审核、科目与账户设置、复式记账、账簿登记、成本计算、财产清查及报告编制等关键步骤。这些关键步骤相互衔接，确保会计工作高效进行。

在业务流程中，应强化会计复核控制，通过复查核对经济业务记录，确保信息的准确可靠，及时纠正错误。复核人员需严格审查凭证、账簿、报表及所附单据，复核后加盖名章。未经复核，出纳不得付款，会计人员不得签发单据或纳入报表。

（3）会计准则及政策控制

企业应重视会计准则、会计政策选择及会计估计的合理性。管理层需根据企业规模和行业特性，选择适用的会计准则和制度，如《企业会计准则》《企业会计制度》《小企业会计准则》等。在选择会计政策时，应以真实、公允地反映企业状况为准则，变更时需合理解释原因。同时，管理层应基于企业实际情况做出合理会计估计，并随资产、负债状况及预期经济利益和义务的变化适时调整。

（4）会计档案控制

企业应确保经济业务文件记录完整，凭证连续编号，以预防重复、遗漏，便于查询并防范舞弊。例如，对产品出入库单预先编号，有效控制产品流动。同时，应妥善保管反映经济业务的重要历史资料和证据，如会计凭证、账簿、报表等，以及合同、协议等法律文书，确保企业档案资料完整、可查。

延伸阅读 6-3

易见股份财务舞弊案

易见股份于 1997 年 6 月在上交所上市，主营业务为供应链管理、商业保理和数字科技服务。2021 年 5 月 14 日，易见股份因涉嫌信息披露违法违规被证监会立案调查。2023 年 4 月 4 日，易见股份收到证监会的《行政处罚决定书》，对公司违规行为予以警告并处以 1050 万元罚款，对相关负责人予以警告并分别处以 20 万~530 万元的罚款。

舞弊动因之一为企业内部控制存在缺陷。2020 年 11 月 17 日，易见股份因内部控制体系存在缺陷收到四川证监局的警示函，内部控制缺陷主要体现在保理业务板块，其业务管理、资金投放等环节存在诸多问题。具体而言，部分保理客户所对应的购销合同及不同保理客户所对应的交易对象相似度较高，相关交易对象的资质与所对应的采购业务规模不匹配，部分保理客户可能属于同一企业控制或互为关联方，但公司未针对上述问题进行必要的调查和说明。此外，易见股份的内部监管机制也不完善，未能及时发现并有效遏制高管滥用权力、挪用公司资金等财务舞弊行为，公司内部人员和外部机构未能有效地对财务数据和内部控制进行充分的审查和评估。

资料来源：杜凯欣、张有雯、赵团结《优化财会监督体系提升会计信息质量——以易见股份财务舞弊为例》，《财务与会计》2023 年第 23 期，第 35~37 页。

（四）财产保护控制

1. 财产保护控制的内容

财产保护控制聚焦企业的现金、存货和固定资产等关键资产，这些资产在企业经营活动中占据重要地位。因此，企业必须强化对实物资产的保管控制，确保资产的安全与完整。内部控制的重要目标之一是保护财产安全，即保持财产在使用价值上的完整性，防范货币资金和实物资产被挪用、转移、侵占或盗窃等风险。

6-3 国光股份：无形资产管理制度

2. 财产保护控制手段

企业财产保护控制可以分为财产账务保护控制和财产实物保护控制两个部分。

（1）财产账务保护控制

财务部门详细记录各项资产，而资产责任部门也对其所管理的资产有详尽记录，分别称为财务账和实物账（或管理台账）。为强化财产账务保护控制，应加强对相关账务记录部门的管理，并定期开展财务账与实物账的核对。表6-2列出了常见的资产及其责任部门。

表6-2　常见资产的责任部门示例

资产示例	责任部门
房屋、家具、电子设备	行政部门
机器设备	生产部门
存货、原材料	仓库

（2）财产实物保护控制

实物保护手段多样，主要包含限制接触和处置、定期盘点和财产投保等措施。

①限制接触和处置

《基本规范》第三十二条规定，"企业应当严格限制未经授权的人员接触和处置财产"，即只有经过授权批准的人员才能接触和处置资产。限制接触包括直接限制对资产本身的物理接触，以及限制通过文件审批流程等方式间接使用或分配资产。

对货币资金、有价证券、存货等变现能力强的资产，应严格限制无关人员的直接接触。现金保管与记账应分离，现金应存放于保险箱并由出纳保管钥匙。对于支票、汇票、本票、有价证券等易变现的非现金资产，应采取双人控制或租用银行保险柜等安全措施。对于实物财产，如存货、固定资产等，应设置专人看管，安装监控系统，并采取必要的防盗措施。

②定期盘点

财产清查是会计核算和物资管理的重要制度，涉及定期或不定期的实物盘点及库存现金、银行存款、债权债务的核对，比对清查结果与会计记录。盘点若发现不一致意味着企业可能存在管理问题，需分析原因、明确责任、完善制度。清查范围涵盖存货、现金、票据、有价证券及固定资产等。定期清查与抽查相结合，确保账实、账账一致。每年财务报告编制前，企业应进行全面清查，抽查次数则依企业需求而定。

清查一般可按以下步骤进行：首先，进行清查准备，包括成立清查小组，确定清查日期与范围，并制定详细计划；其次，实施清查，包括资产盘点与账目核对，确保账实相符；最后，处理清查结果，分析差异并追究相关责任人的责任。

③财产投保

企业经营面临多重不确定性，如自然灾害和意外事故，这些事件可能严重影响甚至中断生产经营。为降低这些风险，财产投保已成为企业重要的风险防范手段，主要险种包括火灾险、盗窃险、责任险等。财产投保旨在通过增加资产受损后的补偿机会，降低意外事件对企业的影响。企业应重视并加强资产投保工作，通过招标等方式审慎选择保险人，降低资产损失风险，并防范投保过程中的舞弊行为。

延伸阅读 6-4

广州浪奇不翼而飞的库存货物

2020年9月，广州浪奇突发公告称，其分别在鸿燊公司和辉丰公司的仓库中存放了价值453050720.94元与119315806.58元的存货，但公司相关人员多次前往瑞丽仓、辉丰仓均无法正常开展货物盘点及抽样检测工作。公司于2020年9月7日分别向鸿燊公司、辉丰公司发出《关于配合广州市浪奇实业股份有限公司现场盘点、抽样储存于贵司库区的货物的函》，要求鸿燊公司、辉丰公司配合公司进行货物盘点及抽样检测工作。但辉丰公司表示，其从未与公司签订过仓储

6-4 中国证券监督管理委员会广东监管局行政处罚决定书〔2021〕21号

合同，公司也没有货物存储在辉丰公司；鸿燊公司一直未有任何回应。为核实清楚瑞丽仓、辉丰仓的有关情况，浪奇公司立即组建了包括外聘律师在内的独立的存货清查小组。存货清查小组于2020年9月23日、24日前往鸿燊公司、辉丰公司调查了解相关情况，并与鸿燊公司法定代表人、辉丰公司法定代表人进行了会谈。鸿燊公司、辉丰公司均否认保管了浪奇公司存储的货物。

而后广州浪奇在2020年12月发布另一则公告声称，公司已掌握证据表

明贸易业务存在账实不符的第三方仓库存货金额及其他账实不符已发出商品金额累计达到 898362106.12 元，公司已于 2020 年第三季度对相关第三方仓库相关存货金额 866817704.03 元转入待处理财产损益，并全额计提减值准备。公司预计将在 2020 年年末将 31544402.09 元存货金额转入待处理财产损益，并计提相应减值准备。

此举引起了证监会的关注与调查。2021 年 12 月，证监会广东监管局指出，2018 年 1 月 1 日至 2019 年 12 月 31 日，为美化报表，广州浪奇将部分虚增的预付账款调整为虚增的存货。通过上述方式，广州浪奇《2018 年年度报告》虚增存货金额为 956423831.44 元，占当期披露存货金额的 75.84%、披露总资产的 13.54%、披露净资产的 50.53%。《2019 年年度报告》虚增存货金额为 1082231342.91 元，占当期披露存货金额的 78.58%、披露总资产的 12.17%、披露净资产的 56.83%。基于上述事项，证监会对广州浪奇及关键管理人员给出了相应处罚。

资料来源：《广州市浪奇实业股份有限公司关于部分库存货物可能涉及风险的提示性公告》，巨潮资讯网，http：//www.cninfo.com.cn/new/disclosure/detail? orgId＝gssz0000523 &announcementId＝1208500461&announcementTime＝2020-09-28。

（五）预算控制

6-5 海南发展：
全面预算管理办法

预算控制是基于企业全面预算的综合性管理策略。全面预算涵盖了对特定时期内经营活动、投资及筹资活动的详细规划，由经营预算、资本预算和财务预算等相互衔接的综合预算体系构成。

根据《应用指引第 15 号——全面预算》，企业实行全面预算管理，至少应当关注下列风险：不编制预算或预算不健全，可能导致企业经营缺乏约束或盲目经营；预算目标不合理、编制不科学，可能导致企业资源浪费或发展战略难以实现；预算缺乏刚性、执行不力、考核不严，可能导致预算管理流于形式。

1. 预算管控组织体系

企业应强化全面预算工作的组织领导，确立清晰的预算管理体制，并明确各预算执行单位的职责权限、授权审批流程以及恰当的工作协调机制。

企业应设立预算管理委员会，由企业负责人及内部相关部门负责人组成，以全面履行预算管理职责。该委员会主要负责拟定预算目标和政策，制定预算管理措施，组织编制并平衡预算草案，下达批准后的预算，协调解决预算编制与执行中的问题，考核预算执行情况，并推动预算目标的达成。

预算管理委员会下设预算管理工作机构，负责日常预算管理事务，通常设立在财会部门。总会计师或负责会计工作的领导应协助企业负责人，全面组织并领导企业的预算管理工作。

2. 预算控制基本流程

企业预算控制一般涉及预算编制、预算执行和预算考核三个阶段。

（1）预算编制

企业应建立和完善预算编制工作制度，基于发展战略和年度计划，结合经济政策、市场环境等因素，采用上下结合、分级编制、逐级汇总的方式编制年度全面预算。预算管理委员会应对预算管理工作机构提交的预算方案进行综合平衡后研究论证，从企业发展全局视角提出建议，形成全面预算草案，并提交董事会审批后下发。

（2）预算执行

企业应强化预算执行管理，明确指标分解方式、审批权限等，并落实预算执行责任制，确保预算刚性执行。已批准的预算应保持稳定，非因市场环境、国家政策或不可抗力等客观因素导致重大差异的，不得随意调整。需调整预算时，应履行严格的审批程序。

（3）预算考核

企业应建立严格的预算考核制度，对预算执行单位和个人进行全面评估，必要时引入内部审计机制。考核工作应遵循公开、公平、公正原则，全程记录考核过程与结果。同时，应重视考核结果的运用，确保奖惩分明，以激励和约束预算执行行为。

（六）运营分析控制

根据《基本规范》，"运营分析控制要求企业建立运营情况分析制度，经理层应当综合运用生产、购销、投资、筹资、财务等方面的信息，通过

6-6 前瞻产业研究院 2024 年中国活性炭行业经营效益分析

因素分析、对比分析、趋势分析等方法，定期开展运营情况分析，发现存在的问题，及时查明原因并加以改进"。运营分析与财务报表分析虽在表面上相似，实则存在显著区别。首先，两者的分析角度不同。财务报表分析主要关注企业外部视角，而经营分析则侧重于企业内部视角。其次，两者的分析目标各异。财务报表分析旨在为企业的外部利益相关者提供投资决策支持；经营分析主要服务于企业管理层，以实施全面预算和达成年度经营目标。最后，两者的分析思路不同。财务报表分析侧重于解读财务报表，全面评估企业各项能力；经营分析以预算执行为基础，揭示预算完成情况，分析差异原因，并提出管理建议，以推动全年经营目标的实现。

如图 6-2 所示，运营分析主要包括四个关键步骤。首先，企业各职能部门需根据运营分析目标收集相关数据，既要关注内部职责履行过程中的数据积累，也要通过外部渠道广泛收集数据。其次，对收集到的原始数据进行清理与筛选，消除噪声和不合格数据，确保数据转化为有用信息。接着，职能部门运用各种分析方法（如对比、比率、趋势、因素、综合分析法等）深入挖掘数据背后的风险与问题，并分析其成因。最后，基于分析结果形成结论，并提出针对性建议，为企业年度经营目标的实现提供坚实保障。

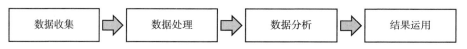

图 6-2　运营分析流程

运营分析方法不作为本书重点内容，请读者自行了解。

延伸阅读 6-5

上市公司财务造假的识别指标

通过分析财务报表中的异常现象，可以识别上市公司的财务造假行为。

财务报表中的异常现象主要有以下几种。

（1）存贷双高。存贷双高，是指银行存款余额和贷款余额都偏高。贷款余额一般用有息负债来表示，经营性负债不能计算在内。具体来看，存贷双高并不是银行存款余额与贷款余额的绝对数，而是它们与总资产的比值。一般这两个比例超过20%就会被认为存贷双高了。

（2）存货和应收账款异常。营业收入不断增长的原因可能是信用放宽，这是正常的商业策略，但是应收账款周转率比较低，表明回款情况比较差，因而应收账款成为坏账的可能性比较大；存货周转率不断下降，而且幅度也比较大，表明企业存货销售不畅，存在积压情况。这两个结论是自相矛盾的，随着信用的放宽，存货周转理应加快。

（3）经营现金流不足。财务造假最异常的指标之一，就是经营活动的现金流远低于合理值。出现该种情况的原因包括：一是该收回来的都没有收到，表现为应收账款高估；二是该支付的都已经支付了，表现为存货高估。在财务分析中，通常用净现比和收现比来描述经营现金流量的合理性：净现比为经营活动现金流量/净利润，即净利润的含金量，从长期来看，一个健康公司的净现比应该大于1；收现比为经营活动现金流量/营业收入，一般情况下要考虑增值税的存在，如果从长期来看，一个健康公司的收现比应该大于1.16。

（4）毛利率异常。在美国浑水公司对做空的上市公司的财务指标分析之中，毛利率分析始终放在第一位。因为上市公司虚增利润，一般会导致毛利率提高。在一个成熟的行业，龙头企业只能凭借市场地位赚取更多的利润，但是无法持续获得超越同行的超额毛利率。毛利率异常的表现主要在以下方面：毛利率明显高于或者低于竞争对手或者该行业平均毛利率水平；毛利率增长异常平稳，不受宏观环境变化的影响；毛利率平稳或者上升时，应收账款增加和存货周转放慢。

资料来源：宋琳、李鹏《上市公司财务造假的负面影响及其防范路径》，《新视野》2022年第3期，第102~108页。

（七）绩效考核控制

6-7 江南水务：江南水务董事、监事、高级管理人员薪酬及绩效考核管理制度

绩效考核控制作为企业内部控制的关键环节，对于实现内控目标、提升经营效率及推动企业发展战略实施至关重要。然而，当前部分企业内控体系面临考核奖惩机制不健全、激励约束机制不完善、评价标准缺乏定量定性等问题，制约了内控制度的有效运行。为增强内控制度的控制力，需完善绩效考核制度，提升控制活动的有效性，确保公司财务目标通过战略规划、计划、预算等环节细化至部门考核目标体系，为各级管理者执行战略提供明确依据。

为实现公司战略目标，绩效考核是不可或缺的工具。它帮助公司了解各级管理者执行战略的效率和效果，并评估其实现考核目标的程度。若无绩效考核，管理者可能缺乏执行战略和落实目标的积极性，导致行为偏离既定目标。同时，公司也难以掌握管理者执行战略的效率和效果，进而难以实现整体目标。因此，绩效考核对实现部门考核目标和公司整体目标具有至关重要的作用。

绩效考核控制并非对预定指标的简单评分，而是一个系统性的闭环管理流程。如图6-3所示，它涵盖绩效计划、绩效实施、绩效评价、绩效反馈与改进以及绩效结果应用五个关键步骤，确保绩效考核的全面性和连续性。

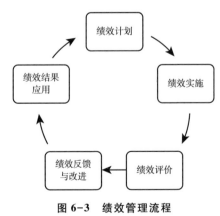

图6-3 绩效管理流程

1. 绩效计划

绩效管理的起点是绩效计划，它要求将企业战略细化为具体任务或目标，并落实到各个岗位。为确保任务或目标的完成度得到准确反映，需选择符合独立性、一致性、稳定性、可操作性和可接受性要求的绩效评价指标。这些指标的选择应基于评价目标和被评价者的工作内容，并考虑评价信息的获取便利性。绩效计划中还需制定科学的评价标准，结合评价指标，以准确衡量绩效完成情况并控制偏差，确保绩效管理的有效实施。

2. 绩效实施

绩效计划明确后，进入绩效实施阶段，其核心在于对绩效实现过程的管理，旨在控制可能影响绩效的不利因素，防止和纠正偏离绩效目标的决策和行为。在这一过程中，实施者与评估者需保持持续沟通，共同追踪进展，识别并及时消除影响绩效的障碍，确保绩效目标的最终实现。

3. 绩效评价

绩效评价是依据预设的工作目标及衡量标准，对绩效实施结果进行考察和评价的过程，可根据实际需求进行月度、季度、半年度或年度考核。在此过程中，收集的数据和事实作为判断绩效是否达标的依据，需通过科学方法量化为绩效评价指标，并与预设标准对照，得出评价结论。

4. 绩效反馈与改进

绩效反馈作为评价的延续，旨在揭示过去的绩效问题并指明未来努力方向，进而持续提升整体绩效。若评价结果未得到反馈，则评价将无法与激励机制有效结合，从而失去奖惩作用。绩效改进是绩效管理的核心环节，其目的在于实现绩效的持续提升，而不仅仅是作为奖惩的依据。因此，绩效改进的成功与否，直接决定了绩效管理过程能否有效发挥作用。

5. 绩效结果应用

绩效结果应用影响绩效考核的效果。众多案例显示，缺乏合理、有效的结果运用是绩效考核失败的主要原因。为提升绩效，企业可构建培训管理体系，并构建绩效模型以全面展现当前及未来战略目标下的绩效行为。通过分析绩效差距，企业能精准识别培训需求，进而提升整体绩效。

延伸阅读 6-6

基于 BSC 理论的数据平台绩效评价指标体系构建

正在兴起的数据密集型科研范式与活跃的全球开放获取运动，推动科学数据开放共享成为政府与科学界的重要关注点。科学数据平台为支持数据长期存储、监管和开放共享提供了基础设施和机构保障。

基于 BSC 理论，结合数据平台组织的特殊性，构建数据平台运行绩效评价指标体系（见表 6-3）。

表 6-3　数据平台运行绩效评价指标体系

一级指标	二级指标	操作指标	单位
学习与成长 A1	人员创新能力 A11	平台工作人员发表学术论文情况	篇
流程保障 A2	政策法规 A21	平台揭示的需遵守(含自拟)的标准规范、制度规章总数	项
	机构设置 A22	设置的职能部门数	个
	共建合作机构 A23	共建单位或合作机构数	个
产出呈现 A3	数据资源 A31	A31-1 数据资源量:平台提供的数据集总量	个
		A31-2 数据类型:平台提供的数据集类型	种
		A31-3 数据描述规范性:按照元数据标准,数据描述的字段数	项
		A31-4 数据更新频率:近半年发布的数据资源量	个
		A31-5 数据发现效率:提供数据分类导航及用户操作导引与否,提供数据可视化展示与否(每项"是"则为1,满分为2)	—
		A31-6 数据共享程度:设为共享的数据在全部资源中的比例	%
		A31-7 数据可获取性:直接获取为3,注册申请审批获取为2,较难获取为1	—
		A31-8 数据产权保护:是否指明数据引用转载时须遵守的规范(未注明为0,简单提及为1,详细注明为2)	—

续表

一级指标	二级指标	操作指标	单位
产出呈现 A3	平台服务及性能 A32	A32-1 提供延伸服务类型:提供汇交、订单定制、知识服务、专题服务、软件分析、教育培训、其他衍生服务等种类	种
		A32-2 检索方式种类:平台提供的数据集检索种类	种
		A32-3 结果排序种类:检索结果排序方式种类	种
		A32-4 用户互动性:用户对数据资源及平台使用的效果反馈	—
		A32-5 平台响应速度:平台网速测试	毫秒
		A32-6 链接有效性:平台有效链接的比例	%
平台效能 A4	科研效能 A41	对科研成果的支撑:平台数据支撑发表的论文、专著、专利、标准及获奖等成果总数	项
	平台影响力 A42	A42-1 访问量:平台的平均访问量(日均PV)	次
		A42-2 平台被引用情况:平台被学术成果引用的次数	次
		A42-3 外部反链次数:对平台建立外部反向链接的网页总数	个

资料来源:卢祖丹《国家科学数据共享服务平台运行绩效评价研究》,《中国科技论坛》2024年第 5 期,第 44~64 页。

控制活动的选择应灵活适应企业实际情况。例如,虽然销售和货款回收通常需职责分离以实现管控,但小企业可能因资源和人力有限而采取替代手段。例如,要求销售人员负责催款、收款,但要求客户公司将货款汇至公司对公账户,如此可降低由销售人员收款引发的货款截留风险。这种综合控制策略降低了对单一控制活动的依赖,确保企业内控更为全面和有效。在企业管理中,授权审批控制虽广泛应用,但效果参差不齐,尤其是在信息化背景下存在"一键审批"等问题。当前,许多企业流程设计包含过多审核审批节点,导致责任模糊、效果欠佳。因此,在授权审批控制设计中,企业需明确各审核审批人的职责,建立明确的权限指引，以提升管理效果。会计系统控制是确保财务报告准确性的关键内部控制活动，涉及采购发票信息的录入，采购订单、入库单的核对，以及应支付账款的记录等。每项报表科目均受会计系统控制覆盖。然而，会计系统控制并不遵循"目标—风险—控制"的固定模式，而通常会依据注册会计师的专业要求来构建和实施。财产保护控制侧重于企业有形资产的安全，资产盘点是其常用手段。

除基础控制活动外，预算控制、经营分析控制和绩效考核控制对企业管理有更高要求。预算控制强调全面预算管理，规范预算流程；经营分析控制要求企业综合信息，通过多元分析方法发现问题并改进；绩效考核控制通过设立 KPI 等科学体系，定期考核员工业绩，作为薪酬、晋升等的依据，激励员工积极性，实现管理闭环。但需注意考核指标与公司战略的一致性，确保内部控制的有效性。

通常而言，前四类控制活动较为基础，适用于多数企业，不需要过高的体量和管理基础要求。而对于业务规模较大、管理水平较高的企业，则可结合后三类控制活动构建内控体系，在风险防控的同时提升管理效率。

第二节　权限指引

一　权限指引概述

权限指引，或称权限指引表，是内部控制体系的关键成果，通过矩阵表格形式明确规定企业的决策权、审批权，依据业务性质和管理层级进行细致划分。如表 6-4 所示，纵向列示业务活动类型，横向列示管理层级，每一行具体说明各层级对业务的审批权限及金额范围。此举旨在清晰、明确地界定权限，为企业提供一个约束标准，实现科学的分权管理和授权控制体系。权限指引不仅能帮助职权部门明确权限类型和执行标准，防止越权审批，还能指导业务部门高效操作，提升企业整体经营活动的效率。

表6-4 湖南劳动人事职业学院内部控制收支管理权限指引表

业务主题	业务事项	明细	学院党委会	学院负责人	其他机构	学院分管领导	计划财务处	归口管理处/室	经办处/室	备注
事前报批	未列入预算、预算追加调整	<5万元		⑧院长审核 ⑨党委书记审批	③党政办指定会签处室会签	⑤分管处室院领导审核 ⑥归口管理院领导审核 ⑦分管财务院领导审核	④计划财务处负责人拟定预算安排		①经办处室按要求提交申请 ②经办处室负责人审核	
		≥5万元≤10万元			③党政办指定会签处室会签 ⑧院长办公会审定	⑤分管处室院领导审核 ⑥归口管理院领导审核 ⑦分管财务院领导审核	④计划财务处负责人拟定预算安排		①经办处室按要求提交申请 ②经办处室负责人审核	
		>10万元	⑨党委会审定		③党政办指定会签处室会签 ⑧院长办公会审议	⑤分管处室院领导审核 ⑥归口管理院领导审核 ⑦分管财务院领导审议	④计划财务处负责人拟定预算安排		①经办处室按要求提交申请 ②经办处室负责人审核	
	人员经费	工资标准调整或人员异动经费		⑥院长审核	⑦人社厅审批	④分管组织人事院领导审核 ⑤分管财务院领导审核	③计划财务处负责人审核	①组织人事处编制方案 ②组织人事处负责人审核		仅当经费标准或适用人员异动时适用此权限。无变动时,无须事前报批,按规定办理支付即可
		非常态发生的人员经费(含综治奖、文明单位奖励、年终一次性奖励)	⑥党委会审定		⑦人社厅审批	④分管人事院领导审核 ⑤分管财务院领导审核	③计划财务处负责人审核	①组织人事处编制方案 ②组织人事处		拟定呈批件,同时提交发放方案等相关附件

资料来源:《湖南劳动人事职业学院内部控制收支管理权限指引表》,湖南劳动人事职业学院官网,http://www.hnlrzy.cn/show_article.php?articleID=3358。

企业的权限指引采用多层级结构，涵盖股东大会、董事会、总裁办公会、事业部或职能部门主任、分公司经理或经理班子等，并包括董事会向董事长，总裁向高级副总裁、财务总监或分管副总裁的授权。这种权限设置体现了公司权力从股东大会逐层下放至董事会、总裁，并进一步根据各事业部、职能部门、分公司的职责范围与经营范围进行细化分解的管理原则。

权限指引通常可以清晰展示企业的审批流，即审核和批准请求或文档的工作流程。审批流包含多个步骤，由不同人员负责审核和决策，旨在规范和优化业务流程，确保请求得到合理审查。其本质为待审信息的流转和决策过程，申请者提交信息后，审批者根据职责和权限进行核对、判断和协商，直至最高决策层做出最终决策。

审批流常用于需多人参与决策或审核的场景，如请假、报销、采购等，确保单据或请求按既定流程传递和审批，保障决策的正确性和合规性。而权限指引在组织管理的各领域有更广泛的应用，涉及人员分配、资源访问、决策制定等，明确个人或团队在组织中的权力和职责，预防权力滥用和职责模糊。

延伸阅读 6-7

上海优化营商环境，对保留的行政审批深入实施标准化管理

2017 年上海市修订了《上海市产业项目行政审批流程优化方案》，出台了《上海市企业投资技术改造项目行政审批管理改革方案》。目前，正在全面落实两个方案明确的各项改革举措。通过改革，产业项目行政审批时间比法定时间压缩 1/3，有的项目可以压缩 1/2。

《上海市产业项目行政审批流程优化方案》主要是采取强化基础、提前介入、告知承诺、同步审批、会议协调、限时办结等举措，对产业项目开工前审批流程进行再造，加快规划落地、项目落地、开工落地。

比如，上海对规划工业区块所涉及的一个控制性详细规划和公路、城市道路、燃气、轨道交通等 17 个专业规划的编制情况进行全面梳理，形成了每一块规划工业区块的规划编制清单。经过三年时间的努力，现在已基本实现全覆盖，有力确保了项目只要符合规划就能加快落地。

《上海市企业投资技术改造项目行政审批管理改革方案》主要是从减少审批内容、简化审批环节、优化审批流程、创新审查方式、提高服务水平等方面入手，围绕规划、土地、立项、设计、招投标、开工、竣工验收等，对企业技术改造项目行政审批管理工作进行了全面改革优化。

此外，上海市还对保留的行政审批深入实施标准化管理，确保审批规范、透明、高效运行。对内制定业务手册，对外公布办事指南，有效提高审批透明度和可预期性。

资料来源：《上海优化营商环境，对保留的行政审批深入实施标准化管理》，澎湃网，https：//www.thepaper.cn/newsDetail_ forward_ 1987041。

二 权限指引的编制方式

在编制权限指引前，需明确其目的和适用范围，如规范公司内部文件权限控制、确保安全性与机密性，或落实分级授权和"三重一大"集体决策机制。随后，梳理相关文件及流程，按敏感度和机密性分类，如机密级、保密级和普通级。明确内部审批机制，确保文件合法性和完整性，流程需遵循公司规定，由相关负责人审批。例如，某公司外包工程采用

6-8 云南：构建
权责明确透明
高效监管机制

邀请招标方式，权限指引应明确招标流程参与部门、岗位职责，并考虑串标风险及项目重要性，将相关文件至少定为保密级，限制非相关人员接触。

如表6-5所示，权限指引表常采用矩阵式表格，由横向指标体系和纵向指标体系构成，权限项目按业务流程和控制点编号单列对应。发布实施后，需确保相关人员了解和遵循规定。同时，应定期审查和更新权限指引，以适应企业发展和内外部环境变化。

权限指引表全面反映了企业内部管理流程的审核审批顺序、权限分配以及管控要求。它涵盖业务流程、关键事项、划分标准、责任部门、流转方式、发起部门、审核人、审批人和备案部门等信息。划分标准有定性和定量两种，如基于员工等级划分人力资源业务循环的二级流程，或基于金

额设定不同审批权限。权限指引指定责任部门，列明表单文档名称，提升业务指导效果。同时，流转方式信息明确了流程是线上进行还是线下进行，如明确规定使用 OA、ERP 或 WMS 系统进行流转。发起部门、审核人、审批人和备案部门是权限指引的核心，展示了事项的流转顺序和审批权限，确保流程明确、权限清晰。

表 6-5　某公司合同审批权限指引表示例

审批环节	审批内容	适用合同
业务部门经理	审批合同内容	所有合同
风险管理部门	确定需要提出审核意见的职能部门；确定审批层次；审批职权范围内的合同	超过业务部门经理权限的所有合同（仅限于职权范围内的合同）
财务部门	审核成本核算表及款项、票据与结算方式是否符合法律法规和公司规定	经风险管理部门初审后认定须报财务部门审核的合同
信用管理部门	审核赊销额度是否大于客户尚未使用的信用额度；信用期限是否合理	经风险管理部门初审后认定须报信用管理部门审核的合同
法律事务部门	签约对方是否具有签订合同的主体资格；签约对方是否具备履约能力；合同内容是否遵守国家法律、行政法规与国际公约；合同的签订程序是否合法	经风险管理部门初审后认定须报法律事务部门审核的合同
分管副总	审定合同	50 万美元或 500 万元以上合同
总经理	审定合同	100 万~300 万美元或 1000 万~3000 万元人民币合同且超过单项商品核定风险控制指标的业务；非常规业务模式，分管副总认为需要报审的合同；300 万美元或 3000 万元人民币以上的合同
董事长	审定合同	金额在经审计的公司净资产 20% 以上的合同

资料来源：陈汉文等编著《CEO 内部控制》，北京大学出版社，2015，第 221 页。

权限指引表的格式主要有表头部门型和表头权限型。表头部门型以部门及岗位为表头首行，可进一步分为基础版和扩展版。基础版如表 6-6 所示，涵盖二级流程、划分标准、发起部门、审核人、审批人和备案部门等核心要素。表头非灰色部分需根据企业实际调整，审批流以数字标注，并附文字解释责任。决策方式多样，如审批、会签等。若需备案，则在备案部门单元格内标注。

表 6-6　表头部门型权限指引表基础版示例

序号	工作事项/流程	划分标准	发起岗位或部门	发起部门负责人	……	财务部	分管副总	总经理	备注
2.3.1	立项（包含采购方案的编制）	招标：金额 ≥ 100 万元	采购部	①审核		②审核	③审核	④审批	
		直接委托、比价：金额 ≥ 100 万元	采购部	①审核		②审核	③审核	④审批	
		招标：30 万元 ≤ 金额 < 100 万元	采购部	①审核		②审核	③审批		
		直接委托、比价：30 万元 ≤ 金额 < 100 万元	采购部	①审核		②审核	③审批		
		……							
……									
7.3.3	人员引进	高级管理人员	人力资源部	①审核		②审核	③审核	④审核	⑤董事会会签

　　如表 6-7 所示，扩展版的权限指引表在基础版的基础上增加了表单文档、流转方式等信息，以满足更详细的管理需求。基础版精练明了，扩展版信息丰富，企业可根据现有管控制度文件灵活选用。

　　表头权限型权限指引表以关键权限信息为首行，如表 6-8 所示，通过申请、审核、批准职能列示部门或岗位。与表头部门型类似，可根据企业需求调整附加信息。但表头权限型权限指引表不直接填写审核、审批动作，而是按事项顺序填写部门，如采购部发起审批，申请栏填①采购部，后续审核栏填②财务部、③分管副总等。并行申请时，多个部门使用同一数字编号。

表 6-7 表头部门型权限指引表扩展版示例

序号	工作事项/流程	划分标准	发起岗位或部门	输出文件或表单	流转方式	发起部门负责人	……	财务部	分管副总	总经理	备注
2.3.1	立项（包含采购方案编制）	招标：金额≥100万元	采购部	《采购方案》	ERP	①审核		②审核	③审核	④审批	
		直接委托、比价：金额≥100万元	采购部	《采购方案》	ERP	①审核		②审核	③审核	④审批	
		招标：30万元≤金额<100万元	采购部	《采购方案》	ERP	①审核		②审核	③审批		
		直接委托、比价：30万元≤金额<100万元	采购部	《采购方案》	ERP	①审核		②审核	③审批		
		……									
7.3.3	人员引进	高级管理人员	人力资源部	《背景调查表》《面试评估表》《试用期考核表》	OA	①审核		②审核	③审核	④审核	⑤董事会会签
	……										

表6-8　表头权限型权限指引表扩展版示例

序号	工作事项/流程	划分标准	主办部门	输出文件或表单	流转方式	申请 负责工作的发起、相关文件、公文的起草及工作的执行	审核 需要在审批流程中签字，负责对审查、评价和提出意见	批准 具有决策权，一般指审批事项的最高管理单位，负责对事项进行审查和批示	备注
2.3.1	立项（包含采购方案的编制）	招标：金额≥100万元	采购部	《采购方案》	ERP	①采购部	②财务部③分管副总	④总经理	
		直接委托，比价：金额≥100万元	采购部	《采购方案》	ERP	①采购部	②财务部③分管副总	④总经理	
		招标：30万元≤金额<100万元	采购部	《采购方案》	ERP	①采购部	②财务部	③分管副总	
		直接委托，比价：30万元≤金额<100万元	采购部	《采购方案》	ERP	①采购部	②财务部	③分管副总	
		……							
7.3.3	人员引进	高级管理人员	人力资源部	《背景调查表》《面试评估表》《试用期考核表》	OA	①人力资源部	②财务部③分管副总④总经理	⑤董事会	

编制权限指引表时，若出现需要两个及以上部门并行审批，即审批顺序不分先后时，可以用相同的数字代表共同的审批节点。

两类权限指引表各具特点，企业可基于自身实际情况选用。表头部门型权限指引表适合组织架构复杂、岗位固定的企业，而表头权限型权限指引表则更适用于组织架构简单、岗位尚未明确固定的企业。

在内部控制体系的建设中，权限指引表的编制关键且难度较高，在权限指引表的编制过程中，企业需要注意以下内容。

首先，在编制权限指引表时，企业应确保描述清晰无误，明确区分审核审批节点与流程流转节点。例如，离职管理流程中的业务交接、财务审核和行政审核等后续流程流转节点，不应在权限指引表中体现，而可以在业务指引中进行明确，或是在审批流中加以备注。同样，仅承担汇总职能而不涉及审核的节点，亦不应纳入权限指引表中。

其次，权限指引表的编制必须严格遵循法律法规和政策要求，确保合规性。企业授权体系涵盖股东大会、董事会和经营层权限，其中股东大会和董事会权限受公司章程和《公司法》约束，通常不纳入权限指引表。权限指引表主要体现经营层的权限分配，如董事长、总经理办公会、总经理、分管领导和部门负责人的权限界定。

最后，根据事项的重要程度明确流程的各节点及责任人，确保流程的可执行性和效率。例如，人员招聘需求一般应由部门负责人发起而不应由其下属招聘专员发起。若该流程由招聘专员发起，则权限指引表默认部门负责人已经审核完成，对应的责任由部门负责人承担。

延伸阅读 6-8
基于三层架构的 ABCE 财务公司内部控制体系实施应用

公司目前已经出台 180 项制度，对经营管理过程中各事项的申请、审核与审批流程都做出了比较明确的规定，且目前公司的组织机构设置及职责比较清晰。权责分配是内部控制管理的基础，权限指引可以将散落在公司各制度中的权责划分统一，明确各层级、各岗位人员在公司生产经营管理过程中可以行使的权力与应当承担的责任，是实现授权控制的根本方式。但是，公司尚未建立明晰、统一的权限指引，尚未达到以下四个方面的要求。第一，形成针对重要事项的完整审批流程。梳理出现有制度中各事项的审批流程，对照内部管理要求，判断各环节岗位职责与权限设置是否合理，流程是否顺畅，并对不合理的地方进行修正、完善，形成某一事项完整的审批流程。第二，对梳理出来的各事项的审批流程，将同类事项的审批流程进行对比分析，完全相同的进行合并，不完全相同但能合并的进行优化后合并，保证同类事项的审批流程与权限统一。第三，对合并整理后的各事项的审批流程进行再分析，按照风险程度及重要性水平判断决策权限是否合适，是否能够满足外部监管要求；同时在风险可控且满足监管要求的前提下，流程是否有进一步优化的空间，进而对审批流程进行再完善。第四，按照内部控制流程对各事项进行分类，将其纳入不同的内部控制流程中，形成按流程分类的系统的权限指引表，固化形成公司权限指引文件。

针对上述问题，建议公司进行如下改进。一是对权限指引进行分层管理。目前公司完成的权限指引是以流程顺序为主线，以按顺序发生的事项为内容编制的，所有的权限指引汇总集中。下一阶段，公司应当将权限指引具体分为公司、部门及部门内部三个层面进行分类管理，公司层面权限以是否涉及分管领导及以上领导权限为界线，部门层面权限以是否涉及两个及以上部门权限为界线，部门内部层面仅局限于一个部门内部岗位间的权限。对于公司层面的权限指引，需要指定部门牵头负责更新与完善；对于部门层面的权限指引，也需要指定责任部门负责更新与完善；部门内部层面的权限指引由各责任部门自行更新与完善。二是指定专门部门对权限指引的实施进行持续跟踪和评价。权限指引的实施效果如何，是否满足公司实际需要，均需要通过跟踪和评价来明确。公司可以指定风险管理部门负责对权限指引的实施进行跟踪与评价，通过定期跟踪和评价发现权限指引在实施过程中存在的不足与不当，及时纠正和处理权限指引实施中的违规行为，对不合理的权限设置进行及时调整和再发布，以持续完善权限指引手册。三是指定部门收集决策失误案例进行分析。权限指引实施过程中难免会出现决策失误的情况，此时需要有牵头部门收集失误案例，分析和查找决策失误的根本原因，并提出未来防范类似问题的方案，不断优化权限指引，提升公司决策效果。四是根据优化后的权限指引，对相关的授权管理体系进行更新完善。权限指引作为内部控制体系的基础文件，更新频率可以高于相关的授权管理制度，权限指引实施及完善后再更新相关制度，可以达到保持制度相对稳定的目的。

资料来源：张宏、张炳文、崔松《财务公司内部控制体系优化模型构建与运用——基于三层架构视角》，《财会通讯》2024 年第 10 期，第 136～143 页。

第三节　风险控制矩阵

一　风险控制矩阵概述

风险控制矩阵（Risk Control Matrix，RCM）是一种表格工具，旨在系统记录企业的风险及其相应的内部控制管理措施。它类似于企业的综合健康监测与管理指南，其中控制机制如同人体的免疫系统，确保企业安全、高效地运作。企业中的控制形式多样，如预算管理、领导审批、绩效考核、合同签署等，而 RCM 的作用正是将这些控制措施文本化、系统化，并与具体风险相匹配。这一工具详细描述了内部控制流程，包括控制目标、控制活动、控制频率和责任部门等信息，明确了各环节的控制要求和责任分配。

RCM 在构建企业内部控制体系中发挥着关键作用。该工具能有效协助企业全面梳理内部控制流程，识别关键风险及关键控制点。同时，基于风险分析与 RCM，企业能够更清晰地识别内部控制体系的薄弱环节和潜在设计缺陷。此外，RCM 还能作为控制测试的重要工具，帮助内部控制及评价管理人员检验内部控制的运行缺陷，评估业务流程风险管控的有效性，进而指导改进措施的设计，持续提升内部控制体系的有效性和可靠性。例如，在年度内部控制自我评价中，企业可以依托 RCM 编制自评表，全面评价内部控制系统的设计与执行情况，优化内部控制系统，并出具详细的内部控制评价报告。

二 RCM 主要内容

RCM 的核心构成如表 6-9 所示，主要涵盖子流程、风险概要与风险描述、控制目标、控制措施描述、控制频率、控制类型（手动/自动、预防性/检查性）、财报关联信息（包括影响报表科目与管理层认定）、相关制度及规定与涉及文档或凭证等要素。以下将详细阐述各组成部分。

（一）子流程

子流程的概念与第四章流程梳理内容一致，包括整体业务流程中进一步细分的二级、三级等次级流程。这些子流程能独立运行，其结果将影响整体流程的后续节点。通过引入子流程，企业能在复杂业务中实现工作串联与融合，并深入拆解业务以识别潜在风险，设计相应控制措施。例如，仓储流程可细分为入库、保管、出库等子流程，进而再拆解为更具体的子流程，如原材料验收入库。RCM 基于企业的业务特性，可将业务流程详细拆解至二级或三级子流程，以降低风险。

（二）风险概要与风险描述

自美国安然事件后，风险管理在企业运营中的重要性越发凸显。COSO 发布的《企业风险管理——整合框架》进一步强调了风险管理在全球范围内的重要性。对比 COSO 的《内部控制——整合框架》与《企业风险管理——整合框架》可知，两者目标一致，且近年来内部控制亦提倡风险导向，我国《基本规范》即体现此趋势，强调在明确风险的基础上设置相应的内部控制手段进行管控。

6-9 财政部 证监会
关于进一步提升
上市公司财务
报告内部控制
有效性的通知

本部分涵盖风险概要与风险描述，在简明扼要概括风险的基础上，补充包括风险因素、风险事故以及损失在内的具体风险细节描述。在实际操作中，编制人应结合企业内外部实际情况，梳理子流程潜在问题，为后续内部控制设计奠定基础。尽管风险评估理论相对成熟，但在实际应用中仍面临诸多挑战。在编制 RCM 时，除了参考第五章的方法外，还可采用控制措施倒推法，其关键在于分析成熟企业内部控制设立的逻

表6-9 RCM 示例

对应风险事件编号	子流程	风险概要	风险描述	对应目标编号	控制目标	控制措施编号	控制措施描述
R-KC 10001	验收入库	验收程序不规范，造成虚假入库	并未实际收到原材料，但仍然在账簿上做了入库处理	C001-01	基于事实记录原材料账簿	CA-KC 10001A	（1）外购原材料验收环节关注原材料的品名、数量及规格等信息，登记验收单据，由采购部经理负责对照验收单据与合同反订单明细
						CA-KC 10001B	（2）由财务部门负责与供应商对账，基于供应商的回函确认我方账面金额是否准确，若存在差异应查明原因并由财务部经理负责差异调节
R-KC 10002	验收入库	验收程序不规范，导致入库产品与订单不一致	并未依据订单要求开展原材料验收，但仍做了账簿上的入库处理	C001-02	基于对照记录验收原材料	CA-KC 10002	（1）基于订单及送货单验收实物，确认收到的原材料是否准确无误
							（2）由财务部门负责与供应商对账，基于供应商的回函确认我方账面金额是否准确，若存在差异应查明原因并由财务部经理负责差异调节

续表

控制措施责任部门	控制频率	控制类型		影响报表科目		财报关联信息 管理层认定						备注
		手动/自动	预防性/检查性	借方	贷方	存在/发生	完整性	准确性（计价与分摊）	截止	权利与义务	列报	
仓储部	发生时	手动	预防性	原材料	应付账款	○						
财务部			检查性	原材料	应付账款							
业务部	发生时	手动	预防性	原材料	应付账款	○						
财务部			检查性	原材料	应付账款							

相关制度及规定	涉及文档或凭证
《企业验收制度》《企业仓储管理制度》	《验收单》《采购合同》《订单》《供应商回函》
《企业验收制度》《企业仓储管理制度》	《送货单》《采购合同》《订单》《供应商回函》

辑。许多成熟企业已构建完善的内部控制体系，旨在防范多数风险。因此，企业可通过学习、分析同行业同类型公司的内部控制体系，理解其控制措施的设计目的及潜在风险。

（三）控制目标

无论是我国《基本规范》还是 COSO 报告，均强调内部控制是帮助企业"实现目标的过程"，而企业整体目标的实现无疑依赖于具体管理及业务流程执行效果。针对各项管理流程，企业应确立明确的内部控制机制，以确保流程目标实现，识别潜在风险，并据此制定有效的控制措施。

在 RCM 的编写过程中，企业需将控制目标与具体风险描述紧密结合，在业务环境中进行细化。例如，在原材料验收环节，若验收不规范或控制失效，可能导致"无中生有"现象，造成原材料多计、资产类科目虚高，进而影响财报目标的实现。同时，这也可能伴随多付货款，威胁资产安全。因此，在验收入库这一子流程中，应针对不规范验收引发的虚假入库风险，设计控制措施，确保入库操作规范。

（四）控制措施描述

控制措施描述的内容包含两个层面。首先，它体现了企业针对特定风险的应对策略。在 RCM 中，主要描述的是风险降低和风险分担策略的具体实施行动，如通过设计标准考察表单、严格审查等措施降低引入问题供应商的风险，通过购买保险来分担固定资产保管业务的部分风险，以及通过评估、确认等手段降低计提坏账准备时的额外差错。其次，控制措施也表现为某种特定控制活动，如财产保护控制和会计控制等。

控制措施描述应根植于企业管理制度，不可脱离其独立存在。根据企业管理制度编制方法，管理制度中的条款涵盖管理要求和流程描述，而控制措施描述多数源于其中的流程描述部分。若公司制度未做出明确要求，但实际业务部门或员工稳定执行某种特定控制措施，也应如实记录，同时备注制度缺失这一信息。

（五）控制频率

控制频率是指对特定业务流程或控制点实施控制措施的频次，涵盖单项活动（如审核审批）或整套措施（如制定年度预算）。它是评估企业内部控制体系完善程度、执行情况以及识别风险和问题的重要指标。控制频率也影响后续内部控制评价时的抽样数量。企业在填写 RCM 时，可参考历史发生频率进行预估。

控制频率可定期或不定期设定，如按日、周、月、年，或采取随机抽查、特定事件触发等方式。其设定取决于业务流程的关键程度、风险水平，同时考虑企业经营需求、内部资源分配及策略要求。

对于关键流程或控制点，通常需提高控制频率以确保其有效执行和合规性；而对于风险水平及重要性较低的流程或控制点，可适当降低控制频率以提升效率。常见的控制频率如表 6-10 所示。

表 6-10 常见控制频率

控制频率	说明
每年	每年发生一次的控制措施,如年度预算、年终盘点等
每季	每季度发生一次的控制措施,如财务季报、员工及部门的季度考核等
每月	每月发生一次的控制措施,如与银行、客户等的对账
每周	每周发生一次的控制措施,如销售周报等
每天	每天发生一次的控制措施,如银行存款日记账、现金存款日记账的登记等
每天多次	每天发生多次的控制措施,如资金支付单据的审核等
发生时	不定期发生的控制措施,如采购合同的审核及签订等

（六）控制类型

RCM 可以详细描述控制类型，使评价者精确评估企业各项业务控制力度的适宜性。内部控制通常可以基于控制的形式或作用进行分类。

从控制形式来看，控制可分为手动控制和自动控制。手动控制依赖于人的操作和判断，如审核审批、调节表编制等，其优势在于灵活性和适应性，但易受人为因素影响，如疲劳、疏忽等。相反，自动控制通过预设规则和程序自动执行，如发票真伪核验、销售

6-10 财政部关于全面推进行政事业单位内部控制建设的指导意见

系统订单自动生成等，可减少人为失误或舞弊风险，提高控制可靠性，但可能面临系统设计维护成本高、对突变环境适应性差等挑战。根据《基本

规范》，企业应运用信息技术加强内部控制，建立与经营相适应的信息系统，实现业务事项的自动控制，减少人为操作因素。

从控制发生时间来看，控制可分为预防性控制和检查性控制。预防性控制旨在防止问题发生，如"三重一大"事项的集体决策、发货前的出库单核对等，在业务流程开始前或交易前执行，减少错误和舞弊风险。检查性控制则用于发现已发生的问题，如财务部门的资产盘点、银行余额调节表的编制等，在业务流程完成后或特定时间间隔内执行，以纠正错误。二者相辅相成，预防性控制降低了检查性控制的难度，而检查性控制强化了预防性控制的效果。

预防性控制与检查性控制之间的关系类似于审计风险的概念。审计风险是指财报存在重大错报时，审计师发表不当意见的可能性。若财报质量高，审计师即便有疏漏，风险也相对较低；反之，若财报问题多，审计师必须极其谨慎以降低风险。同理，在企业内部控制系统中，若预防性控制得力，则检查性控制的容错率较高；若预防性控制不足，检查性控制则需强化，以避免问题扩大。因此，加强事后的分析和监督可以在一定程度上降低事前控制的频率和要求，降低管理成本，但应注意平衡。同时，检查性控制能增强预防性控制的效果。后续的检查监督环节对预防性控制的执行具有震慑和引导作用，但前提必须对检查结果进行追责或奖励，以确保其震慑和引导效应。

延伸阅读 6-9

坚决打赢反腐败斗争攻坚战持久战

"我们对反腐败斗争的新情况新动向要有清醒认识，对腐败问题产生的土壤和条件要有清醒认识，以永远在路上的坚韧和执着，精准发力、持续发力，坚决打赢反腐败斗争攻坚战持久战。"日前，习近平总书记在二十届中央纪委三次全会上发表重要讲话，总结了全面从严治党的新进展、新成效，深刻阐述党的自我革命的重要思想，明确提出"九个以"的实践要求，为新时代新征程深入推进全面从严治党、党风廉政建设和反腐败斗争提供了根本遵循。

广大党员、干部表示，要深入学习贯彻习近平总书记重要讲话精神和习近平总书记关于党的自我革命的重要思想，坚定拥护"两个确立"、坚决做到"两个维护"，纵深推进全面从严治党、党的自我革命。

小智治事，大智治制。要打赢反腐败斗争这场攻坚战持久战，离不开进一步健全反腐败法规制度，让"铁规"发力、禁令生威。

"纪检监察机关要立足职能职责，推动健全全面从严治党体系，持续加强对'一把手'和领导班子监督，紧盯'一把手'和领导班子履职尽责情况，建立定期提醒、阶段会商、跟踪落实等工作机制，实现清单化知责明责、常态化督责履责、个性化听责考责。"浙江省杭州市临平区纪委书记、监委主任叶敏琦说，要强化以上率下示范作用发挥，推动各级"一把手"和领导班子自觉接受监督、主动开展监督，切实做到严于律己、严负其责、严管所辖。

"习近平总书记强调，'以学习贯彻新修订的纪律处分条例为契机，在全党开展一次集中性纪律教育。'我们将认真学习贯彻习近平总书记重要讲话精神，坚持正确政治方向，坚持严的基调，坚持问题导向，通过集中性纪律教育，深入领会党规党纪的重要内容，严格精准执纪，用好'四种形态'，落实'三个区分开来'，坚持严管和厚爱结合、激励和约束并重，更好激发广大党员、干部的积极性、主动性、创造性。"广西壮族自治区纪委副书记、监委副主任钟山说。

习近平总书记指出，要深化改革阻断腐败滋生蔓延。福建省福州市委常委、市纪委书记傅藏荣说，将借力大数据手段，探索智能监督模式、完善监督体系，打通部门之间数据壁垒，汇聚整合数据资源，研发各类监督模型，深挖查处隐藏的权钱交易问题，进一步推动堵塞制度漏洞，铲除新型腐败滋生土壤和条件。

资料来源：孟祥夫、吴储岐、沈童睿、李林蔚、崔松《坚决打赢反腐败斗争攻坚战持久战——习近平总书记二十届中央纪委三次全会重要讲话引发热烈反响》，《人民日报》2024年1月12日第1版。

（七）财报关联信息

COSO《内部控制——整合框架》《企业风险管理——整合框架》及我国《基本规范》，均强调要确保财务报告及相关信息的真实完整性。尽管

COSO 在 2013 年对报表目标有所拓展，但其核心仍围绕财报目标。在探讨控制与财报的关联时，可借鉴审计视角，明确控制措施与具体报表项目的对应关系，进而深入分析其影响。

审计对财报的审核基于管理层认定，即管理层在报表中明确或隐含的表达。借用中国注册会计师协会给出的一个例子，若管理层在资产负债表中列报存货及其金额，意味着其做出了下列明确的认定：第一，记录的存货是存在的；第二，存货以恰当的金额包括在财务报表中，与之相关的计价或分摊调整已恰当记录。同时，管理层也做出下列隐含的认定：第一，所有应当记录的存货均已记录；第二，记录的存货都由被审计单位所有。审计的作用就是在风险评估的基础上检查管理层说的是否真实可靠。同理，内部控制要实现对报告目标的合理保证，也需要去判定管理层所述是否真实可靠，因此也需要对这些管理层认定进行对应的控制和检查。

按照中国注册会计师协会的标准，审计期间各类交易、事项及相关披露的认定，以及期末账户余额和相关披露的认定如表 6-11 所示。

表 6-11　管理层认定的内涵

审计期间各类交易、事项及相关披露的认定		期末账户余额和相关披露的认定	
管理层认定	定义	管理层认定	定义
发生	记录或披露的交易和事项已发生，且这些交易和事项与被审计单位有关	存在	记录的资产、负债和所有者权益是存在的
完整性	所有应当记录的交易和事项均已记录，所有应当包括在财务报表中的相关披露均已包括	权利和义务	记录的资产由被审计单位拥有或控制，记录的负债是被审计单位应当履行的偿还义务
准确性	与交易和事项有关的金额及其他数据已恰当记录，相关披露已得到恰当计量和描述	完整性	所有应当记录的资产、负债和所有者权益均已记录，所有应当包括在财务报表中的相关披露均已包括
截止	交易和事项已记录于正确的会计期间	准确性、计价和分摊	资产、负债和所有者权益以恰当的金额包括在财务报表中，与之相关的计价或分摊调整已恰当记录，相关披露已得到恰当计量和描述

续表

审计期间各类交易、事项及相关披露的认定		期末账户余额和相关披露的认定	
管理层认定	定义	管理层认定	定义
分类	交易和事项已记录于恰当的账户	分类	资产、负债和所有者权益已记录于恰当的账户
列报	交易和事项已被恰当地汇总或分解且表述清楚,相关披露在适用的财务报告编制基础上是相关的、可理解的	列报	资产、负债和所有者权益已被恰当地汇总或分解且表述清楚,相关披露在适用的财务报告编制基础上是相关的、可理解的

资料来源:中国注册会计师协会编著《审计》,中国财政经济出版社,2023,第14页。

在 RCM 编制时,应结合风险和控制目标,分析特定控制措施如何管控财报信息的具体认定,并做出标识。完成整体梳理后,能清晰展现控制手段对报告目标的保障程度。

若该项控制是非财务报告相关的控制措施,可以考虑在备注中标注或者新建一列标注"非财务报告相关"。

(八) 其他关键要素

RCM 框架除涵盖七大核心要素外,还可包括编号、相关制度及规定和涉及文档或凭证等因素。编号系统能帮助企业有序梳理风险、控制目标及活动,企业可自定编号方式,但需统一命名标准,便于后续更新和调整。注明相关制度及规定不仅能提升内部控制系统化水平,也可为理解偏差或争议提供规范参考。同时,注明涉及文档或凭证有助于规范执行、留底存档,支持内部审计、内部控制评价等工作,进一步增强内部控制系统有效性。

6-11 山东出台安全生产风险管控办法,建立分级管控制度

三　如何编制 RCM

编制 RCM 时,首先,应梳理企业主营业务和制度体系,提取业务信息和管理规范。其次,对每个业务流程进行风险评估,识别风险点并编号,

分析评估其潜在影响。结合风险进一步分析针对该子流程应当设置何种控制目标，并结合企业目前的制度设计和控制运行情况填入控制措施相关信息。分析该控制与财报的相关性，进行相应勾选。最后，列示与之相关的制度和文档。

在编制 RCM 时，需要注意以下几点。

（1）确定控制目标。需要明确内部控制流程的目标，控制措施应当围绕这些目标展开。若有明显的控制措施缺漏或者管控设计不当的情况，可能存在内部控制设计缺陷。

（2）确定控制频率和控制责任人。需要明确各项控制活动的执行频率和责任人，以确保控制活动的有效实施和监控。

（3）统一格式和标准。为了确保 RCM 的可读性和规范性，需要制定统一的格式和标准，对各个要素进行规范化的描述和记录。

（4）持续更新和维护。随着企业业务的发展和内外部管理的变化，业务流程和风险状况也会发生变化，RCM 也需要进行持续更新和维护，以满足企业对内部控制的需求。定期对 RCM 进行评估，能够帮助企业发现 RCM 及制度中的问题或不足之处，推进修订和改进。

第四节　章节综合练习——权限指引及 RCM 的编制

本章主要以内部控制五要素的控制活动为核心，介绍了七种常见控制活动的定义及相关要点。在理论知识的基础上，着重介绍了权限指引和 RCM 两种工具及其使用方式。本节分别设计两个案例，旨在促进读者对权限指引和 RCM 制作方法的掌握。

请基于广东辰奕智能科技股份有限公司的资料，完成权限指引的编制；基于 OP 公司的资料，完成 RCM 的编制。

一　案例资料——广东辰奕

以下内容是广东辰奕智能科技股份有限公司的印章使用管理制度节选片段。

广东辰奕智能科技股份有限公司

印章使用管理制度

（中略）

第五条 公司新设部门需刻制印章或原有部门需要更换印章时，必须填写《印章刻制申请单》，经申请部门负责人报公司总经理批准后，由申请部门负责办理印章刻制事宜。

第六条 如公章、财务专用章因丢失或毁损需要重新刻制的，由保管人报总经理批准后，由行政部门负责办理印章刻制事宜。

第十一条 严禁印章保管人、公司员工私自将公司印章带出公司使用。若因工作需要，确需将印章带出使用，填写《携带印章外出登记表》并交由保管人申报总经理批准后方可带出使用。印章带出期间，带出人只可将印章用于申请事由，并对印章的遗失、损毁及不当使用的后果承担一切责任。

第二十六条 公司公章的管理及使用

（中略）

如需使用公章，由使用人填写《印章使用申请表》报总经理电子或书面审批后，并填写《印章使用登记表》登记后加盖公章。

公司公章的使用范围主要为：

1. 以公司名义发布的各类文件资料；

2. 以公司名义签署的各类对外公文资料；

（中略）

第二十七条 公司合同专用章的管理及使用

（中略）

主要为公司签署销售、采购、经营、贸易、合作等合同的专用印章，如需使用合同专用章，由使用人填写《印章使用申请表》并报部门总经理审批后方可盖章。

第二十八条 法定代表人名章的管理及使用

（中略）

主要用于银行汇票、现金支票等业务，如需使用法定代表人名章，由使用人填写《印章使用申请表》附经审批的支付申请或取汇款凭证并报法定代表人或其授权代表审批后方可盖章。

第二十九条　财务专用章的管理及使用

（中略）

主要为各类法人财务专用章、公司发票专用章和其他财务印章等，如需使用财务专用章，由使用人填写《印章使用申请表》并报财务总监或其授权代表审批后方可盖章。

（中略）

第三十三条　印章的更换

更换印章时应由印章保管人员根据相关文件填写《印章停用申请表》，经总经理核准后，交由按批示处理，并填写《印章刻制申请表》申请新的印章。

（中略）

广东辰奕智能科技股份有限公司

二〇二四年一月

资料来源：《辰奕智能：印章使用管理制度》，巨潮资讯网，http：//www.cninfo.com.cn/new/disclosure/detail？orgId＝gfbj0870932&announcementId＝1218940683&announcementTime＝2024-01-18%2011：50。

二　案例分析——广东辰奕

按照题目的描述，我们不难发现审批流中所涉及的审批事项较多，涉及较多的发起部门，但整体审批流程较为简单，因此选择第二种表头权限型的样式可以更有效率且更清晰地展示该公司印章管理相关的权限体系。具体参考权限指引如表6-12所示。

有几点需要说明。首先，对于编号的确定，应该结合公司整体制度体系进行编号，练习题目中仅有印章管理一项制度，因此编号可以是按顺序的简单编号，但如果综合考虑其他流程，应当进行更系统的编号。其次，由于本制度所提供的信息不包含流转信息，因此将该列删掉。最后，通过制度的阅读及权限指引的编制，我们不难发现该公司在印章刻制和印章更换处存在一定的重叠，在1号事项印章刻制中，存在部门更换印章的情况，

表6-12 案例公司的印章管理权限指引

序号	工作事项/流程	划分标准	主办部门	输出文件或表单	申请 负责工作的发起,相关文件、公文的起草及工作的执行	审核 需要在审批流程中签字,负责对审批事项进行审查、评价和提出意见	批准 具有决策权,一般指审批事项的最高管理单位,负责对事项进行最终的审查和批示	备注
1	印章刻制	新设部门或更换印章	申请部门	《印章刻制申请单》	①申请部门		②总经理	行政部门负责办理印章刻制事宜
2	携带印章外出		申请人	《携带印章外出登记表》	①印章保管人		②总经理	申请人填写《携带印章外出登记表》
3	使用公章		使用人	《印章使用申请表》《印章使用登记表》	①使用人		②总经理	公司公章的使用范围详见公章管理制度
4	使用合同专用章		使用人	《印章使用申请表》	①使用人		②总经理	销售、采购、经营、贸易、合作等合同
5	使用法定代表人名章		使用人	《印章使用申请表》	①使用人		②法定代表人或其授权代表	主要用于银行汇票、现金支票等业务
6	使用财务专用章		使用人	《印章使用申请表》	①使用人		②财务总监或其授权代表	现金支票等批的支付业务附审批的支付申请或支取款项汇款凭证
7	更换印章		印章保管人	《印章停用申请表》《印章刻制申请单》	①使用人		②总经理	

相关描述与 7 号事项存在细微的出入，因此权限指引的编制还可作为检查制度描述准确性的工具。

三　进一步思考——广东辰奕

出现练习中制度内描述有所出入时，应当如何处理？

如果企业制度内部产生了矛盾，说明制度设计有问题，应当考虑对制度进行修正；若事项紧急，应当按照更为严格的口径去处理。例如，1 号事项和 7 号事项均对更换印章做出了规定，但是 1 号事项的主办人只规定到了部门，且只要求出具《印章刻制申请表》，但 7 号事项进一步明确了应当由印章保管人，而不是部门里任意人员去发起流程，另外在《印章刻制申请表》的基础上还要求出具《印章停用申请表》，更加严格地执行了印章控制，所以在紧急情况下应当按照 7 号事项的要求开展业务。

四　案例资料——OP

以下是跨国制造企业 OP 公司原材料采购制度中的部分内容摘要，请根据描述编制 RCM。注意，编号可省略。

供应商及采购基础数据库的管理应当及时、完整，任何新增或变更的信息均应及时被捕捉并输入基础数据库中。若未按要求执行，可能出现以下问题：录入错误的采购价格，计提错误的采购应付金额；录入错误的采购条件，根据未经审批的采购条件下订单；录入错误的交易额度，超额交易订单被处理；向错误的供应商（账户、地址）付款，导致公司虚增应付账款及原材料。因此，采购基础数据库变更资料应当连续编号，每月月末检查是否存在跳号、重号等问题，同时所有的数据变更申请以台账形式记录到采购基础数据变更清单中，并由专人每月末检查采购基础数据变更清单，对变更的适当性及完整性进行确认。具体来讲，为了防止供应商基本信息的遗漏，采购部相关业务负责人每月应当对《供应商基础信息表》进行连续编号，所编号码登记在《供应商登录管理表》中，进行《供应商基础信息表》的连号管理。同理，为防止采购物品基本信息的遗漏，业务部相关负责人应当每周根据《物资基本资料管理台账》按顺序选择号码对《物资基础信息表》编号，同时对其进行连号管理。具体的信息录入顺序参考公司《供应商基础信息录入程序》和《物资基础信息录入程序》。

五 案例分析——OP

根据文字描述，我们可以将子流程、风险描述、控制活动等关键信息抽取出来，形成表6-13。其中，具体编号的方式可以基于公司的情况自由制定，但一般风险以R（Risk）开头，控制目标以CO（Control Objective）开头，控制措施以CA（Control Activity）开头。

在内部控制手册及相关制度制定过程中，可能具体的风险及目标等尚未梳理完毕或存在遗漏，因此若是在内部控制设计阶段，会出现往复的情况，即随着分析不断完善制度。若本身制度已存在且循环运行多年，则基于此编制RCM难度会降低一些。部分企业有制度、无内部控制手册或者RCM时，对相关风险及具体流程控制目标的梳理和描述可能需要进一步完善。

RCM涵盖内容丰富，在它的基础上进行调整还可以得到一些其他的内部控制工具，如内部控制评价表，具体内容请参考第七章。

内控微课堂6——挪用公款罪

延伸阅读6-1中的冉鑫利用职务便利，挪用公款罪被判处有期徒刑九年。什么是挪用公款罪，挪用公款罪与微课堂5中的职务侵占罪有什么区别？

根据刑法第384条规定，国家工作人员利用职务上的便利，挪用公款归个人使用，进行非法活动的，或者挪用公款数额较大、进行营利活动的，或者挪用公款数额较大、超过三个月未还的，是挪用公款罪，处五年以下有期徒刑或者拘役；情节严重的，处五年以上有期徒刑。挪用公款数额巨大不退还的，处十年以上有期徒刑或者无期徒刑。挪用用于救灾、抢险、防汛、优抚、扶贫、移民、救济款物归个人使用的，从重处罚。[①]

---

① 《中华人民共和国刑法》，国家法律法规数据库，https：//flk. npc. gov. cn/detail2. html? ZmY4MDgxODE3OTZhNjM2YTAxNzk4MjJhMTk2NDBjOTI%3D。

表6-13 OP公司RCM片段

对应风险事件编号	子流程	风险概要	风险描述	对应目标编号	控制目标	控制措施编号	控制措施描述
R-CG50003	采购信息管理	基本信息录入遗漏	未按要求执行，可能出现以下问题：录入人错误的采购价格，计提错误的采购应付金额；录入错误的采购条件，根据错误审批的采购条件下订单；录入错误的交易额度，超额交易；向错误的供应商（账户、地址）付款，导致公司虚增应付账款及原材料	C001-05	所有新增或者变更的信息均应及时被捕捉并录入基础数据库中	CA-CG50003A	（1）为了防止供应商基本信息的遗漏，采购部相关业务负责人每月应对《供应商登记管理表》进行连续编号，所编号码登记在《供应商基础信息表》中，进行《供应商基础信息表》的连号管理
						CA-CG50003B	（2）为防止采购物品基本信息的遗漏，业务部相关负责人应当每周根据《物资台账》按顺序选择基本号码编号，同时对其进行连号管理

续表

控制措施责任部门	控制频率	控制类型		财报关联信息									相关制度及规定	涉及文档或凭证
		手动/自动	预防性/检查性	影响报表科目		管理层认定						备注		
				借方	贷方	存在/发生	完整性	准确性（计价与分摊）	截止	权利与义务	列报			
采购部	每月	手动	预防性/检查性	原材料	应付账款			○					《供应商基础信息录入程序》	《物资基础信息录入程序》
业务部	每周	手动	预防性/检查性										《供应商登记表》《供应商基础信息表》	《物资基本资料管理台账》《物资基础信息表》

203

挪用公款罪和职务侵占罪看似都是个人拿了其所在组织的钱，但实质上大有不同。例如，首先，从犯罪主体来讲，前者的主体是国家工作人员，而后者的主体则是公司、企业或者其他单位的人员，不包括国家工作人员；其次，从犯罪客体和对象来讲，前者侵犯的客体是公款的使用权和国家机关的威信、国家机关的正常活动等，既有侵犯财产的性质，又有严重的渎职性质，对象限于公款，其中主要是国有财产和国家投资、参股的单位财产，即国家机关、国有公司、企业、事业单位等所有的款项，而后者侵犯的客体是公司、企业或者其他单位的资金的所有权，对象是公司、企业或者其他单位的财物，既包括钱，也包括物。① 再次，从行为人主观方面来看，前者并不企图永久非法占有，而后者的目的在于将本单位财物非法据为己有，而并非暂时使用。② 最后，二者在法律量刑方面也存在差异。

思考题

1. 常见的控制活动有哪些？
2. 如何理解控制活动与风险之间的关系？
3. 权限指引的用处是什么？
4. RCM 有什么用处？
5. 如何理解权限指引和 RCM 之间的关系？

---

① 《常见职务犯罪解读丨挪用资金罪②追诉、量刑及与相关罪名的界限》，中央纪委国家监委网站，https://www.ccdi.gov.cn/toutiao/201901/t20190104_186265.html。
② 《如何区分贪污罪与挪用公款罪》，中央纪委国家监委网站，https://www.ccdi.gov.cn/hdjln/nwwd/202307/t20230728_278966.html。

第七章 内部监督与内部控制评价

学习目标

1. 了解内部监督的定义、分类，理解内部控制评价与内部监督的关系。

2. 了解内部控制评价的定义，理解其作为内部监督手段的价值。

3. 理解内部控制评价的原则、内容、流程以及报告的主要内容。

4. 掌握内部控制评价的方法。

5. 掌握内部控制缺陷的分类及认定标准，理解各类缺陷与内部控制有效性之间的关系。

课程思政融入点

1. 深入学习并贯彻落实习近平总书记关于坚持和完善党和国家监督体系的重要论述，充分理解内部监督在保障党和国家制度稳健运行中的核心作用，以及它对于推动权力规范行使、防范腐败风险的重要意义。

2. 深刻领会党的十八届六中全会审议通过的《中国共产党党内监督条例》中关于监督执纪"四种形态"的概念，深化对党纪律建设的理解，提升个人纪律意识和道德品质。

3. 通过对因内部控制缺陷、内部监督失效而被处罚的典型案例的深入剖析，塑造社会主义核心价值观，提高个人的道德水准和职业操守。

4. 基于案例，增强风险意识，培养职业谨慎精神。

引导案例　汤姆猫内部控制评价违规被警示

　　浙江证监局《关于对浙江金科汤姆猫文化产业股份有限公司及相关人员采取出具警示函措施的决定》（〔2024〕75号）的具体内容如下。

　　浙江金科汤姆猫文化产业股份有限公司、朱志刚、张维璋、秦海娟、胡斐：

　　我局在现场检查中发现浙江金科汤姆猫文化产业股份有限公司（以下简称"公司"）存在以下问题。

　　一是广东汤姆猫产业发展有限公司（以下简称"广东汤姆猫"）股权转让相关信息披露不准确、不完整。公司仅在2022年4月12日披露了转让广东汤姆猫20%股权的事项，未披露剩余15%股权转让事项。二是公司在2020~2022年期间对参股子公司广东汤姆猫、浙江祥新文旅产业集团有限公司未能实施有效管控、后续管理不规范，公司《内部控制自我评价报告》披露不准确。

　　公司上述行为违反了《上市公司信息披露管理办法》（证监会令第40号）第二条、《上市公司信息披露管理办法》（证监会令第182号）第三条、《上市公司治理准则》（证监会公告〔2018〕29号）第九十四条规定，公司董事长朱志刚、总经理张维璋、财务总监秦海娟、时任董事会秘书胡斐违反了《上市公司信息披露管理办法》（证监会令第40号）第三条、第五十八条和《上市公司信息披露管理办法》（证监会令第182号）第四条、第五十一条规定，对上述行为应承担主要责任。根据《上市公司信息披露管理办法》（证监会令第40号）第五十九条、《上市公司信息披露管理办法》（证监会令第182号）第五十二条规定，我局决定对公司、朱志刚、张维璋、秦海娟、胡斐分别采取出具警示函的监督管理措施，并记入证券期货市场诚信档案。公司及相关人员应充分吸取教训，加强相关法律法规学习，提高规范运作意识，切实履行勤勉尽责义务，保证信息披露的真实、准确、完整、及时、公平，并于收到本决定书之日起10个工作日内向我局提交书面报告。

　　资料来源：《汤姆猫关于收到浙江证监局〈行政监管措施决定书〉的公告》，巨潮资讯

网，http：//www.cninfo.com.cn/new/disclosure/detail？orgId＝9900023890&announceme ntId
＝1220009970&announcementTime＝2024-05-08%2017：49。

第一节　内部监督概述

作为内部控制五要素中的最后一个要素，《基本规范》认为"内部监督是企业对内部控制建立与实施情况进行监督检查，评价内部控制的有效性，发现内部控制缺陷，并及时加以改进"的过程。在具体的内部控制设计和实施环节，企业应当根据《基本规范》及其配套办法，制定内部控制监督制度，明确内部审计机构（或经授权的其他监督机构）和其他内部机构在内部监督中的职责权限，规范内部监督的程序、方法和要求。

企业内部监督可以分为日常监督和专项监督。

一　日常监督

《基本规范》认为"日常监督是指企业对建立与实施内部控制的情况进行常规、持续的监督检查"。相较于专项监督，日常监督具有常规性、持续性和全面性的特征。它作为企业内部控制体系中的常规工作，深度融入企业日常运营与管理，对内部控制执行实施不间断的监控与审查。此过程强调持续性，要求企业持续关注内部控制执行状况，迅速识别并纠正潜在问题。同时，日常监督全面覆盖企业内部控制的各环节，从控制设计到执行，确保内部控制体系的全面有效运行。

在企业经营管理中，日常监督的实例丰富多样。其一，通过定期召开董事会与经理层会议，审议财务报告与内部控制报告，掌握内部控制执行情况，展现了董事会与经理层借助内部信息沟通机制，验证内部控制设计与运行的有效性，并对日常经营实施持续监督。其二，财务部门对财务流程合规性的持续监控，确保了财务信息的精准与完整，体现了企业内部单位及机构对各自经济活动的自我监督。其三，内部控制部门对关键业务流程的定期风险评估与监控，以及内部审计部门对财务报告、内部控制流程等的例行审计检查，均为企业内部控制机构或内部审计机构依循公司内外部标准，对企业重大风险及日常经营活动的持续性监督实践。

延伸阅读 7-1

加强日常监督，防微杜渐

7-1 监督执纪的
"四种形态"

"对于一些自律不严、作风漂浮、小错初犯的党员干部，应该'拉拉袖子提个醒'，而不是'等一等'和'抓现行'，不能等到'小病'变'重疾'。"喀什地区纪委监委相关负责人表示。

中央纪委国家监委通报的上半年全国纪检监察机关审查调查情况显示，全国纪检监察机关运用监督执纪"四种形态"处理 68.4 万人次。其中，第一种形态 44.2 万人次，占"四种形态"处理总人次的 64.6%，比 2017 年上半年增长了 8 个百分点。

数据的变化，折射出各级纪检监察机关深入贯彻落实党的十九大精神，认真落实十九届中央纪委二次全会工作部署，在用好第一种形态上不断深化，下功夫加强日常管理和监督，着力推动新时代监督工作高质量发展。

2018 年 7 月 31 日召开的中共中央政治局会议强调，要"强化日常管理和监督，抓早抓小、防微杜渐。要通过抓纪律避免党员干部犯更大的错误，这也是对干部最大的爱护"。十九届中央纪委二次全会工作报告提出："在用好第一种形态上深化，下功夫加强日常管理和监督，使批评教育成为常态，关口前移、防患未然。"

谈话函询是各级纪委监委开展监督的重要方式。厦门市纪委监委的做法，正是全国各级纪检监察机关强化监督、抓早抓小的一个缩影。

为进一步加强日常监督，甘肃省纪委监委制定了日常监督"八问八查八报备"工作方法，对下级党委通过"问"和"查"开展监督，比如：问其如何落实主体责任，查其推进党风廉政建设和反腐败工作情况；问其如何加强作风建设，查其落实中央八项规定精神情况等。对下级纪检监察机关则通过报备开展监督，如要求其按月报备信访举报整体情况、收到省管干部问题线索情况等。

资料来源：《加强日常监督，在"治未病"上下功夫》，中央纪委国家监委网站，https：//www.ccdi.gov.cn/toutiao/201808/t20180826_ 178463.html。

二　专项监督

专项监督聚焦企业发展战略、组织结构、经营活动、业务流程及关键岗位员工等重大变动，对内部控制特定方面实施有针对性的监督检查。相较于日常监督，专项监督具有针对性强、风险导向及受变化驱动的特性，其范围更具体、目标更明确，依据风险评估结果调整范围与频率，尤其是加强对重要业务及高风险领域的关注。若企业内外部环境出现显著变化，专项监督应适时增强，以保障内部控制的持续有效。

例如，企业遭遇重大组织结构调整（如合并、分立、部门重组）时，专项监督将重新评估并检查新组织结构的内部控制，以保障其有效性；若关键岗位人员（如财务负责人、内部审计负责人）变动，专项监督将特别关注这些岗位的内部控制，确保新任人员遵循既定内部控制要求；企业开展新业务或进军新市场时，专项监督则针对业务特点及市场需求，专门设计并检查内部控制，保障新业务合规顺利开展。

那么，企业离任审计属于哪种监督？基于前面的分析，企业离任审计应归属于专项监督类别。离任审计，亦称作任期终结审计，聚焦对法定代表人或其他关键岗位负责人整个任期内经济责任履行状况的详细审查、鉴证及综合评估，其针对性强、受变化驱动等特性与专项监督的特性相契合。此项审计旨在客观评判该负责人任期内的经济责任表现，为组织人事部门

7-2 深圳市菲菱科思通信技术股份有限公司离任审计管理制度

提供精准、科学的干部考核与任用依据，这与专项监督旨在通过对特定领域或问题的监督来辅助决策的目的高度一致。因此，从定义、特性及目标等多维度考量，离任审计属于专项监督范畴。

延伸阅读 7-2

领导干部自然资源资产离任审计

面对日益严峻的生态环境问题，2012 年，党中央确立了生态文明建设在中国特色社会主义建设中的战略地位，使其成为"五位一体"总体布局的重要组成部分。2022 年 10 月召开的党的二十大，进一步强调"协同推进

降碳、减污、扩绿、增长，推进生态优先、节约集约、绿色低碳发展"。绿色低碳发展是生态文明建设的必然要求，作为新发展理念的重要组成部分，绿色低碳发展需要观念先行。

自然资源资产离任审计是基于我国国情的一项制度创新，它立足于我国行政分权和"党管干部"的制度背景，为探索解决日益严重的污染防治问题提供了中国方案和中国智慧。自然资源资产离任审计的审计对象是领导干部承担的生态环境保护责任的履责情况，这就要求审计机关科学界定领导干部的职责范围，确保审计结果所发现的问题是由相关领导干部负责的并且是由其不作为、慢作为、乱作为等履责问题导致的，以便客观地进行审计评价和责任追究。

林忠华将审计内容归纳总结为四个方面，包括与自然资源资产开发、利用和保护相关的重大事项决策情况，针对性管理措施实施情况，相关法律法规政策执行情况，以及自然资源资产负债表中权益变化情况。钱水祥提出要重点关注自然资源资产的管理水平、开发利用和保护措施、重大流失现象及原因，指出以绩效审计为导向，重点审查不同自然资源资产类型的实物量及生态环境质量的约束性指标完成情况。潘旺明等认为在确定审计内容时应当根据不同自然资源资产类型来展开，同时重点关注自然资源资产的使用效率、存量和增量变动趋势、消耗量情况，重点审查资产管理方面相关的政策制度制定、执行、落实情况。郭鹏飞认为应当聚焦于不同辖区内资源环境生态禀赋特点，关注资源环境领域的重大事项，重点检查生态环境质量、自然资源资产数量和质量等约束性指标，同时审查领导干部的不当行政干预行为。

关于自然资源资产离任审计的实施效果，现有文献较为一致地认为，自然资源资产离任审计试点对生态文明建设具有突出的正面效应，并形成"宏观—微观"的传导机制，刺激了辖区内企业环境保护责任履行的积极性。

资料来源：黄溶冰《领导干部自然资源资产离任审计研究：十年综述与展望》，《兰州学刊》2023年第4期，第61~70页。

专项监督的范围与频率应依据风险评估结果及日常监督成效确定。日常监督构成专项监督之基石，而专项监督是日常监督的有益补充。若日常监督效果不彰，则需加大专项监督力度；反之，若某专项监督执行频次过高，则企业宜考虑将其整合至日常监督体系之中。

第二节 内部控制评价概述

根据《评价指引》，内部控制评价是指"企业董事会或类似权力机构对内部控制的有效性进行全面评价、形成评价结论、出具评价报告的过程"。企业实施内部控制评价至少应遵循全面性、重要性以及客观性三个原则，即企业开展内部控制评价工作时应当包括内部控制的设计与运行，涵盖企业及其所属单位的各种业务和事项。企业应当在全面评价的基础上，关注重要业务单位、重大业务事项和高风险领域。同时，应当准确地揭示经营管理的风险状况，如实反映内部控制设计与运行的有效性。

7-3 切实做好内部控制评价 不断实现内部控制自我提升——财政部会计司解读《企业内部控制评价指引》

《评价指引》在内部监督的概念介绍中，强调了"评价内部控制的有效性，发现内部控制缺陷，并及时加以改进"的目标。内部控制评价具有对企业内部控制设计与实施状况进行评估，识别缺陷并提出改进措施，最终报告总结内部控制系统有效性的功能。从内容及形式分析，内部控制评价兼具内部监督功能，构成内部监督体系的关键部分。

一 内部控制评价主体

内部控制评价主体可以分为两类，即责任主体和实施主体。根据《评价指引》，责任主体是企业董事会或类似权力机构，实施主体指的是具体组织开展内部控制评价工作的组织。企业可以授权内部审计部门或专门机构（以下简称"内部控制评价部门"）负责内部控制评价的具体组织实施工作。当企业自身专业资源缺乏时，也可以委托中介机构实施内部控制评价。但应当注意的是，为企业提供内部控制审计服务的会计师事务所，不得同时为同一企业提供内部控制评价服务。

无论是借助外部力量，还是依靠公司自身资源开展内部控制评价的实施工作，在准备阶段，企业都应当根据经董事会批准的评价方案，组成内部控制评价工作组，具体实施内部控制评价工作。评价工作组应当吸收企业内部相关机构熟悉情况的业务骨干参加。评价工作组成员对本部门的内部控制评价工作应当实行回避制度。

二　内部控制评价的一般程序

内部控制评价程序一般包括制定评价工作方案、组成评价工作组、实施现场测试、认定控制缺陷、汇总评价结果、编报评价报告等环节，各环节的目标及主要工作如表 7-1 所示。

表 7-1　内部控制评价各环节目标及具体任务示例

环节	目标	主要任务
制定评价工作方案	明确评价的目的、范围、方法和时间安排，为整个评价过程提供指导	(1)确定评价的目标，如完善公司治理、强化内部监督与风险控制等 (2)界定评价的范围，如涵盖哪些业务流程、部门或子公司 (3)选择评价的方法，如流程走查法、抽样检查法、单元测试法等 (4)确定评价的时间安排和人员分工
组成评价工作组	组建一支具备独立性、业务胜任能力和职业道德素养的评价团队	(1)从相关部门或外部机构选拔评价工作组成员 (2)对评价工作组成员进行培训，确保他们了解评价的目的、范围和方法 (3)明确评价工作组的职责和权限，确保评价过程的独立性和公正性
实施现场测试	通过实地检查、测试等方式，收集评价所需的证据和信息	(1)根据评价工作方案，确定需要检查的流程和环节 (2)采用适当的测试方法(如流程走查法、抽样检查法等)，对内部控制的有效性进行测试 (3)记录测试过程中发现的问题和缺陷，并进行分类和整理

环节	目标	主要任务
认定控制缺陷	对测试过程中发现的问题进行分析和评估,确定是否存在以及存在何种类型的内部控制缺陷	(1)根据问题的性质和严重程度,将问题划分为一般缺陷、重要缺陷或重大缺陷 (2)分析缺陷产生的原因和可能带来的后果,提出改进建议 (3)将认定的缺陷和提出的建议报告给相关部门或管理层
汇总评价结果	对评价过程中收集的证据和信息进行整理和分析,形成评价结论	(1)汇总测试过程中发现的问题和缺陷,以及改进建议 (2)对内部控制的整体有效性进行评估,形成评价结论 (3)将评价结论报告给相关部门或管理层,作为改进内部控制的依据
编报评价报告	书面记录评价过程和结果,供内部或外部使用	(1)编写评价报告,包括评价的目的、范围、方法、过程、结果和改进建议等内容 (2)对报告进行审查和修改,确保报告的准确性和客观性 (3)将报告提交给相关部门或管理层,供决策参考或外部审计使用

值得关注的是,内部控制评价工作方案,应当上报经董事会或其授权机构审批后方可实施。此外,企业在编制最终内部控制评价报告前,应追踪并总结内部控制缺陷的整改进展及针对重大缺陷拟定的整改策略,确保这些信息在评价报告中得到全面反映。

延伸阅读 7-3

证通电子 2023 年度内部控制缺陷认定及整改情况

根据公司财务报告内部控制缺陷的认定标准,报告期内公司存在财务报告内部控制重大缺陷,数量两个。具体缺陷认定及整改情况如表 7-2 所示。

7-4 证通电子 2023 年度内部控制自评价报告

表 7-2 证通电子 2023 年度财务报告内部控制缺陷认定及整改情况

财务报告内部控制重大缺陷	缺陷描述	业务领域	缺陷整改情况/整改计划	截至报告基准日是否完成整改	截至报告发出日是否完成整改
资金占用	2020 年度向深圳市永泰晟建筑工程有限公司以工程款名义支付 39986894.03 元，截至 2023 年 12 月 31 日该笔款项未收回	财务管理	对该笔资金占用，公司已责成商务、财务部门积极催收回款；结合实际情况，在合同审批、采购付款及资金管控方面严格按照相关内部控制制度、审批流程执行	否	否
利益相关方资金占用	提前支付工程款，通过供应商转移资金至客户用于支付公司应收账款，虽后期已收回款项且进行了账务调整，但表明公司报告期内内部控制存在重大缺陷	财务管理	公司将结合实际情况，在合同审批、采购付款及资金管控方面严格按照相关内部控制制度、审批流程执行	否	是

资料来源：《证通电子 2023 年度内部控制自我评价报告》，巨潮资讯网，http：//www.cninfo.com.cn/new/disclosure/detail? orgId = 9900003915&announcementId = 1219915261&announcementTime = 2024-04-30。

三 内部控制评价内容

企业应当根据《基本规范》《应用指引》及企业自身的内部控制制度，围绕内部控制五要素，确定内部控制评价的具体内容，对内部控制设计与运行情况进行全面评价。根据《评价指引》，各要素主要评价重点如表 7-3 所示。

7-5 民生证券股份有限公司关于浙江维康药业股份有限公司 2023 年度内部控制自我评价报告的核查意见

表 7-3 各要素评价重点示例

要素	评价工作关注重点
内部环境	以组织架构、发展战略、人力资源、企业文化、社会责任等应用指引为依据,结合本企业的内部控制制度,对内部环境的设计及实际运行情况进行认定和评价

续表

要素	评价工作关注重点
风险评估	以《基本规范》中有关风险评估的要求,以及各项应用指引中所列主要风险为依据,结合本企业的内部控制制度,对日常经营管理过程中的风险识别、风险分析、应对策略等进行认定和评价
控制活动	以《基本规范》和各项应用指引中的控制措施为依据,结合本企业的内部控制制度,对相关控制措施的设计和运行情况进行认定和评价
信息与沟通	以内部信息传递、财务报告、信息系统等相关应用指引为依据,结合本企业的内部控制制度,对信息收集、处理和传递的及时性、反舞弊机制的健全性、财务报告的真实性、信息系统的安全性,以及利用信息系统实施内部控制的有效性等进行认定和评价
内部监督	以《基本规范》中有关内部监督的要求,以及各项应用指引中有关日常管控的规定为依据,结合本企业的内部控制制度,对内部监督机制的有效性进行认定和评价,重点关注监事会、审计委员会、内部审计机构等是否在内部控制设计和运行中有效发挥监督作用

资料来源:《评价指引》。

内部控制评价范围选定涵盖法人实体与流程两方面。对于单体企业,由于不涉及分支机构或者下属子公司,企业仅需将自身作为评价对象。当企业规模较大,拥有较多的子公司或者分支机构时,企业应基于财务与业务重要性,选取覆盖总收入或净资产85%以上的本部及子公司,并纳入关键或高风险子公司。

对于被评价流程的选择,单体企业应每年评价所有内部控制流程,以全面排查设计与运行缺陷。大型集团则应根据集团整体业务特性与风险,合理选定评价流程,确保两年内全面覆盖所有流程。

7-6 中信证券股份有限公司关于徐工集团工程机械股份有限公司 2023 年度内部控制自我评价报告的核查意见

四　内部控制缺陷

内部控制缺陷分为设计缺陷与运行缺陷。企业依据日常监督、专项监督及年度内部控制评价,由内部控制评价部门综合分析后提出认定意见,经审核后按既定权限与程序最终确认。

内部控制评价工作组应当依据现场测试证据，初步判定内部控制缺陷，并据其影响程度细分为重大、重要及一般缺陷。根据《评价指引》，重大缺陷是指"一个或多个控制缺陷的组合，可能导致企业严重偏离控制目标"；重要缺陷是指"一个或多个控制缺陷的组合，其严重程度和经济后果低于重大缺陷，但仍有可能导致企业偏离控制目标"；一般缺陷是指"除重大缺陷、重要缺陷之外的其他缺陷"。重大缺陷应当由董事会予以最终认定。企业应对认定的重大缺陷迅速制定应对策略，以控制风险于可承受范围内，并追究责任部门或人员。各类缺陷的具体认定标准，由企业根据上述原则自行设定。

另外，按与财务报表的关联度，内部控制缺陷可划分为财务报告内部控制缺陷与非财务报告内部控制缺陷两类。前者关乎财务报告准确性、可靠性及完整性，为外部投资者提供决策依据，其缺陷直接影响报告的可靠程度，如出现内部控制环境无效、高级管理人员舞弊等情形或是发现了评价期间收入跨期等情况，均可认定该企业存在财务报告内部控制缺陷。后

7-7 2022 年证监稽查 20 起典型违法案例

者则侧重于企业合规、效率、资产安全等，虽不直接作用于财务报告，但影响企业经营管理合法合规性、资产安全保障及运营成效，如出现缺乏"三重一大"决策程序、决策失误、违法违规行为等情形，或是实控人构成非经营性资金占用、公司违规使用个人银行账户开展资金收付等情况，均属非财务报告内部控制缺陷范畴。

延伸阅读 7-4

维康药业 2023 年度内部控制缺陷

根据公司财务报告内部控制缺陷的认定标准，于内部控制评价报告基准日，报告期内公司发现财务报告内部控制重要缺陷一项，即公司部分医药产品销售业务收入确认存在跨期。

根据公司非财务报告内部控制缺陷的认定标准，于内部控制评价报告基准日，报告期内公司发现非财务报告内部控制重要缺陷两项。具体如下：①公司实际控制人刘忠良占用公司资金，构成非经营性资金占用；②公司

违规使用个人银行账户开展资金收付。

对于上述三项财务报告及非财务报告内部控制重要缺陷，公司高度重视并第一时间采取了一系列有针对性的整改措施。

（1）公司财务部门已经对收入确认进行了调整，并对过往财务报表数据进行了更正。公司已制定了相关财务制度，防范此类情况再次发生。

（2）经与实际控制人刘忠良充分沟通，刘忠良已充分认识到自身错误。刘忠良分别于 2023 年 12 月和 2024 年 3 月归还占用资金本金 14168.98 万元及利息 1503.27 万元，合计 15672.25 万元。公司已尽最大努力降低对公司的不利影响，维护公司及中小股东利益。

（3）公司已督促相关方注销了个人银行卡，并根据《企业内部控制基本规范》及配套指引的有关要求进一步健全内部控制制度，完善内部控制管理体系，规范内部控制运行程序，提高公司风险防范能力，保护公司资产安全。

（4）完善公司内部审计部门的职能，加大内部审计部门对公司内部控制制度执行情况的监督力度，提高内部审计工作的深度和扩大内部审计工作的广度，加大重点领域和关键环节监督检查力度，及时发现内部控制缺陷，及时整改，降低公司经营风险，促进公司规范运作和健康可持续发展。

（5）组织公司全体董事、监事、高级管理人员认真学习领会《国务院关于进一步提高上市公司质量的意见》《公司法》《证券法》《深圳证券交易所创业板股票上市规则》《上市公司信息披露管理办法》《上市公司监管指引第 2 号——上市公司募集资金管理和使用的监管要求》等相关法律法规、规范性文件的要求，深入学习上市公司规范运作规则和治理制度，提高合法合规经营意识，同时公司要求相关人员认真学习治理合规要求，对与关联方往来事项均予以特别重视，坚决杜绝此类事项再次发生。

（6）证券部收集资本市场资金占用、信息披露违规、财务造假等案例，定期进行培训学习，并警钟长鸣。

资料来源：《维康药业 2023 年度内部控制自我评价报告》，巨潮资讯网，http：// www. cninfo. com. cn/new/disclosure/detail？ orgId ＝ 9900033229&announcementId ＝ 1220053 273&announcementTime ＝ 2024-05-14%2020：28。

针对识别的内部控制缺陷，需深入剖析其成因，判断是设计不合理、内部控制缺失还是执行问题所致。此区分有助于制定精准整改措施，从根本上提升内部控制有效性。

五　内部控制评价报告

7-8 比亚迪 2023 年度
内部控制自我
评价报告

根据《基本规范》、《应用指引》和《评价指引》，企业应规划内部控制评价报告的种类、格式及内容，并根据业务调整、环境变化、发展情况及风险水平等自定评价方式、范围、程序与频率，但需遵循国家法规。例如，上市公司须公开年度内部控制评价报告，而内部提升性非定期评价则无须披露。内部控制评价报告应详尽阐述评价结论、过程及事项说明，遵循既定程序报批后发布。年度内部控制评价基准日为 12 月 31 日，报告需在基准日后四个月内提交。

基于《评价指引》，内部控制评价报告至少应当披露董事会对内部控制报告真实性的声明、内部控制评价工作的总体情况、内部控制评价的依据、内部控制评价的范围、内部控制评价的程序和方法、内部控制缺陷及其认定情况、内部控制缺陷的整改情况及重大缺陷拟采取的整改措施、内部控制有效性的结论。

其中，内部控制评价工作的总体情况包括企业名称、评价期间、评价目的等。报告中应当明确列出企业的评价依据以及缺陷认定标准，评价依据通常基于相关法律法规、行业标准、企业内部控制政策等制定；内部控制缺陷认定标准一般以《评价指引》为基础，根据企业自身情况设定。对评价范围的描述可以列举企业内部控制的关键要素，如控制环境、风险评估、控制活动、信息与沟通、监督等，也可描述纳入评价中的业务流程及分公司、子公司情况。对评价的结果进行描述，应当包括评价结论、缺陷认定情况以及具体的整改措施等内容。如果内部控制存在缺陷，应详细描述缺陷的具体情况，介绍对下一年度的影响及整改措施，同时还应当汇报截至报告公布时的缺陷整改情况。若上年度存在内部控制缺陷，还应在报告中载明上年内部控制缺陷的整改情况。

企业内部控制有效性的最终责任归属企业董事会或类似权力机构，因此，对内部控制有效性的评价亦需经其最终审批确认。

第三节　内部控制设计评价

企业内部控制评价应当全面评价企业内部控制的设计与运行情况，本节将主要围绕内部控制设计评价，说明内涵、主要的评价方法和技术以及评价结果的体现方式，结合具体的职能及业务流程，探讨常见的设计缺陷。

值得提出的是，在实务中内部控制设计评价和内部控制运行评价是同时进行的，并非两个单独的项目。

一　内部控制设计评价的内涵

内部控制设计是对企业内部控制体系进行规划和构建的过程，涉及确定内部控制的目标、制定控制措施、建立监控机制等，旨在为企业建立一个健全、有效的内部控制框架。内部控制执行则是设计完成后的实际运作，关注控制措施在日常业务中的执行效果、人员合规性及监控反馈。两者均依内部控制五要素框架评价，但侧重点各异，其中内部控制设计评价的侧重点如表7-4所示。例如，在评价控制活动的设计时，更关心的是企业是否制定了相应制度、是否提出了不相容职务分离的要求等。

表7-4　内部控制设计评价维度及要素示例

要素	二级要素示例	关注要素示例
内部环境	● 组织架构 ● 发展战略 ● 人力资源 ● 企业文化 ● 社会责任	以组织架构为例，评价时应当关注以下方面 (1)合法合规:关注企业的治理结构设置是否符合《公司法》等法律法规的要求,内部机构设置是否与企业经营及战略需求一致 (2)权责明确化:从治理结构到内部机构,组织结构的设置及相应权责界定是否清晰,权责不清将产生工作重复或遗漏、推诿现象,易使员工产生挫折感 (3)作业制度化:从董事会议事规则到日常业务活动的流转,是否有明确的制度规范以提高管理的标准化水平、促进各业务部门间的协作

续表

要素	二级要素示例	关注要素示例
风险评估	● 风险识别 ● 风险分析 ● 应对策略	以风险管理整体为例,评价时应当关注以下方面 (1)归口管理:关注企业是否设置了专门的部门或者岗位负责企业内外部风险因素的识别和管理 (2)闭环体系化:从目标识别到风险应对,企业的风险管理是否与公司战略挂钩,是否设计了分层闭环的风险管理体系,是否能够帮助战略目标实现以及管理效率的提升
控制活动	● 不相容职务分离控制 ● 授权审批控制 ● 会计系统控制 ● 财产保护控制 ● 预算控制 ● 运营分析控制 ● 绩效考核控制	以采购业务的控制活动为例,评价时应当关注以下方面 (1)作业制度化:从采购需求的编制到验收付款环节,是否有明确的制度规范以提高管理的标准化水平、促进业务的规范流转、降低舞弊的可能性 (2)不相容职务分离:请购与审批、供应商的选择与审批等关键的不相容岗位职责是否有效分离,以降低出错以及舞弊的概率 (3)合理授权:是否根据采购的种类、金额大小等制定了合理的分级授权体系,在提升决策效率的同时,提高内部监督及制衡效果
信息与沟通	● 信息收集、处理和传递的及时性 ● 反舞弊机制的健全性 ● 财务报告的真实性 ● 信息系统的安全性 ● 利用信息系统实施内部控制的有效性	以反舞弊机制为例,评价时应当关注以下方面 (1)信息传递渠道:企业是否设立员工信箱、投诉热线等,反舞弊信息传递的渠道是否通畅 (2)机构设置合理性:企业是否设置了内部审计或类似职能部门对舞弊线索进行调查,该部门在企业组织架构设计中是否具有独立性 (3)投诉和举报人保护机制:企业是否建立了举报人保护制度,该制度是决定举报制度能否有效运行的关键
内部监督	● 内部监督机制的有效性 ● 监事会、审计委员会、内部审计机构是否发挥监督作用	(1)作业制度化:从日常监督到专项监督,企业是否有明确的制度规范以提高监督工作的标准化水平并要求监督过程留痕,以降低串通舞弊、越权操作的可能性 (2)专职监督机构:关注监事会、审计委员会、内部审计机构等专职监督机构相关监督职责及工作流程等是否在制度中进行明确

评价内部控制设计有效性时，可关注企业内部控制设计是否遵循内部控制基本原理，并符合《基本规范》及配套指引；是否全面覆盖关键业务与环节，对董事会、监事会、经理层及员工均有约束力；设计是否紧密贴合企业经营特点、业务模式及风险管理需求。

二　内部控制设计评价方法

内部控制设计评价的主要方法包括个别访谈法、文件评价法、流程评价法、专题讨论法以及穿行测试法等。

（一）个别访谈法

个别访谈法是内部控制评价常用手段，访谈者能通过了解被访谈对象对关键风险事件及企业内部控制体系的见解，洞察企业内部控制现状与问题。

个别访谈准备时，评价人员需依访谈目标与范围，选定多部门高管、业务负责人及骨干为访谈对象，确保信息全面。制定访谈计划与提纲，明确目的、主题、顺序等，并提前将访谈提纲发送给访谈对象，附访谈说明以促进理解与配合。其中，访谈说明中应列出访谈对象的职位、称呼，本次访谈的背景以及主要目的等具体信息。访谈提纲的内容涵盖被访者业务或职能部门的内部控制设计、执行、风险、改进及外部影响等。

具体举例，访谈问题可包含具体业务及职能部门的关键控制措施、流程、风险管理措施和监督机制等的设计及执行情况，被访谈者在内部控制工作中遇到的主要问题和挑战，以及他们对这些问题的看法和建议；近年来该业务或职能部门是否发生了影响较为严重的负面事件，以及该事件与内部控制设计缺陷之间的联系；被访谈者对内部控制体系改进的看法和建议，包括可能的改进措施、实施计划以及预期效果。此外，还可根据访谈目的和企业的实际情况，进一步了解行业趋势、市场变化、竞争对手情况等外部因素对企业内部控制的影响，以及被访谈者对未来内部控制发展方向的看法，以判定企业目前的内部控制设计是否满足适应性原则。

鉴于访谈机会的宝贵性，个别访谈法被灵活运用于内部控制设计与实施的双维度评价中，实践中常在一次访谈中同时探讨设计合理性及实施现状，以全面把握内部控制体系的成效与不足。

访谈时，访谈者需心态开放且耐心，鼓励受访者畅所欲言，以获取真实全面的信息。提问灵活，确保访谈顺畅达预期。倾听并记录关键信息与问题，可录音以备查。访谈后，及时整理结果，作为评价及改进依据。严守机密，保护商业机密与个人隐私，增强信任。为求设计描述精准，应广泛访谈不同岗位，如人力资源部主管与基层员工，交叉验证信息，确保评价证据可靠。

（二）文件评价法

与个别访谈法不同，文件评价法侧重于对企业内部控制相关文档的评估，如制度、规范、流程图及操作手册等，旨在通过细致的审查与分析，评判企业内部控制体系在设计层面的完整性、表述的准确性以及实际运行的有效性。

实施文件评价法时，首要任务是确立清晰的评价目标与范围，界定待评估的内部控制文件类型及关键领域与控制点。随后，广泛收集内部控制相关文档资料，确保全面覆盖与精确无误。在审阅分析过程中，聚焦于文件的完整性（确保覆盖所有关键流程与控制点）、准确性（核对描述与实际操作的一致性）、时效性（评估文件更新度以反映业务环境变化）及一致性（检验不同文件间控制描述的协调性，如对授权审批层级的文字描述是否与权限指引内容一致）。针对发现的不足，提出有针对性的改进建议。最终，将评价目标、范围、方法、过程、发现的问题及建议汇总于评价报告中，为内部控制的完善与优化提供明确指导。

评价工作完成后，需及时向相关部门及人员反馈评价报告，以明晰内部控制设计的现状与改进路径。此外，构建持续改进机制，实施内部控制文件的定期复审与更新策略，确保内部控制设计的有效性和适应性。

（三）流程评价法

此方法聚焦企业的业务流程，基于业务流程图，通过深度剖析流程中的风险与控制点，评判内部控制的有效性。流程评价法不仅有助于企业洞察潜在风险，还能精准指导内部控制措施的优化。它与个别访谈法、文件评价法等并行不悖，后两者侧重于内部控制设计的信息收集，而流程评价法则聚焦于风险与控制的细致分析，三者共同构建企业内部控制的全面评估体系。

执行流程评价之初，需确立明确的目标与范围，随后广泛收集内部控制设计相关文档、政策、流程图等资料，进行深入分析。分析的核心在于识别内部控制设计中的潜在风险与问题，如设计漏洞、冗余、不一致或脱离实际业务操作等。随后，全面记录评价流程、发现的问题与风险，并提出有针对性的改进策略。在此过程中，应注意客观公正，多渠道获取信息，避免主观偏见。同时，强化与相关部门及人员的沟通协作，确保流程评价工作的顺畅实施。

在内部控制岗位设计的评价中，应尤为重视内部控制人员、岗位及部门设置的独立性。独立性评价对于保障内部控制的公正性、客观性至关重要，它能有效预防内部控制失效及利益冲突的发生。具体而言，需审视内部控制体系的设计是否独立于日常业务运作，以及内部控制人员是否与被控制对象保持独立，从而确保内部控制的有效执行。

（四）专题讨论法

专题讨论法主要是集合有关专业人员就内部控制设计及执行情况进行分析，讨论其中存在问题的方法。此法不仅可作为控制评价的有效工具，亦是制定缺陷整改策略的重要途径。面对涉及财务、业务、信息技术等多部门的控制短板，内部控制管理部门常需召集专题讨论会议，集思广益，融合内部各机构、多领域的见解，共同研讨并确定科学合理的缺陷整改方案。

专题讨论法的实施步骤与前述方法类似，此处不再赘述。具体在探讨内部控制设计缺陷时，专项组应聚焦于控制的有效性、适应性与改进潜力。评估有效性时，可依托风险事件统计、对比数据及员工反馈等多元信息，全面审视内部控制的实际成效。审视适应性时，则需从风险维度出发，先识别企业潜在风险，再确认是否有相应的内部控制措施予以应对。此外，还需关注内部控制与行业标杆的差距，通过与同业领先企业的对比分析，进一步评判内部控制设计的有效性。

（五）穿行测试法

穿行测试法，作为内部控制领域的关键检查手段，广泛应用于财务报表内部控制的设计与运行评估中。该方法是指随机抽取一笔或多笔交易作为样本，全程追踪其从初始发生至最终在财务报表或经营管理报告中体现的全过程。此过程不仅使评价人员得以深入洞察业务流程全貌，进一步明确企业实际实施的控制措施，还能精准识别关键控制点，发现内部控制流程设计中的潜在缺陷，进而科学评估内部控制设计与执行的有效性。

例如，在会计业务的穿行测试实施过程中，评价人员会复现或系统梳理被评价单位的控制活动，聚焦于会计业务流程设计的合理性与内部控制体系的完备性。通过深入分析、专业鉴定与综合评估，评价人员可确认这些控制活动是否足以保障会计记录的完整性、可靠性、真实性及会计处理的及时性，从而有效支撑内部控制目标的实现。

执行穿行测试法时，第一，项目组应当明确测试的具体目标与范围，如对特定财务报表项目及其内部控制程序的验证；第二，依据公司制度文件与访谈结果，详细描绘内部控制流程，形式可包括文字叙述、调查表或流程图；第三，根据测试目标挑选样本，并要求企业提供该样本全套控制运行记录；第四，综合运用文件审查、实地观察、访谈等多种手段对样本进行测试，重点关注业务流程中的文件与记录；第五，详细描述样本业务的实际运行情况，并将其与预设流程进行对比，记录偏差之处；第六，全面记录测试过程中的各项发现与结果，包括时间、人员、方法及结论。

相较于其他方法，穿行测试法更能深刻揭示企业内部控制体系中约束与监督机制的潜在不足。若测试中发现控制节点过度依赖人工且缺乏审计，则预示后续执行力度可能削弱，监督也易沦为空谈。此外，穿行测试的结果能直观展现企业内部控制体系的实际运作状况，有助于项目组识别企业名义上的内部控制体系与实际内部控制体系之间的差距，为后续内部控制执行评价奠定基础。

在进行内部控制设计评价时，企业应灵活选用或结合多种评价方法，以适应实际情况需求。同时，企业还应确保评价工作秉持客观性、公正性与全面性原则，以便更准确地识别内部控制设计中的问题。

三　内部控制设计评价的成果

基于《评价指引》的要求，内部控制评价工作应当形成工作底稿，详细记录企业执行评价工作的内容，包括评价要素、主要风险点、采取的控制措施、有关证据资料以及认定结果等。同时，企业应当根据年度内部控制评价结果，结合内部控制评价工作底稿和内部控制缺陷汇总表等资料，按照规定的程序和要求，及时编制内部控制评价报告。内部控制评价报告应当对评价过程、内部控制缺陷认定及整改情况、内部控制有效性的结论等相关内容做出披露。详细的内部控制评价表及底稿等内容请参考控制运行测试小节。

此外，企业应当建立内部控制评价工作档案管理制度，妥善保管内部控制评价有关文件资料、工作底稿和证明材料等。

四　常见的内部控制设计缺陷

（一）漏洞

漏洞，特指内部控制体系中存在的控制缺失，导致关键风险暴露，形成风险敞口。内部控制系统的漏洞可能广泛分布于各业务职能领域的各个关键环节，包括但不限于目标设定模糊、控制措施缺失或不足、责任主体界定不清等。此类问题不仅削弱了内部控制对潜在风险与威胁的应对能力，还可能置企业于遭受损失的风险之中。

7-9 2021年证监稽查
20起典型违法案例

（二）冗余

控制的冗余主要指的是在设计和实施内部控制体系时，采用超过必要数量的控制措施或流程，造成资源浪费和效率降低。例如，随着企业发展，审核审批层层加码产生的"大企业病"。

（三）不一致

控制不一致指的是在企业内部控制设计或执行过程中，不同控制措施、政策或流程之间存在差异、冲突或缺乏协调性，导致内部控制未能实现统一、连贯和有效的目标。这种不一致性可能出现在控制活动的各个方面，包括但不限于以下几个方面。

1. 控制措施之间的不一致

企业内部可能存在多项控制措施，这些措施本应协同工作以达成共同的控制目标，但由于设计或执行上的失误，它们之间可能出现冲突或重复，导致控制效果减弱。

2. 政策与流程之间的不一致

企业的内部控制政策和实际执行流程之间可能存在脱节。政策可能制定了明确的指导原则，但实际操作流程可能并未严格遵循这些原则，或者在流程中存在与政策不符的环节。

3. 部门或岗位间的不一致

不同部门或岗位之间的内部控制措施可能缺乏统一的标准和协调机制，导致信息沟通不畅、责任不明确，甚至可能产生相互矛盾的控制要求。

第四节　内部控制运行评价

7-10 习近平：在中央和国家机关党的建设工作会议上的讲话

企业内部控制的有效性既取决于其设计的合理性，亦受执行质量的影响。2019 年 7 月 9 日，习近平总书记在中央和国家机关党的建设工作会议上指出"制度制定很重要，制度执行更重要"。

企业实施内部控制评价，应全面覆盖设计与运行两方面，涉及所有业务及事项。本节在内部控制设计评价基础上，探讨内部控制运行有效性的内涵，阐述核心评价方法与技术，并明确评价结果的呈现形式。通过具体职能与业务流程的结合，识别并分析内部控制运行中常见的缺陷类型。

一　内部控制运行评价的内涵

相较于内部控制设计评价，内部控制运行评价更聚焦于执行层面，即内部控制体系发布后，各级人员有组织、系统地遵循既定规范，将体系转化为实际管控力，推动业务朝控制目标发展，重在"落实"与"保障落实"，为经营目标实现提供坚实保障。企业常设管理举措如职责明确、权限设定、审批流程、预算控制及财产保护等,旨在确保体系有效实施。内部控制执行就是对这些管控措施的实施及遵循。此外,内部控制执行还涉及对执行情况的监督和反馈,以确保内部控制体系能够持续改进和优化,更好地服务于企业的战略目标。

内部控制运行评价可围绕五要素进行,旨在剖析业务流程风险点与控制点,评估其运行的有效性。该评价遵循内部控制五要素框架,关注要点示例参见表7-5。

表7-5 内部控制运行评价维度及要素示例

要素	二级要素示例	关注要素示例
内部环境	• 组织架构 • 发展战略 • 人力资源 • 企业文化 • 社会责任	以组织架构为例,评价时应当关注以下方面 (1)董事、监事、经理及其他高级管理人员的任职资格和履职情况:在任职资格方面,应关注是否遵循企业既定的任职程序标准,全面评价道德诚信状况,以及行为能力与经营管理素质,同时确认专业能力是否达到岗位要求;履职评价则侧重于合规性表现、业绩成效,以及是否忠实勤勉地履行职责 (2)董事会、监事会和经理层的运行效果:针对董事会,应关注其召集股东大会的频次与报告工作,执行股东大会决议的严格性,以及经理层和其他高级管理人员的任免合理性;针对监事会,需关注其对董事及高管行为的监督是否到位,是否及时发现并纠正违规行为,是否在必要时提出罢免建议;针对管理层,应重视其对董事会决议及年度经营计划的执行效率,达成既定生产经营目标与绩效指标的情况等 (3)内部机构运行的高效性:需重视权力制衡机制的效率评估,审视机构权力分配,防止权力过大及监督空白,确保权力不被架空,同时保障内部机构间信息流通的及时与顺畅。评估中应关注信息沟通效率,确保信息流通无阻,避免滞后与不对称现象,以提升组织架构下的信息传递效能
风险评估	• 风险识别 • 风险分析 • 应对策略	以风险管理整体为例,评价时应当关注以下方面 (1)风险评估体系的运行:关注企业是否按规定定期或不定期展开企业内外部风险因素的识别和管理 (2)风险管理的执行效果:关注企业是否基于风险评估结果制定了风险应对策略,是否按照风险应对策略开展了相应工作,如设置专项应急预案、开展业务外包、购买保险

要素	二级要素示例	关注要素示例
控制活动	• 不相容职务分离控制 • 授权审批控制 • 会计系统控制 • 财产保护控制 • 预算控制 • 运营分析控制 • 绩效考评控制	以采购业务的控制活动为例,评价时应当关注以下方面 (1)需求计划编制:是否存在不按照需求安排采购,或随意超计划采购等情况 (2)请购:请购未经恰当审批或超越权限审批 (3)选择供应商:供应商选择流程不符合企业准入制度,供应商资质不符合企业要求 (4)确定采购价格:定价方式的选择不符合企业规定,缺乏对重要物质品种价格的跟踪监控 (5)采购合同:未经授权对外签订采购合同,合同对方主体资质不符合企业要求,合同签订方式不符合企业规定 (6)验收及付款:验收程序不规范,未按要求处理验收异常情况以及付款审核不当
信息与沟通	• 信息收集、处理和传递的及时性 • 反舞弊机制的健全性 • 财务报告的真实性 • 信息系统的安全性 • 利用信息系统实施内部控制的有效性	以信息系统业务为例,评价时应当关注以下方面 (1)岗位授权:岗位授权体系不完善,导致审核审批不完善 (2)信息系统规划:企业未按照制度要求开展信息系统规划,导致信息孤岛或重复建设等问题 (3)系统开发:企业未按要求开展项目计划、需求分析等工作,未按规定开展测试及培训,导致系统无法实现预定目标或频繁变更 (4)日常运行及维护:未按要求执行例行检查、系统安全管理及数据备份等工作,缺少对信息系统操作人员的监控,导致信息系统出现隐患,数据丧失后无法恢复等问题
内部监督	• 内部监督机制的有效性 • 监事会、审计委员会、内部审计机构是否发挥监督作用	(1)日常及专项监督:关注企业是否按照要求定期或不定期开展监督,监督过程是否有审批文件、检查底稿、报告等文件留痕;关注企业是否存在串通舞弊、越权操作的可能性,导致监督失效 (2)专职监督机构:关注监事会、审计委员会、内部审计机构等专职监督机构是否按照相关规定履行相关监督职责及履职效果

评价内部控制运行的有效性，需综合考量评估期内相关控制的实际运行情况，这些控制是否持续且一致地执行，以及执行控制的人员是否拥有必要的权限与能力，以确保控制的有效实施。

二　内部控制运行评价方法

在内部控制运行评价过程中，除综合个别访谈法、专题研讨法及穿行测试法等所收集的信息外，还可采用实地查验法、抽样法等方法加以验证，以确保评价的全面性与准确性。本节在第三节的基础上，着重介绍实地查验法和抽样法。

（一）实地查验法

实地查验法，是指通过实地查验、观察、核实等方式，对业务流程、制度框架及控制活动的实施状况进行全面审视与评估。以库存物资管理为例，此法涉及对存货的实地盘点、清查，以及对出入库等关键环节进行现场监督与验证，旨在确认既定控制措施是否得到严格执行。在检查实践中，评价人员会细致观察仓库环境、储存条件及操作流程，评估物资保管是否合规，并审视非存货管理部门及仓储人员接触存货的权限管理。此过程旨在验证内部控制措施在实际运营中的有效性，识别潜在的控制漏洞与不足。

相较于单纯依赖文档资料的审查，实地查验法具有直观性优势，能揭示纸质记录难以捕捉的深层次问题线索。以信息系统记账为例，尽管会计凭证编制需经财务经理或主管会计审核后方能录入系统，但若会计人员违规使用审核账号自审凭证，仅凭职责分离原则下的会计凭证检查难以察觉此执行瑕疵。而实地查验综合运用观察、询问与重新执行等手段，能够更全面、深入地评估内部控制执行状况，为评价提供更为丰富且有力的证据，从而有效弥补单纯文档审核的不足。

在执行实地查验法时，应当首先明确调查的目的和范围并收集相应的内部控制信息，基于企业经营环境、产业链及行业特征等外部信息以及公司发展战略、财务状况及内部控制体系等内部信息，结合内部控制评价结论，判断关键风险点。随后，依据调查目标、范围及风险点，精心策划调查方案，详尽规划时间、地点、人员配置及资源需求，并准备内部控制评价底稿，确保调查过程有的放矢、高效有序。在现场调查中，评价人员应严格遵循评价底稿指引，细致观察业务流程、人员操作、文件记录及资产管理等实际情况，同时详细记录观察细节以备后续分析。通过深入访谈相关人员，获取其对内部控制的直接反馈与见解，以全面掌握内部控制执行的真实状况。此外，结合资料检查手段，挖掘执行偏差、舞弊及低效等潜在问题，并妥善收集过程文件、记录及照片等证据资料，为内部控制评价提供证据支撑。最终，综合各项调查结果，精准识别内部控制缺陷与风险点，并提出有针对性的改进策略与建议。

执行实地查验法时，务必确保调查过程秉持公正、客观原则，并严格保密，以免对被调查对象造成不必要的影响。同时，需根据调查对象的实际情况灵活调整方法与策略，以达最佳效果。与相关部门及人员保持密切沟通与合作，是保障调查顺利进行的关键。

（二）抽样法

7-11《中国注册会计师审计准则第1314号——审计抽样》应用指南

抽样法是指针对具体的内部控制业务流程，按照业务发生频率及固有风险的高低，从确定的抽样总体中抽取一定比例的业务样本，对业务样本的符合性进行判断，进而评价业务流程控制运行有效性的方法，多用于人工控制的执行检查。抽样标准的制定参考企业内部控制审计过程中对抽样数量的要求，一般按照控制的发生频率来确定抽样的数量，如表 7-6 所示。

表 7-6　测试人工控制的最小样本规模区间

控制运行频率	控制运行的总次数（次）	测试的最小样本规模区间
每年 1 次	1	1
每季 1 次	4	2
每月 1 次	12	2~5
每周 1 次	52	5~15
每天 1 次	250	20~40
每天多次	>250	25~60

资料来源：中国注册会计师协会编著《审计》，中国财政经济出版社，2023，第 513 页。

抽样法既支持现场驻点执行，亦可通过远程协作，要求企业提交相关资料以供检查。在抽样过程中，需紧密结合风险评估结果，定位关键控制点，并聚焦于这些节点上的控制文档或实物进行抽样检验。同时，加强关键数据的分析对比，如企业历史数据与行业横向数据的交叉验证，以识别异常流程。表 7-7 以采购与付款循环为例，列示了部分内部控制抽样检查的资料及应当关注的内容。

表 7-7　基于业务流程开展的抽样检查资料及内容示例

业务流程	检查资料及关注内容
采购活动	请购单是否得到适当的审批；请购单、采购订单的编号与日期是否存在异常；采购订单是否连续编号
应付账款的记录	供应商发票所载内容与采购订单、验收单的内容是否相符；发票上是否加盖相符章；供应商发票、验收单、转账凭证的日期是否存在异常；验收单、转账凭证的编号是否连续；是否有专人记录应收账款台账
付款活动	付款凭证是否得到会计主管的适当审批；有关支持性文件上是否加盖核销章；收款人名称及账号等信息是否与恰当的供应商一致；付款凭证、支票、信用证的日期与编号是否存在异常
供应商档案管理	供应商准入时是否开展了供应商考核；供应商考核表是否列示必要信息；供应商考核表是否经过审核；检查供应商信息与对应的档案内容是否一致；变更供应商信息时是否对更改申请表进行连续编号；更改申请表是否经过适当审批

在内部控制运行评价领域，判断抽样法与随机抽样法均被广泛应用。判断抽样，作为一种非概率抽样技术，其核心在于依托内部控制评价人员的专业经验与主观判断，从总体中精心挑选出最具代表性的样本集。以采购验收控制点的抽样为例，评价人员往往优先聚焦大金额的采购订单，以期高效捕捉潜在风险点。实施判断抽样时，评价人员需紧密围绕评价目标，并基于对总体特征的深入理解，进行有针对性的样本选取，以确保评价的全面性与准确性。

7-12 第 2108 号内部审计具体准则——审计抽样

在实际操作中，为确保样本的代表性和多样性，进而提升评价结论的可靠性与有效性，可灵活结合或单独运用随机抽样方法。以费用支付审批控制点的审查为例，在选取大额支付单据作为重点检查对象的同时，针对小额但数量庞大的支付凭证，适宜采用随机抽样策略。在随机抽样过程中，可依据具体情境选择简单随机抽样或分层抽样等方法，无论采取哪种方法，均应严格遵循随机性原则，确保每一份样本均有可能被选中。

简单随机抽样是一种基于总体中每个个体编号，利用随机数表或程序随机选取样本的方法，适用于总体规模小、个体间差异不大、结构简单之情形。而分层抽样则根据评价需求与企业实际，将总体细分为若干具有相似特征的层次或子总体，如按费用支出类别、部门等因素分层。分层后根据总体规模、层次重要性及成本确定各层样本量，并在各层内实施随机抽样，以确保样本的代表性与可量化性，减少主观偏误。通常，样本量增加会提升抽样结果的可靠性，但也会带来成本与工作量的上升。分层抽样尤其适用于总体复杂、单位间差异显著且数量众多的场景。

在进行内部控制评价时，企业应依据实际情况，灵活采用多元化的方法实施对应检查。以存货内部控制为例，企业不仅需审阅盘点记录等资料，还应结合现场检查，通过观察与询问等手段，全面掌握存货内部控制的实际执行状况，以确保评价的全面性与准确性。

三　内部控制评价表及评价底稿

无论是内部控制设计评价还是内部控制执行评价，基于《评价指引》的要求，都应当对评价工作的过程以及内容进行详细记录。记录的内容应当包括评价要素、主要风险点、采取的控制措施、有关证据资料以及认定结果等。一般来讲，内部控制评价人员应当根据实际情况如实、详细地编制评价底稿，对拟评价的项目（可包括被评价的流程、子流程）、控制目标、标准控制、控制分类（可包括人工控制与自动控制的分类、预防性控制与检查性控制的分类等）、是否为关键控制、对该控制的具体描述（可包括控制的责任部门、控制发生的频率、是否存在补充控制等）、拟采取的控制评价方式（可包括前述的访谈、检查、重新执行等方法）以及具体的程序、例外事项等信息进行记录。

内部控制评价底稿与评价表构成了一个从详细记录到汇总的逻辑体系，

共同构成了编制最终内部控制评价报告的基础。尽管内部控制评价文档的具体格式未设统一标准，但常规做法涵盖填写指南、内部控制评价表、缺陷汇总表，以及针对各控制环节设计的专项评价表、测试表等。在实际执行内部控制评价时，应全面覆盖内部控制的五大核心要素，以确保评价的深入与有效。

表7-8列示了常见的内部控制评价文档体系中核心的文件及其主要内容和功能。

表 7-8 内部控制评价文档体系示例

文档名称	文档内容来源	文档主要内容及功能
内部控制评价报告	内部控制评价表、内部控制缺陷汇总表	内部控制评价报告是对内部控制评价过程进行总结和汇报的文件。该文件旨在向相关方清晰地展示企业内部控制的设计和实施情况，能够帮助企业识别和防范潜在的控制风险，并为企业提供改进内部控制的建议和意见，以进一步完善企业的内部控制体系，提高规范性和有效性
内部控制评价表	内部控制评价底稿、内部控制测试表	内部控制评价表是根据评价要素分类汇总企业内部控制评价结果的文档，范围覆盖了内部环境、风险评估、各业务的控制活动、信息与沟通以及内部监督，包含了对内部控制设计合理性和执行有效性的评价，旨在帮助企业识别内部控制的薄弱环节，并提出改进建议。内部控制评价表通常包含评价信息、评价要素、评价标准、评价方法、评价结果以及建议等
内部控制缺陷汇总表	内部控制评价表、内部控制评价底稿、内部控制测试表	内部控制缺陷汇总表是用于汇总和记录企业内部控制评价中所发现的内部控制缺陷的表格，包括各类设计缺陷、执行缺陷，以及对这些缺陷的详细描述。通过内部控制缺陷汇总表发现企业内部控制的薄弱环节，从而制定有针对性的改进措施，提高内部控制的有效性和效率。同时，内部控制缺陷汇总表还可以作为企业定期对内部控制缺陷整改情况进行跟踪和评估的工具
内部控制评价底稿	各类评价及测试活动、企业规章制度、原始凭证等原始资料及测试过程资料	内部控制评价底稿详细记录了评价工作的过程、方法和结果，是内部控制评价活动的重要记录和依据。内部控制评价底稿通常包括评价目标、评价方法、评价过程记录以及缺陷识别等内容
内部控制测试表	各类测试活动、企业规章制度、原始凭证等原始资料及测试过程资料	内部控制测试表与内部控制评价底稿类似，也适用于详细记录评价工作的过程、方法和结果，更多应用于内部控制的运行测试记录。内部控制测试表可以包含关键控制点、评价依据、控制程序以及测试结论等信息

（一）内部控制评价表

鉴于企业内部控制体系横跨多元要素与业务范畴，在评价过程中会产生大量详尽的底稿资料。内部控制评价表扮演了汇聚核心信息、提炼关键要点的重要角色。内部控制评价表的设计应尽量全面，确保内部控制五大核心要素均得到充分体现。此外，在描述控制活动时，需紧密结合企业独特的业务运营特征，精选并聚焦于关键业务流程。表7-9展示了某建筑公司内部控制评价表的设置。

表7-9　某建筑公司的内部控制评价表设置

编号	内部五要素	各内部控制评价表覆盖的范围
1	内部环境	内部环境
2	风险评估	风险评估
3	信息与沟通	信息与沟通
4	内部监督	内部监督
5	控制活动	资金
6		采购
7		资产
8		销售
9		研究开发
10		工程项目
11		业务外包
12		财务报告
13		预算管理
14		合同管理

内部控制评价表虽无规定的格式，但基本应包含评价项目、控制目标、控制内容、是否为关键控制、责任部门、检查方法、缺陷分类及认定、整改意见以及测试底稿索引，在此基础上还可增加对控制点的描述、所影响的报表项目以及对控制类型和是否存在补偿控制的描述。

内部控制评价表既可编辑为电子文档，亦能以电子表格形式创建，后者能够覆盖更多内容，且能实现表格间的链接跳转，因此更推荐使用电子表格的形式。表 7-10 为内部控制评价表格式示例。其中，对内部控制以及风险的描述可以在企业控制矩阵的基础上进行，通过搭配使用检查、询问、穿行测试等方法，实现更为准确的描述。运行有效性测试部分的内容基于具体的测试底稿进行汇总填写。对补偿控制的梳理以及检查能够帮助评价者更好地判断主控制设计或运行缺陷的影响程度，即若存在补偿控制且运行有效，则可降低由该主控制缺陷造成的不良影响程度或发生的概率。表中的控制缺陷描述信息可形成内部控制缺陷汇总表的基础。

（二）内部控制缺陷汇总表

根据《评价指引》，开展内部控制评价时应当编制内部控制缺陷汇总表，结合日常监督和专项监督发现的内部控制缺陷及其持续改进情况，对内部控制缺陷及其成因、表现形式和影响程度进行综合分析和全面复核，提出认定意见，并以适当的形式向董事会、监事会或者经理层报告。重大缺陷应当由董事会予以最终认定。企业对于认定的重大缺陷，应当及时采取应对策略，切实将风险控制在可承受度之内，并追究有关部门或相关人员的责任。

与内部控制评价表类似，内部控制缺陷汇总表的格式也并无统一规定。一般来讲，内部控制缺陷汇总表应当包括内部控制评价项目、内部控制编号、内部控制缺陷描述、内部控制缺陷影响、内部控制缺陷分类、内部控制缺陷认定、具体的整改意见、责任单位以及整改期限等，具体内容参见表 7-11。

（三）内部控制评价底稿和内部控制测试表

如表 7-12 所示，内部控制评价底稿主要用于被评价人员记录评价工作中的具体工作内容、程序及结果等，贯穿于设计与运行两大评价阶段。与内部控制评价表相呼应，内部控制评价底稿同样需全面覆盖五大核心要素，并深入企业各项关键业务流程之中。不同之处在于，内部控制评价底稿在数量上更为庞大，在内容上更为细致详尽，是支撑内部控制有效性评判不可或缺的基础。

表7-10 内部控制评价表格式示例

内部控制评价项目				内部控制风险体现				内部控制描述						
流程名称	流程编号	子流程名称	子流程编号	风险编号	风险等级	风险描述	是否存在相关控制应对该风险	涉及制度	控制点编号	控制描述	是否与实际控制一致	实际控制措施描述	控制方式	发生频率
生产管理	M18	生产资本性支出计划编制上报	M18.1.1	M18.1.1.R1	中	生产资本性支出计划编制不合理、上报不及时,可能导致资金未实现最优配置,不利于保证资金使用效率和生产进度	是	《生产物资采购管理办法》	M18.1.1.CA1	生产物资采购实行计划管理,生产物资采购计划应根据物资需求计划进行编制,满足安全生产的需要。各场站应及时、准确地编制物资管理的要求向生产部报送采购需求计划,配合生产部门组织实施本场站负责的生产物资采购工作。公司生产物资采购工作实行统一领导,设立招标委员会,其主要职责是:审定公司采购计划,审议和规范性文件;审计管理权限;根据管理范围内的采购计划,审定公司直接管理范围内的采购结果	是	不适用	手工控制	一年一次

续表

设计有效性测试		运行有效性测试					补偿控制				评价与建议					整改情况	
设计有效性测试结论	设计有效性缺陷描述	是否进行测试	检查方式	测试底稿索引	运行有效性结论	运行有效性测试缺陷描述	是否存在补偿控制	补偿措施描述	索引号	备注	缺陷认定（设计与运行）	内部控制缺陷影响程度（重大/重要/一般）	财务风险/非财务风险	相关报表项目	改进建议	企业整改措施	整改情况
无异常	不适用	是	抽样检查	M18.1.1.CA1-001	无异常	不适用	否	不适用	不适用	无	不适用					不适用	

表 7-11 内部控制缺陷汇总表示例

内部控制评价项目	内部控制编号	内部控制缺陷描述	测试表索引	内部控制缺陷影响	内部控制缺陷分类（设计/运行）
园区运营	M9.6.1.CA1	检查发现公司采购部未按照制度要求定期对供应商进行履约评估，据统计，截至 8 月，该部门当年全部已使用的供应商有 21 家，占当年全部使用的供应商的 22%	M9.6.1.CA1-002	若未对供应商进行履约评估，可能增大重复使用供应商时选用不合格供应商从而损害公司利益的风险	运行

内部控制缺陷认定（重大/重要/一般）

财务报告	非财务报告	认定理由
不适用	一般	符合公司非财务报告一般缺陷认定标准，未造成公司内部控制严重偏离控制目标

缺陷整改

整改意见	责任单位	整改期限
（1）完成对供应商的定期履约评估 （2）完善供应商采购制度，定期编写、审核、上报供应商履约评估报告	采购部门	本年内

表7-12　以供应商履约评价控制为例的内部控制评价底稿示例

内部控制评价底稿编号：M9.6.1.CA1-002

返回汇总表

内部控制评价项目				内部控制风险体现				内部控制描述							设计有效性测试	
流程名称	流程编号	子流程名称	子流程编号	风险编号	风险等级	风险描述	是否存在相关控制应对该风险	涉及制度	控制点编号	控制描述	是否与实际控制一致	实际控制措施描述	控制方式	发生频率	设计有效性测试结论论述	设计有效性缺陷描述
M9 园区运营		供应商定期评价	M9.6.1	M9.6.1.R2	中	未及时开展供应商评价，将导致企业持续与供应商合作，影响经营效率，甚至可能造成资金风险	是	《供应商管理制度》	M9.6.1.CA1	采购部按照制度要求定期对供应商进行履约评估，关注供应商的履约质量、售后态度等维度	是	不适用	手工控制	业务发生时	无异常	不适用

续表

是否进行测试	运行有效性测试						评价与建议						
	检查方式	检查程序	检查样本	运行有效性结论	运行有效性测试缺陷描述	缺陷认定（设计与运行）	内部控制缺陷影响程度（重大/一般）	财务风险/非财务风险	相关报表项目	认定理由	改进建议	责任单位	整改期限
是	抽样检查	（1）获取企业年度供应商合作清单（2）随机抽取30%的供应商，并向采购部门获取应对供应商的年度供应（3）检查履约评价是否开展履约评价（4）关注履约评价维度是否符合制度要求（5）关注履约评价是否经过恰当审核审批	（1）筑梦天地建设集团（2）瑞石建筑有限公司（3）宏泰建筑发展公司（4）盛世华章建筑集团（5）锦程建筑规划设计院（6）金辉建设工程有限公司（7）鼎新建筑事务所（8）慧新筑科技建筑公司（9）盛世佳园建设集团……	存在异常	检查发现公司采购部未按照制度要求定期对供应商进行履约评估，据统计，截至8月，该部门重复使用的供应商有21家，占当年全部供应商使用的22%	运行	一般	非财务	不适用	符合公司非财务报告一般缺陷认定标准，造成公司内控制严重偏离内控制目标	（1）完成对供应商的定期履约评估（2）完善供商采购制度，定期编写、审核、上报供应商履约评估报告	采购部门	本年内

内部控制测试表的功能与内部控制评价底稿相仿，但更为聚焦于控制运行抽样测试结果的记录。其核心内容涵盖评价要素、关键风险点、实施的控制措施、相关证据资料以及最终的认定结果等。关于其具体格式设计，企业可参照表7-13，并依据自身实际需求进行灵活调整与优化。

表7-13 以供应商履约评价控制为例的内部控制测试表

返回汇总表

内部控制测试表					
被审计单位：		编制： 日期：		控制编号：M9.6.1.CA1	
报表截止日：20×3年×月×日		复核： 日期：		项目：园区运营-供应商定期评价	
控制标准 本地化控制活动	采购部按照制度要求定期对供应商进行履约评估,关注供应商的履约质量、售后态度等维度				
	不适用				
控制测试的类型	询问	观察	检查	重新执行	其他
			是		
测试方法及程序	(1)获取企业年度合作供应商清单 (2)随机抽取30%的供应商,并向采购部门获取对应的年度供应商履约评价表 (3)检查是否开展履约评价 (4)关注履约评价维度是否符合制度要求 (5)关注履约评价是否经过恰当审核审批				

整体测试结论

抽样主体	不适用	控制方式	手工控制	测试时间	20×3年×月×日
样本名称	供应商履约评价	发生频率	业务发生时	样本数量	40个

样本编号＼测试属性	样本日期	样本摘要	检查项	检查结果	备注
1	NA	筑梦天地建设集团履约评价表		未达标	
2	NA	瑞石建筑有限公司履约评价表		未达标	
3	NA	宏泰建筑发展公司履约评价表		未达标	
4	NA	盛世华章建筑集团履约评价表		未达标	
5	NA	锦程建筑规划设计院履约评价表	(1)(2)	未达标	本年度内多次合作
6	NA	金辉建设工程有限公司履约评价表		未达标	
7	NA	鼎新建筑事务所履约评价表		未达标	
8	NA	慧筑科技建筑公司履约评价表		未达标	
9	NA	盛世佳园建设集团履约评价表		未达标	
10	NA	瑞宇建筑景观有限公司履约评价表		未达标	

续表

……					

注：如与标准控制相比存在偏差，则应考虑扩大测试范围

检查项	
（1）	检查是否编制了供应商履约考察表,考察表内容是否完整
（2）	检查考察表是否经过领导审批
缺陷描述	检查发现公司采购部未按照制度要求定期对供应商进行履约评估,据统计,截至8月,该部门重复使用的供应商有21家,占当年全部已使用供应商的22%
控制缺陷认定	一般控制缺陷
认定理由	符合公司非财务报告一般缺陷认定标准,未造成公司内部控制严重偏离控制目标

四 常见的内部控制运行缺陷

7-13 2020 年证监稽查
20 起典型违法案例

常见的内部控制运行缺陷核心表现为实际运行与设计规范之间的"不一致"。例如，控制未执行或者执行频率不足导致其有效性难以保障，进而可能延误潜在问题的识别与纠正。此外，执行主体不适当亦是常见问题，当控制措施交由技能或经验欠缺的员工执行时，其执行效果往往会大打折扣，无法充分实现控制目标。

识别出内部控制缺陷后，应当判断其是否出于蓄意。若异常情况源于串通舞弊或刻意越权操作，则企业内部舞弊风险显著上升，这直接威胁到内部控制对资产安全、财务报告真实性及经营效率与效果等关键目标的保障程度，削弱内部控制的有效性。例如，采购过程中的串标行为、验收环节的伪造行为等，均可能表明内部控制已偏离或严重偏离其既定目标，此类内部控制缺陷往往被视为重要乃至重大缺陷，需引起高度重视并及时采取措施予以纠正。

第五节 章节综合练习——ST 榕泰与长城动漫

本章主要介绍了内部监督的相关内容，着重介绍了内部控制评价的相关知识。本节基于 ST 榕泰和长城动漫两家公司公开披露的信息改编案例。

请结合案例资料，完成以下两个任务。

任务一：从设计维度分析 ST 榕泰存在的内部控制缺陷。

任务二：结合长城动漫的案例资料分析其内部控制方面的缺陷，并填写简化版的 2020 年长城动漫内部控制缺陷汇总表，即表 7-14。

一　案例资料——广东榕泰

（一）资料一：广东榕泰 2021 年度《内部控制评价报告》内容摘要

1. 资金管理

资金是企业进行生产、经营等一系列经济活动的最基本要素，是财务管理的核心内容，贯穿于企业生产经营的始末，具有举足轻重的作用。广东榕泰公司未有效执行借款业务管理、防范大股东及关联方占用上市公司资金等资金管理制度，对公司日常经营造成重大不利影响。

2. 业务管理

广东榕泰公司化工业务的客户主要从事餐具制品、娱乐制品（包括桥牌、麻将、骰子等）、洁具等行业。广东榕泰公司未能对相关客户执行科学的信用评价、未能控制合理的信用账期、未能完整留存货物流转单据以及未能积极催收账款等，导致大量客户无法及时回款，对相关业务的真实性和可持续经营造成重大不利影响。

资料来源：《广东榕泰：2021 年度内部控制评价报告》，巨潮资讯网，http：//www. cninfo. com. cn/new/disclosure/detail？orgId＝gssh0600589&announcementId＝1213281657&announcementTime＝2022-05-06。

（二）资料二：广东榕泰《关于 2021 年年度报告信息披露监管问询函的回复公告》内容摘要

1. 广东榕泰的部分回复

（1）资金管理

2018～2020 年公司存在控股股东、实际控制人杨宝生先生及其关联方非经营性占用公司资金的问题，主要是公司未能建立起一套行之有效的关联方

243

表 7-14 2020 年长城动漫内部控制缺陷汇总表

内部控制评价项目	内部控制缺陷描述	内部控制缺陷影响	缺陷分类（设计/运行）	内部控制缺陷认定		缺陷整改		
				财务报告	非财务报告	整改意见	责任单位	整改期限

往来资金内部控制管理制度所致。为维护公司和广大投资者利益，公司于2021年积极督促股东及其关联方制定解决方案，杨宝生先生及其关联方于2021年4月底完成了2020年末占用资金的清偿。此外，公司完善相关内部控制管理制度，严格执行公司关联方资金往来相关制度，并组织公司管理层及控股股东等相关人员学习《证券法》及中国证监会、上海证券交易所的相关法规，强化控股股东的责任意识和守法合规意识。

公司实际控制人杨宝生先生在2021年仍担任公司董事长、总经理等职务，控制着上市公司的经营管理及内部审批权限，导致公司管理层无法正常履职，2021年下半年在其自身控制的房地产企业资金紧张的背景下，其通过预付货款的形式从公司向其关联单位（公司的供应商）转出资金，再流转到其控制的房地产企业，形成实质占用上市公司资金的情况。由于具有较强的隐蔽性，公司未能及时发现，直到会计师审计期间才发现上述问题。

（2）业务管理

公司与客户签订销售合同，销售合同中对产品运输方式的约定一般为自提或者供方送货。揭阳地区货物主要通过上门自提的方式运送，客户自行到榕泰仓库取货核验后在提货单上签字确认；泉州、佛山、东莞等非揭阳地区货物运送方式主要为公司按照合同约定将产品委托给物流公司运送到客户指定的地点，客户在提货单上签字确认后将提货单返还给公司。揭阳地区的货物销售，因约定为客户自提的方式，故存在客户提货月间分批多次提货及提货方式多样（包括自派货车提货、委托物流公司提货、临时找私人运货车提货、请货拉拉提货等）的情况，公司并未完整保留相关物流运输单据，仅保留签字确认后的提货单，公司月末根据当月客户提货情况，汇总收货总量，由客户签发当月收货确认单，以确认合计收货情况。根据历史经验，并未出现收货差错的情况，货物流转均得到客户有效确认。但因在审计过程中无法提供完整呈现货物流转全过程的全部证据，加之近年受疫情影响下游客户出口业务大幅萎缩，且出口成本相对较高导致客户赢利能力下降，部分客户存在信用恶化的情况，货款回收情况较差，因此年审会计师因审计证据不全对应收账款的真实性存疑。

2. 注册会计师的部分回复

（1）资金管理

在审计过程中，虽然最大限度地实施了往来单位工商档案查询、走访、资金流水核查等审计程序，但由于广东榕泰公司在设计与执行防范大股东及关联方占用上市公司资金等一系列资金管理制度方面存在重大缺陷，因此无法就广东榕泰公司资金占用和关联方认定的准确性、完整性获取充分、适当的审计证据，无法确定除已披露的控股股东及其他关联方资金占用外，是否存在其他变相占用上市公司资金或侵占上市公司利益的情形。

因广东榕泰公司未有效执行与防范控股股东及其他关联方占用上市公司资金有关的内部控制制度，因此无法就广东榕泰公司控股股东及其他关联方资金占用情况和关联方认定的准确性、完整性以及资金占用清偿方案的预期可执行性及效果获取充分、适当的审计证据。

（2）业务管理

对揭阳地区应收账款真实性发表保留意见的原因主要是在审计过程中未能够完整获取上述货物销售过程中的流转单据，亦无法通过第三方物流单位对货物的真实流转情况进行合理判断。而这一缺陷是由于广东榕泰公司未能设计并执行合理的业务管理制度，包括未能对相关客户执行科学的信用评价、未能控制合理的信用账期、未能完整留存货物流转单据以及未能积极催收账款等。内部控制审计报告对公司业务管理制度存在的缺陷亦出具了否定意见，就其对广东榕泰公司经营可能造成重大不利影响进行了充分披露。

3. 公司回应

广东榕泰公司管理层意识到债务负担过重和生产经营不善是导致持续经营能力出现不确定性的主要因素，公司将通过以下措施或战略以保证持续经营能力，化解债务风险，摆脱经营困境。

第一，优化内部控制制度。根据新的经营环境与发展的实际需要，建立科学合理的公司管理和内部控制机制，完善财务管控模式，建立健全以预防为主的财务风险防范体系；优化内部控制评价体系，探索实施管理人员奖惩与业绩、道德双挂钩的评价体系。

第二，制定科学的生产经营计划。伴随国内外经济环境、政策、替代品的竞争和其他各种生产要素成本的变化，公司化工业务在国内的竞争优势正逐渐降低，未来应在稳固现有化工业务经营能力的同时逐步有序退出化工板块的投资和经营。

资料来源:《广东榕泰:关于 2021 年年度报告信息披露监管问询函的回复公告》,巨潮资讯网,http://www.cninfo.com.cn/new/disclosure/detail? orgId=gssh0600589&announcementId=1213821085&announcementTime=2022-06-25。

二　案例分析——广东榕泰

基于对案例资料的分析可知,广东榕泰存在内部控制设计缺陷,主要体现在以下四个方面。

(一)资金及业务制度

就资金管理而言,由资料一可知,广东榕泰公司大股东及关联方占用上市公司资金,对公司日常经营造成重大不利影响。由资料二可知,该问题主要是公司未能建立起一套行之有效的关联方往来资金内部控制管理制度所致。由于公司相关制度规范的缺失,广东榕泰在资金使用方面缺少充分的原始凭证留底备查。缺少业务流程中的资料留痕直接影响后续公司内部资金监督的有效性,同时也存在大额资金使用未通过集体决策,由总经理一人拍板的可能性,董事会及高管层面的制衡水平不高。

就销售与回款循环的业务管理而言,由资料一可知,广东榕泰未能对相关客户执行科学的信用评价、未能控制合理的信用账期、未能完整留存货物流转单据以及未能积极开展账款催收。具体而言,通过资料二可知,揭阳地区的货物主要通过上门自提的方式运送,客户自行到榕泰仓库取货核验后在提货单上签字确认,但公司并未完整保留相关的物流运输单据,仅保留签字确认后的提货单,基于客户签字确认单确认合计交易。广东榕泰未对交易过程中的发运凭证等重要原始流转单据进行留底保存,销售循环的内部控制制度内容有缺漏。同时,在部分客户存在信用恶化的情况下未开展及时的信用调整评估,导致公司存在大量坏账,影响公司资金安全及持续经营能力,最终导致公司陷入经营困境。

从董事会提出的改善措施可知,广东榕泰目前的内部控制评价体系存在缺陷,忽视了对管理人员的评价,绩效评价体系应进一步完善。

(二)风险评估

从资料一中可看到,广东榕泰在资金管理和业务管理方面出现了严重的财务风险，从广东榕泰的回应方式也能看出，公司未设计有效的风险评估体系，导致其财务风险防范能力不足。

此外，结合资料一、资料二可知，广东榕泰严重的坏账问题与近年受疫情影响下游客户出口业务大幅萎缩，且出口成本相对较高导致客户赢利能力下降有关，但广东榕泰并未及时根据经营环境的变化调整经营策略，增加了企业持续经营的风险。

（三）内部监督

由资料二可知，广东榕泰实际存在资金占用问题。具体而言，2021年广东榕泰以预付货款的形式从公司向其关联单位（公司的供应商）转出资金，再流转到杨宝生控制的房地产企业，形成实质占用上市公司资金的情况。由于具有较强的隐蔽性，公司未能及时发现，直到会计师审计期间才发现上述问题。公司的内部监督体系未能防止及发现公司内部存在的大额资金占用问题，影响资产安全目标的实现。原因可能是缺乏内部审计能力或内部审计独立性、专业性不足等，而这些问题均可能与内部控制设计不完善有关。

（四）内部环境

由资料二可知，广东榕泰实际存在资金占用问题。公司实际控制人杨宝生先生在2021年仍担任公司董事长、总经理等职务，控制着上市公司的经营管理及内部审批权限，导致公司管理层无法正常履职，公司治理结构层面的内部制衡效果不佳。此外，公司整体可能存在对管理层及控股股东相关人员诚信道德、股东责任和守法合规意识教育不足的问题，影响公司积极企业文化及内部环境的构建。

企业出现问题，公司内部控制系统肯定存在缺陷，而广东榕泰既有设计方面的问题，也有执行方面的问题。对案例公司的内部控制设计缺陷，我们主要基于两份资料中披露的事实开展讨论，而在实际工作中，作为公司内部控制人员或者外部咨询师，我们可以有更加直接的途径获取更多维、更全面的资料开展企业内部控制评价分析。

三 进一步思考——广东榕泰

上述缺陷按照其严重程度，应该被判定为重大缺陷、重要缺陷还是一般缺陷？

由案例描述可知，广东榕泰公司未有效执行借款、防范大股东及关联方占用上市公司资金等资金管理制度，对公司日常经营造成重大不利影响。同时，广东榕泰公司未能对相关客户执行科学的信用评价、未能控制合理的信用账期、未能完整留存货物流转单据以及未能积极开展账款催收，导致大量客户无法及时回款，对相关业务的真实性和可持续经营造成重大不利影响。这些重大不利影响导致企业严重偏离控制目标，因此上述缺陷应当属于重大缺陷。

四　案例资料——长城动漫

（一）资料一：2020 年度《长城国际动漫游戏股份有限公司内部控制审计报告》内容摘要

长城动漫的内部控制存在以下重大缺陷。

1. 现金管理存在重大缺陷

截至 2020 年 12 月 31 日，滁州长城国际动漫旅游创意园有限公司库存现金期末余额 201979.64 元，实际盘点金额为 39.00 元，且公司现金日记账未能及时登记。另外，其他应收款中列示公司出纳欠款余额为 199514.21 元，月平均占用额 17.62 万元。滁州长城国际动漫旅游创意园有限公司的现金管理存在重大缺陷。

2. 重大合同审批存在重大缺陷

2020 年 11 月 12 日，长城国际动漫游戏股份有限公司、滁州长城国际动漫旅游创意园有限公司与金寨鑫宝林业综合开发有限公司签订《滁州长城国际动漫旅游创意园委托经营框架协议》，根据协议约定，长城动漫从 2020 年 12 月 1 日起将滁州长城国际动漫旅游创意园有限公司一、二期除祈年殿下层仓库的经营使用权整体委托给金寨鑫宝林业综合开发有限公司进行经营和管理，期限 10 年，每个季度收取 150.00 万元经营回报。截至 2020 年 12 月 31 日，滁州长城国际动漫旅游创意园有限公司上述委托经营的固定资产及无形资产账面价值为 24307.21 万元。根据长城动漫内部控制的要求，上述合同应经过业务部门、财务部门、财务总监、总经理、董事长、董事会及股东会的审批确认，但该合同的签订未见完整的审批流程。公司在重大合同审批方面存在重大缺陷。

3. 应收账款的对账与催收存在重大缺陷

上海天芮经贸有限公司应定期与超市等客户进行对账并催收款项。公司没有当年度与超市的对账与催款记录。没有及时对账与催收，导致公司部分应收账款超过信用期仍不能收回，同时也影响了公司应收账款期末余额的准确性。上海天芮经贸有限公司在应收账款的对账与催收方面存在重大缺陷。

4. 存货盘点与账务核对存在重大缺陷

上海天芮经贸有限公司存货管理制度规定："每年的三月、六月、九月、十二月的月底由公司业务经理或各区业务负责人组织对仓库全部商品进行仔细盘点，每次盘点完立即将盘点数据及时发回公司，公司员工将发回的数据与库存账进行比对核实。"上海天芮经贸有限公司 2020 年末存货的实际盘点金额、财务账面金额、公司库存金额存在较大差异，公司并未根据实际情况调整一致。上海天芮经贸有限公司在存货盘点与账务核对方面存在重大缺陷。

5. 对子公司的管理存在重大缺陷

长城动漫重要子公司滁州长城国际动漫旅游创意园有限公司和上海天芮经贸有限公司均在异地经营，存在上述重大缺陷。公司对子公司的管理存在重大缺陷。

6. 印章管理存在重大缺陷

长城国际动漫游戏股份有限公司、杭州东方国龙影视动画有限公司、杭州菠罗蜜影视传媒有限公司、杭州长城动漫游戏有限公司、上海天芮经贸有限公司、上海林顿儿童用品有限公司、宿迁天芮商务信息有限公司、北京新娱兄弟网络科技有限公司印章管理失控，导致无法对上述公司的银行、往来等科目执行函证程序。公司在印章管理方面存在重大缺陷。

资料来源：《＊ST 长动：2020 年度内部控制鉴证报告》，巨潮资讯网，http：// www．cninfo．com．cn/new/disclosure/detail？plate = szse&orgId = gssz 0000835&stockCode = 000835&announcementId = 1209872402&announcementTi me = 2021－04－30。

（二）资料二：2020 年度《长城国际动漫游戏股份有限公司关于非标准意见内部控制审计报告的专项说明》内容摘要

公司董事会同意《内部控制审计报告》中的意见（中略）。公司董事会及管理层已经着手整改，取得一定成效，并将继续积极督促各项整改措施落实，尽快完成整改。

消除该事项及其影响的具体措施如下。

针对滁州长城国际动漫旅游创意园有限公司的现金管理缺陷，董事会已责令公司相关责任人员于 2021 年 4 月 30 日前整改完毕。

针对滁州长城国际动漫旅游创意园有限公司反映出的重大合同审批缺陷，公司高度重视并积极整改，董事会已于 2021 年 4 月 23 日召开第九届董事会 2021 年第四次临时会议专项审议通过《关于不予追认〈滁州长城国际动漫旅游创意园委托经营框架协议〉的议案》，明确表示对相关协议不予追认，并授权公司管理层采取包括但不限于提请执法机关介入、进行诉讼仲裁等一切合法方式，处理该协议的后续解除工作，以维护公司及全体股东的合法权益。针对该合同反映的公司内部控制失效问题，公司董事会已成立内部控制领导小组专门负责领导公司内部控制实施工作；监事会已成立内部控制监督小组，专门负责公司内部控制制度实施情况的监督和检查工作。通过上述整改工作，公司的内部控制工作已取得阶段性成果，内部控制失效问题已得到明显缓解。

关于上海天芮经贸有限公司应收账款的对账与催收、存货盘点与账务核对方面存在的缺陷，董事会要求其严格执行公司相应财务管理制度，及时采取补救措施对相关应收账款进行实质催收，并上交整改报告；关于上海天芮经贸有限公司存货盘点与账务核对缺陷且未能改善的问题，董事会高度重视，要求上海天芮经贸有限公司严格按照存货管理制度的规定，于 2021 年 6 月 30 日之前整改完毕。

针对子公司管理方面存在的缺陷，董事会高度重视、重点整改，根据《公司法》《公司章程》《子公司管理制度》等相关规定，建立了统一分层的电子化管理审批体系，同时严格落实监察督促机制，已全面加强对各子公司日常经营活动的控制。

关于印章管理方面存在的缺陷，董事会已责令总经办限期对印章管理存在的问题进行整改，要求总经办及印章使用、监管责任人按照公司《印章管理制度》严格规范管理，落实专人负责。确保公司所有用印事宜均安全、高效，并严格履行相应审批、使用、登记、保管程序。

资料来源：《﹡ST 长动：关于非标准意见内部控制审计报告的专项说明》，巨潮资讯网，http：//http：//www.cninfo.com.cn/new/disclosure/detail？plate=szse&orgId=gssz0000835&stockCode=000835&announcementId=1209872413&announcementTime=2021-04-30。

五　案例分析——长城动漫

基于案例资料，长城动漫 2020 年内部控制缺陷汇总表如表 7-15 所示。

表 7-15　长城动漫 2020 年内部控制缺陷汇总表示例

内部控制评价项目	内部控制缺陷描述	内部控制缺陷影响	缺陷分类（设计/运行）	内部控制缺陷认定（重大/重要/一般）		缺陷整改		
				财务报告	非财务报告	整改意见	责任单位	整改期限
现金管理	滁州长城国际动漫旅游创意园有限公司库存现金期末余额201979.64元，实际盘点金额为39.00元	未对公司资金进行定期核对，未保持资金账面金额与实际金额的一致性，影响公司资金安全	运行	重大	不适用	责令滁州长城国际动漫旅游创意园有限公司相关责任人员整改	不适用	2021年4月30日前
	公司现金日记账未能及时登记	未对公司资金进行及时记录，容易造成账面金额记录不准确，影响公司会计信息的准确性，甚至影响公司资金安全	运行	重大	不适用			

续表

内部控制评价项目	内部控制缺陷描述	内部控制缺陷影响	缺陷分类（设计/运行）	内部控制缺陷认定（重大/重要/一般）		缺陷整改		
				财务报告	非财务报告	整改意见	责任单位	整改期限
现金管理	出纳欠款异常，余额为199514.21元	未规范员工借款行为，影响公司资金安全	设计	重大	不适用	责令滁州长城国际动漫旅游创意园有限公司相关责任人员整改	不适用	2021年4月30日前
合同审批	重大合同审批未按公司规定流程开展，涉及资产金额24307.21万元	重大合同审批流程缺失，将造成公司决策失误及经济风险增加，合法权益受损，甚至可能引发法律纠纷	运行	重大	不适用	（1）采取法律手段等追回损失（2）建立内部控制领导和监督小组，实施内部控制运行监督工作	管理层、董事会及监事会	不适用
应收账款管理	未对应收账款进行对账及催收	导致公司部分应收账款超过信用期仍不能收回，同时也影响了公司应收账款期末余额的准确性	运行	重大	不适用	要求其严格执行公司相应财务管理制度，及时采取补救措施对相关应收账款进行实质催收，并上交整改报告	不适用	不适用
存货盘点	上海天芮经贸有限公司2020年末存货的实际盘点金额、财务账面金额、公司库存金额存在较大差异，公司并未根据实际情况调整一致	影响公司资产期末余额的准确性，同时对资产的保护效果降低，影响公司资产安全	运行	重大	不适用	要求上海天芮经贸有限公司严格按照存货管理制度的规定开展盘点及核对	不适用	2021年6月30日前

续表

内部控制评价项目	内部控制缺陷描述	内部控制缺陷影响	缺陷分类（设计/运行）	内部控制缺陷认定（重大/重要/一般）		缺陷整改		
				财务报告	非财务报告	整改意见	责任单位	整改期限
分支机构管理	滁州长城国际动漫旅游创意园有限公司和上海天芮经贸有限公司在现金管理、合同审批、应收账款管理以及存货盘点等多方面存在问题，涉及金额巨大。总公司对分支机构的管理不当	对分支机构的管理不当会对企业战略执行、运营效率及财务健康等方面造成不良影响，甚至可能会引发舞弊以及法律合规性等问题	设计与运行	重大	不适用	（1）建立统一分层的电子化管理审批体系（2）严格落实监察督促机制	不适用	不适用
印章管理	印章管理失控	印章管理失控可能引发企业的法律安全、财务安全、声誉以及运营效率等多个方面的问题	运行	重大	不适用	要求总经办及印章使用、监管责任人按照公司《印章管理制度》严格规范管理，落实专人负责	总经办及印章使用、监管责任人	不适用

长城动漫内部控制体系整体无效体现在资产管理、账务管理、业务管理等多个方面，缺陷涉及内部控制的设计及执行。从董事会披露的专项说明来看，其整改措施不够明确，且未从管理机制上进行改善，提升企业经营效率的效果有待强化。

六　进一步思考——长城动漫

第一，通过何种检查程序能够得出上述结果？

第二，资料二所描述的整改措施存在哪些问题？

第三，针对案例资料一中的缺陷，除资料二中描述的措施，企业在哪些方面仍存在整改空间？

针对上述三个问题，可从以下角度进行分析。

对现金管理、库存商品以及印章管理的检查可以结合实地查验中的盘点、观察以及资料检查开展。例如，盘点现金，并核对当日的现金存款日记账；检查现金日记账每日登记的情况；对存在差异的事项进行处理记录；等等。对合同审批和应收账款对账的检查主要通过以下方式：获取合同审批记录以及应收账款对账记录留存单据，检查是否按照规定开展了相关控制。对应收账款的催收检查主要通过以下方式：了解公司是否开展了催收以及如何开展催收，并获取相应的催收记录作为证据。要检查对分支机构的管理情况，可以基于数据分析、负面事件等倒推与之相关的管理制度是否完善、管控手段是否具有针对性等，开展设计及执行层面的检查。

滁州长城国际动漫旅游创意园有限公司的现金管理整改方式未明确、整改责任部门不明、无追责处理，上海天芮经贸有限公司的应收账款整改无时间节点要求、整改责任部门不明、无追责处理，可能影响整改效果。

在整改方案中，案例公司并未对所有异常进行处理，例如：对出纳形成的巨额其他应付款未提出有针对性的整改措施，对公司资金安全的保障不力；对存货盘点、现金核对以及应收账款催收等各方面形成的损失未提出责任追究及监督制度上的要求，从长远来看无法降低类似问题继续发生的概率；对应收账款对账缺失这一问题未提出整改措施，如未要求按规定执行对账。整体来讲，案例公司的整改方案具有覆盖不全、整改不够细致以及整改措施不具有长期影响等问题。

内控微课堂7——内部控制评价、内部控制审计与内部审计

本节详细讲解了内部控制评价，内部控制审计和内部审计是与之容易混淆的两个概念。

根据《审计指引》的规定，内部控制审计是指会计师事务所接受委托，对特定基准日内部控制设计与运行的有效性进行审计。根据中国内部审计协会2023年发布的《内部审计基本准则》，内部审计是一种独立、客观的

确认和咨询活动，它通过运用系统、规范的方法，审查和评价组织的业务活动、内部控制和风险管理的适当性和有效性，以促进组织完善治理、增加价值和实现目标。

7-14 第 1101 号——
内部审计基本准则

就三者的区别而言，内部控制评价是由企业主责对自身内部控制的有效性进行检查，通过提出整改措施的方式，确保企业内部控制的健全、合理和有效，从而保障企业的运营效率和效果，促进企业发展战略目标的实现。主要的成果是内部控制评价报告，一般上市公司的年度内部控制评价报告是需要公开披露的。

内部控制审计是第三方会计师事务所接受委托，对被审计单位的内部控制进行检查，从而对内部控制是否有效做出鉴定的一种现代审计方法。其核心任务是判断被审计单位的内部控制是否有效，而非提出改善建议。上市公司的内部控制审计报告也被监管机构要求公开披露。

内部审计的执行主体可以是各类组织的内部审计机构、内部审计人员，也可以是接受委托、聘用承办或者参与内部审计业务的其他组织或者人员。内部审计的主要目的在于通过审查和评价组织各项业务活动和管控体系的适当性和有效性，促进组织完善治理、增加价值和实现目标。内部审计按照具体审计对象不同，包含绩效审计、信息系统审计、舞弊审计、经济责任审计、建设项目审计、物资采购审计等。一般内部审计报告不要求公开披露。

思考题

1. 如何理解内部监督在内部控制中的作用？
2. 为何企业内部控制评价属于内部监督的一种手段？
3. 企业内部控制评价的主体如何构成？
4. 开展内部控制评价的一般程序由哪些环节构成？
5. 常见的内部控制缺陷分别是按哪些标准分类的，这样分类有何作用？
6. 内部控制评价过程中有哪些工具可以使用，最终的成果如何展示？
7. 如何理解内部控制评价过程中使用的工具与最终成果之间的关系？

下编
内部控制实训

第八章　内部控制评价模拟实训指导

第一节　内部控制评价模拟实训概述

一　内部控制评价模拟实训的目的

企业内部控制体系的设计和评价工作不仅需要学生懂内部控制知识，还需要学生掌握内部控制评价和设计的能力。本书下编模拟企业内部控制体系的搭建及运行状态，设计内部控制评价模拟实训任务，旨在帮助学生深入理解内部控制的概念、原则和方法，同时提高他们在内部控制评价及设计方面的实践操作能力，以及提升团队协作和沟通能力与问题解决能力，培养实事求是、细致谨慎等职业道德素养。

（一）知识目标

1. 通过模拟实训，学生能够了解内部控制评价的整个流程，动手编制内部控制评价底稿、评价表及评价报告，提升对内部控制评价流程的感性认知。

2. 内部控制评价涉及对企业内部控制设计及实施有效性的评价，在识别出内部控制缺陷以后还需要设计相应的控制活动。因此，模拟实训能够帮助学生在动手过程中深入体会围绕内部控制五要素的内部控制设计、实施、改善等各方面的原则、方法及要领。

3. 针对缺陷设计控制的任务，能够帮助学生进一步理解风险及风险评估与内部控制之间的关系。

4. 在实训过程中，学生会接触到《应用指引》《评价指引》等监管制度，在实践中加强对业务知识的学习。

（二）能力目标

1. 通过模拟企业内部控制环境，学生能够在实践中掌握内部控制评价的具体操作，提高实际操作能力。

2. 模式实训需要学生运用所学知识分析和解决问题，发现内部控制缺陷并提出整改方案，因此能锻炼学生的应用实操技能，并培养其发现问题、解决问题的能力。

3. 实训项目涉及工作较复杂，需要以小组形式进行分工协作，有助于培养学生的团队协作能力。

4. 实训中的报告撰写、讨论等环节能够锻炼学生的沟通能力和表达能力，为未来走向工作岗位奠定基础。

（三）思政目标

1. 通过模拟实训，使学生在指导教师的启发下，按照现代风险导向的内部控制理念，保持职业怀疑，强调实事求是、遵守监管规范等职业道德，有助于学生形成正确的职业观念。

2. 通过模拟实训，学生可以更深入地了解企业面临的风险，增强风险意识和风险防范能力。

3. 通过在实训中结合反舞弊要素，帮助学生树立反舞弊意识，强调诚实守信，培养社会主义核心价值观。

4. 学生通过完成各项实训任务，能够形成并强化其内部控制思维。

二　内部控制评价模拟实训的要求

内部控制评价模拟实训可以采取校内集中实训方式，也可以配合内部控制学课程教学同步实施，例如，抽取 48 课时中的 8 个课时用于模拟实训。本实训共设计 10 个任务，指导教师可根据情况选择部分任务展开实训。

为了培养学生的内部控制思维方式与实践能力，在模拟实训教学的组织中应坚持以学生为主体的原则，支持学生以小组为单位开展独立思考、独立分析、独立判断、独立操作。指导教师主要发挥组织实训、启发思维、答疑解惑的作用。指导教师的具体任务包括讲解实训前的准备及总体思路，提示各阶段的操作要点和主要业务流程的检查要点，控制实训节奏，在需要的情况下扮演实训辅助角色，总结实训与考核评价学生。

第二节　内部控制评价模拟实训的内容及组织

一　内部控制评价模拟实训的内容

学生以第三方会计师事务所人员的身份，按照风险导向模式对企业各项资料进行检查，对企业基准日的内部控制有效性进行评价。在评价过程中，学生需要模拟企业内部控制评价的全过程，完成包括制定评价工作方案、组成评价工作组、实施现场测试、认定控制缺陷、汇总评价结果和编报评价报告在内的大部分工作。

在实施设计和运行测试环节，主要通过纸质资料的检查开展具体分析。在实际工作中，还会融合访谈、观察等方法。由于实训条件限制，本书暂未设计相应支持资料。

为辅助学生更好地实现实训目标、更明确地走完整个评价流程，如表8-1所示，本教材共设计了十项具体的实训任务，每项任务均有相应的成果要求，且均为上编覆盖的内容。

表8-1　海川公司财务报告内部控制缺陷定量标准

编号	任务内容	成果	对应章节
任务一	制定评价工作方案	评价工作方案	第七章
任务二	了解企业现状——梳理组织架构	组织架构图	第三章
任务三	了解企业现状——梳理现有制度	制度汇编	第二章
任务四	了解企业现状——分析内外风险	风险清单	第五章
任务五	聚焦分析内部控制——梳理采购流程	业务流程图	第四章
任务六	聚焦分析内部控制——提取控制信息	风险控制矩阵	第六章

编号	任务内容	成果	对应章节
任务七	执行内部控制评价——采购流程评价	内部控制评价表、内部控制评价底稿	第七章
任务八	执行内部控制评价——其他流程评价	内部控制评价表	第七章
任务九	执行内部控制评价——认定控制缺陷	内部控制缺陷汇总表	第七章
任务十	执行内部控制评价——编写评价报告	内部控制评价报告	第七章

（一）任务一

在本任务中，学生应当通过阅读第九章海川公司的基本情况了解该公司，同时结合该公司所处政治、经济、社会及技术等外部环境及行业特征，形成对该公司内部控制风险及需求的判断。在此基础上，结合本次实训的目的，编写评价工作方案。

评价工作方案应当至少包含引言、评价目标、评价范围、评价方法、评价内容、评价结果和改进方案这几项基本内容。

1. 引言

该部分主要用以说明内部控制评价工作方案的目的和重要性，如帮助组织建立和维护有效的内部控制制度，促进组织的稳健运营和管理。

2. 评价目标

该部分主要阐述通过内部控制评价欲达到的目标，包括确保内部控制制度的有效性和合规性、识别和管理潜在的风险和问题、为组织持续改进内部控制提供依据和建议等内容。

3. 评价范围

通过这个部分，评价人应当阐明本次评价工作的对象，即组织的内部控制制度，包括控制环境、风险评估、控制活动、信息与沟通、监督与监控等方面。还可以结合对被评价单位的了解，进一步提出应当重点关注的领域、分支机构等。

4. 评价方法

本部分应当阐明在后续的评价工作中，评价人欲采用何种恰当的方式获取信息、给出意见。常见的方法包括但不限于文件分析、口头询问、测试样本以及综合分析等，具体评价方法请参考第七章。选择评价方法时应当注意适配性和全面覆盖，适配性主要强调的是评价方法是否能实现具体业务或要素的评价目标，全面覆盖主要指所列示的评价方法应当能够覆盖评价范围中描述的所有应评价的内容。

5. 评价内容

本部分主要是在评价范围的基础上，详细描述评价工作的内容。例如，在内部环境的评价中，应当评估组织的领导层对内部控制的重视程度、道德和行为准则的建立和实施情况、组织文化对内部控制的影响等。本部分的内容需要尽量详尽描述，且贴合被评价单位的具体情况，以作为执行框架，为后续具体的评价工作提供指导。

本次实训工作由于内容较为简化，因此学生可根据实际要求描述评价内容，即在内部控制五要素评价内容介绍的基础上，详细介绍采购业务的评价内容。

6. 评价结果和改进方案

本部分内容主要是对评价结果的预期及要求进行描述。例如，根据评价内容，对控制环境、风险评估、控制活动、信息与沟通以及监督与监控等方面给出具体的评价结果；根据评价结果，提出相应的整改措施，包括完善内部控制制度、加强风险管理、促进信息沟通等方面，并强调对整改方案中责任主体、改进时间、具体改进措施的明确。

（二）任务二

本任务要求学生通过提取第九章中海川公司治理结构与内部机构设置的相关信息，绘制海川公司的组织架构图。这部分内容可为后续评价任务服务。具体组织架构图的参考格式可参见第三章。

（三）任务三

本任务要求学生通过梳理第九章中海川公司的各项信息，提取各类制度，并结合内部控制五要素框架下企业管控内容的细化领域，匹配制度与管控领域。具体制度汇编的参考格式可参见第二章。

（四）任务四

本任务要求学生对海川公司所面临的风险进行分析。由于条件及资源的限制，本次实训要求学生在做外部风险分析时，结合公司所处行业及环境特征，依靠互联网查询信息，分析该公司所面临的外部风险。针对公司面临的内部风险，要求学生基于第九章的公司信息开展分析，在此基础上利用互联网查找同行业类似体量小企业所面临的风险，进行进一步的补充完善。具体风险清单的列示要求用 Microsoft Excel 填写，参考格式请参见第五章。

（五）任务五

本任务要求学生对海川公司的采购业务进行梳理，并绘制采购业务的流程图。采购业务可细分为供应商引入、供应商考核、采购申请、采购合同管理、采购执行、采购验收及采购付款等多个子流程，本次实训要求学生基于第九章内容，对采购管理业务流程和供应商引入、供应商考核两个子流程进行详细的梳理，并绘制流程图。其中，关于采购流程图，要求基于第九章《采购管理制度》内容绘制工作流程图；关于供应商引入、供应商考核两个子流程，要求基于第九章《供应商管理细则》绘制职能流程图。具体绘制方式请参考第四章，职能流程图无须添加流程编号、生效日期、主责部门等附属信息。

（六）任务六

本任务要求学生基于第九章各项采购规章制度及资料，对海川公司采购业务的管控手段进行梳理，并编制采购业务的风险控制矩阵。风险控制矩阵的编制方式可参考第六章，建议使用 Microsoft Excel 编制。部分资料中未提及的内容，可结合惯例进行判断，若仍有无法填写的内容，可略过。

（七）任务七、任务八

这两项任务要求学生基于第九章海川公司的基本资料、业务资料，结合前面任务的成果，对海川公司内部控制体系的设计及执行进行分析、检查，并编制内部控制评价底稿及内部控制评价表，为任务九和任务十做铺垫。内部控制评价表可按照内部控制五要素的框架进行设计，即每个要素设置一张评价表；内部控制评价底稿应当更为详细地记录具体的评价对象、评价方法、评价结果，为填写内部控制评价表提供事实依据。两类表格的编制均可在任务六的成果上进行调整，具体编制方式可参考第七章，建议使用 Microsoft Excel 编制。

资料中未给出相关信息的内部控制，均假设其设计及执行无误。对这一类内部控制，只需按实际情况填写评价目的及方法，并在评价结论栏填写"未见异常"，无须记录测试样本等无法获取的信息。对有信息支持存在内部控制缺陷的内容，应当详细记录。

（八）任务九

本任务要求学生基于任务七和任务八的成果，编写内部控制缺陷汇总表，对各项缺陷进行分类、排序，并提出相应的整改措施。其中，学生在编写整改措施时，应当明确写出整改负责部门、负责岗位、具体整改措施以及整改期限等内容。

（九）任务十

本任务要求学生结合前面任务的成果以及第九章给出的信息，编写内部控制评价报告，除标题、抬头、引言等，还应当包括董事会声明、内部控制评价工作的总体情况、内部控制评价的依据、内部控制评价的范围、内部控制评价的程序和方法、内部控制缺陷及其认定、内部控制缺陷的整改情况、内部控制有效性的结论等内容。具体报告的模板可参考第十章第三节。

二　内部控制评价模拟实训的组织

（一）师资准备

配备内部控制评价模拟实训专职或兼任指导教师，负责组织与指导实训全过程，引导学生按照评价流程完成部分或全部实训任务，启发学生发现问题、分析问题、解决问题，解答学生在模拟实训中产生的疑问。

（二）专业知识储备

学生需要完成上编内部控制基本原理及各方法、工具的学习，掌握内部控制评价所需要的相关知识。

（三）人物角色准备

模拟企业内部控制评价工作组的构成，实施评价工作。具体可以设计以下人物角色。

1. 评价工作组组长 1 人，由指导教师担任，对应企业高层管理者，主要作用在于确保评价工作的权威性和资源调配的顺畅。

2. 项目经理 1 人，由各实训小组长担任，对应会计师事务所方的项目现场经理，负责现场评价工作的组织和领导，向评价工作组组长汇报工作进度及成果。

3. 项目组成员若干人，由各实训小组成员担任，对应实际开展评价工作的注册会计师，负责现场各项评价任务的完成，向项目经理汇报工作进度及成果。

三　实训成果

本次实训成果主要分为项目成果和实训总结。首先，学生完成模拟实训后应将所形成的组织架构图、流程图、评价底稿、评价表以及评价报告等成果装订归档，形成实训项目小组成果；其次，每名学生应当基于自身情况撰写个人总结，谈谈心得体会，提出改进内部控制评价模拟实训的建议，并以书面报告的形式提交。

四　考核评价

教师对学生提交的项目小组成果和个人实训总结进行评阅，并结合学生在实训中的表现，对每一名学生做出恰当的评价，给出实训成绩。

第三节　内部控制评价模拟实训的情景设定

一　关于会计师事务所的情形设定

ABC 会计师事务所，首次在 A 市开展业务，受海川公司委托对其开展 2023 年度内部控制评价。由于 ABC 会计师事务所未曾与海川公司有任何往来，不存在影响注册会计师独立性的情形与因素。项目组成员对海川公司的业务基本熟悉，有类似行业企业的内部控制咨询服务经验，具备必要的知识和技能。

二　关于海川公司的情形设定

海川公司是一家成立于 2015 年的房地产开发企业，专注于为客户提供高品质的住宅和商业项目。近期，海川公司成功上市，标志着公司在房地产开发领域取得了显著的成果。然而，作为一家新兴且刚上市的企业，海川公司的内部控制体系还有待进一步完善。

自成立以来，海川公司就凭借独特的战略眼光和敏锐的市场洞察力，在房地产行业中稳步发展。公司注重项目品质和客户满意度，致力于打造具有竞争力的房地产项目。然而，随着公司规模的扩大和业务的复杂化，现有的内部控制体系已经不能完全满足公司的发展需求。

在内部控制方面，海川公司已经建立了一套基本的框架和制度，包括财务管理、采购管理、风险管理等方面。然而，公司董事会认为这些制度在细节上还需要进一步完善，以确保其科学性和有效性。此外，公司董事会认为内部控制的执行力度可能也存在问题，需要进一步检查，以确保各项制度能够得到有效执行。

海川公司本着持续经营、稳步发展的策略，其内部控制目标符合《企业内部控制基本规范》所陈述的五大目标。

假定基准日至内部控制评价报告日之间未发生任何可能影响评价报告结论的事项。

三　关于合作过程的情形设定

2023 年 1 月 20 日，海川公司成功在深交所上市，为符合监管要求，公司需要开展年度内部控制评价，并对评价结果进行公开披露。

海川公司内部无专职的内部控制评价机构，其内部审计部门也未开展过内部控制评价工作。为更好地满足合规要求，同时提升自身经营管理水平，董事会决定委托中介机构实施内部控制评价。

2023 年 11 月，海川公司就 2023 年度内部控制评价事项与 ABC 会计师事务所进行了沟通，评价其专业胜任能力和独立性，结果令人满意。2023年 12 月 15 日，双方签订咨询合同。

双方约定 2024 年 4 月 22 日前，ABC 会计师事务所提交内部控制评价报告。海川公司应当明确评价目标、提供必要的信息和资料、配合评价工作，并承担最终责任；ABC 会计师事务所则应当保持专业性和独立性、按照评价指引和标准进行评价、提交评价报告，并遵守保密和合规要求。双方具体责任约定摘要如下。

（一）海川公司的责任

1. 明确评价目标

企业应当明确内部控制评价的目标和范围，确保评价活动能够全面、准确地反映企业内部控制的实际情况。

2. 提供必要的信息和资料

企业应当及时向评价机构提供完整、真实、准确的内部控制相关信息和资料，包括但不限于企业的组织结构、业务流程、内部控制制度等。

3. 配合评价工作

企业应当配合评价机构开展内部控制评价工作，如提供必要的工作场所、协助开展现场访谈和测试等。

4. 承担最终责任

企业对内部控制评价的结果承担最终责任。即使委托外部中介机构进行评价，企业也不能因此减轻或消除其在内部控制设计和运行方面的责任。

（二）ABC 会计师事务所责任

1. 保持专业性和独立性

评价机构应当具备专业的内部控制评价能力，并保持独立性，确保评价结果的客观和公正。

2. 按照评价指引和标准进行评价

评价机构应当遵循相关的内部控制评价指引和标准，制定具体的评价计划和方法，并按照计划和方法开展评价工作。

3. 提交评价报告

评价机构应当根据评价结果，编制内部控制评价报告，向企业报告内部控制的有效性以及存在的问题和改进建议。

4. 遵守保密和合规要求

评价机构在评价过程中应当遵守保密和合规要求，确保评价活动不会泄露企业的商业机密或违反相关法律法规。

第四节 内部控制评价模拟实训的步骤

一 角色分工

根据参加实训的学生规模，按照一组 5~6 人的标准进行分组，组成评价项目组，并为每组确定需要承担的角色。项目组内需要进行简要沟通，按照角色需要进行分工。

二 实施评价

每一组均按照内部控制评价程序规定的顺序开展评价工作，并完成十项实训任务。

（一）评价前的准备

首先，需要明确评价对象的基本情况、内部控制概况及其面临的风险，在此基础上结合内部控制评价的具体目标，全面评估企业内部控制的设计合理性和运行有效性。学生需要确定评价的范围，包括纳入评价的企业部门、业务流程及时间段等。其次，根据《基本规范》及其配套指引，结合企业实际情况，选择具体的评价方法，如查阅资料、实地观察、询问等，并明确评价的具体程序，包括评价前的准备工作、现场评价的实施步骤以及评价后的总结分析等。再次，根据评价工作的需要，组建由专业人员组成的评价工作组。明确工作组成员的职责和分工，确保评价工作顺利进行。最后，制定详细的时间计划，明确各个阶段的工作任务和完成时间。同时，合理安排所需资源，包括人力、物力等，以确保评价工作顺利进行。

在本环节，学生主要完成的是实训任务一、任务二、任务三和任务四，需要产出的成果包括组织架构图、制度汇编、风险清单及评价工作方案。

温馨提示 8-1

在实际的年度内部控制评价工作中，完成评价工作方案并不一定需要执行制度汇编及风险清单的编制。鉴于本次模拟测试的目标是以内部控制评价工作为载体，全方位提升学生的内部控制实操能力，因此编排了任务三和任务四。同时，从实训的剧情设定来看，一个对行业基本业务理解，但对被评价单位具体情况不熟悉的会计师事务所，也应当开展多方面的了解调查，方能设计更为恰当的评价方案，同时也有助于后续具体评价工作的开展。

（二）实施现场测试

企业内部控制评价涉及范围较广，内容较为复杂。为简化实训任务，学生主要针对海川公司的采购业务开展控制评价。评价的维度包括采购业务的内部控制设计与内部控制执行两方面。具体来讲，首先，学生应当基于自主调查、制度及访谈资料等明确海川公司目前的采购业务管控体系，分析该管控体系是否对采购业务的关键风险有所覆盖，判断该公司采购业务的内部控制设计是否合理。其次，学生需在现有控制体系下，梳理关键控制点，结合风险清单确定高风险领域及业务事项，检查公司内部控制执行情况，判断其执行层面的有效性。

在本环节，学生主要完成的是实训任务五、任务六、任务七、任务八，需要产出的成果包括业务流程图、风险控制矩阵、内部控制评价底稿和评价表。

温馨提示 8-2

在开展实训时，各阶段的成果是可以延续使用的。例如，从形式上来讲，评价组可基于风险控制矩阵设计后续的评价底稿。从影响上来讲，组织架构图、制度汇编及业务流程图等均可作为后续任务的分析素材使用，评价底稿和评价表中关于缺陷的记录也可以是缺陷汇总表的信息来源。学生在开展实训时，一定要关注各阶段任务之间的关联，提升工作效率、改善工作效果。

（三）认定控制缺陷、汇总评价结果

基于上一环节的工作，分析测试结果，发现与预先设置的控制点不一致的例外事项，从而确定内部控制运行缺陷。评价工作组汇总各评价成员的评价结果；对工作组现场初步认定的内部控制缺陷进行全面复核、分类汇总；对缺陷的成因、表现形式及风险程度进行定量或定性的综合分析，按照对控制目标的影响程度判定缺陷等级。根据内部控制缺陷的成因，将其分为设计缺陷和运行缺陷；根据内部控制缺陷的表现形式，将其分为财务报告内部控制缺陷和非财务报告内部控制缺陷；根据缺陷的影响程度，将其分为重大缺陷、重要缺陷和一般缺陷。

其中，对设计缺陷的认定一般依照"目标设定—风险识别与评估—控制措施识别—缺陷认定"的思路进行，对运行缺陷的认定一般依照"制定内部控制评价计划—执行内部控制评价—测试结果分析—内部控制缺陷认定"的思路进行。对影响程度的分析，可以按照定量与定性方法开展。例如，采用定量标准时，可以根据内部控制缺陷对财务报告的影响程度来确定内部控制类型，如对于财务报告内部控制缺陷，可以根据营业收入或资产总额的潜在错报金额占整体重要性水平的比重来判定内部控制缺陷的类型。采用定性标准时，主要基于内部控制缺陷可能导致的后果和影响程度来判断，如董事、监事、高级管理人员的舞弊行为、未设立内部监督机构等情形可能会被认定为重大缺陷。

对于认定的内部控制缺陷，需要制定相应的整改方案，并向相应的管理层或监督机构报告。重大缺陷和重要缺陷的整改方案应向董事会（审计委员会）、监事会或经理层报告并经其审定。一般缺陷可以向企业管理层报告，并视情况考虑是否需要向更高层级的监督机构报告。整改方案的确认一般由评价单位与被评价单位沟通确认，在实训中可以由项目组提出建议，由项目经理与评价工作组组长沟通确认。

在本环节，学生主要完成的是实训任务九，需要产出的成果包括缺陷汇总表，汇总表应当包含缺陷整改方案。

（四）编报评价报告

在这一环节，学生需要汇总海川公司内部控制的基本情况，包括内部

控制的目标、原则和框架，企业内部控制的组织架构和职责分工，内部控制的制度建设和执行情况，内部控制的监督和评价机制，以及内部控制存在的问题和改进措施等各项信息。

按照规定的格式和内容要求，起草内部控制评价报告。对报告中的各项内容进行详细的阐述和说明，提供相关的证据和数据支持。

内部控制评价报告应当包含以下基本要素。

1. 董事会对内部控制报告真实性的声明。

2. 内部控制评价工作的总体情况。

3. 内部控制评价的依据。

4. 内部控制评价的范围。

5. 内部控制评价的程序和方法。

6. 内部控制缺陷及其认定情况。

7. 内部控制缺陷的整改情况及重大缺陷拟采取的整改措施。

8. 内部控制有效性的结论。

内部控制评价报告需要经企业经理层、董事会和监事会审定后对外披露。董事会作为最终审定机构，负责确保评价报告的客观、公正和完整性。

在本环节，学生主要完成的是实训任务十，需要产出的成果为内部控制评价报告。报告中应当包含截至内部控制评价报告报出日，内部控制缺陷的整改情况。

温馨提示 8-3

对于认定的内部控制缺陷，评价组应提出整改建议，并跟踪责任单位的整改落实情况。对于已造成损失或负面影响的缺陷，企业应追究相关人员的责任。指导教师可以结合实际情况设计后续任务。

在实训中，由指导教师扮演董事会角色，承担所有环节中董事会的责任。

对于实训资料中未涉及的其他内部控制要素及业务循环，学生在报告中均可假定其控制的设计与执行有效，即对于内部控制有效性的评价仅限于已提供的资料，未提供资料部分的内容均假定内部控制有效。

第五节　关于缺陷判断的标准设定

海川公司董事会根据企业内部控制规范体系对重大缺陷、重要缺陷和一般缺陷的认定要求，结合公司规模、行业特征、风险偏好和风险承受度等因素，区分财务报告内部控制和非财务报告内部控制，研究确定了适用于本公司的内部控制缺陷具体认定标准，并与以前年度保持一致。公司确定的内部控制缺陷认定标准如下。

一　是否存在内部控制缺陷的认定

存在下列六种情况之一，应认定内部控制存在设计或运行缺陷。

1. 未对业务风险做出应对。

2. 未实行规定的控制目标。

3. 未执行规定的控制活动。

4. 突破规定的权限。

5. 不能及时提供控制运行有效的相关证据。

6. 管理要求未嵌入相关制度、流程。

二　财务报告内部控制缺陷的认定标准

（一）定性标准

如公司存在以下任一情况，应被认定为存在内部控制重大缺陷。

1. 董事、监事和高级管理人员舞弊。

2. 公司更正已公布的财务报告。

3. 注册会计师发现当期财务报告存在重大错报，而内部控制在运行过程中未能发现该错报。

4. 董事会和内部审计部对内部控制的监督缺失或监督无效。

5. 其他可能影响报表使用者正确判断的情况。

（二）定量标准

对内部控制缺陷可能导致或者已经导致的财务报告中某科目的错报、漏

报或者损失的金额进行分析，即对内部控制缺陷影响额进行分析，如表 8-2
所示，以该数额占企业整体重要性水平的比重判定内部控制缺陷的类型。

表 8-2　海川公司财务报告内部控制缺陷定量标准

内部控制缺陷影响额占整体重要性比例	缺陷认定
>100%	重大缺陷
20%～100%	重要缺陷
<20%	一般缺陷

海川公司 2023 年的整体重要性水平为上年利润乘以 5%，即 4000 万元。

三　非财务报告内部控制缺陷的认定标准

（一）定性标准

公司存在以下任一情况，应被认定为存在内部控制重大缺陷。

1. 违反法律、法规较严重。

2. 重要业务缺乏制度控制或制度系统性失败。

3. 重大决策程序不科学。

4. 企业管理人员或关键岗位人员流失严重。

5. 被媒体曝出负面新闻，产生较大负面影响。

6. 内部控制评价结果特别是重大或重要缺陷未得到整改。

（二）定量标准

非财务报告的定量标准以上年经审计的利润总额为基数计算。具体标
准如表 8-3 所示。

表 8-3　海川公司非财务报告内部控制缺陷定量标准

内部控制缺陷所造成损失占经审计利润总额的比例	缺陷认定
>2%	重大缺陷
0.5%～2%	重要缺陷
<0.5%	一般缺陷

海川公司 2022 年经审计的利润总额为 8 亿元。

第六节　内部控制评价模拟实训的温馨提示

对于初次接触本模拟资料的实训者来说，如何模拟或许是个难题。在这里，笔者提供一种快速入门的思路，仅供参考。

首先，建议本模拟实训的操作者，在开始实训前先阅读目录，掌握本书的结构，再阅读第八章模拟实训指导，从中了解如何考虑各种情形以及相应要做哪些准备、如何操作。接下来，阅读第九章中的"被评价单位基本资料"，从中了解被评价单位的内外部环境、组织架构等信息；然后阅读第九章中的"被评价单位采购业务资料"，从中了解被评价单位采购业务的管控模式执行情况；结合第九章中的"被评价单位 2023 年度内部监督报告"，综合理解海川公司的内部控制体系。

其次，在阅读并了解相关情况的基础上，做好学生分组的准备，并向学生仔细介绍每个任务的具体内容以及操作要领。

最后，阅读第十章及上编的各类模板，结合教学实际，选择对应任务的模板。按照评价流程，组织学生开展具体任务的操作。在实训过程中，通过对实训时间、各时间节点成果以及阶段性成果汇报的强调，帮助学生强化项目管控能力，推进实训顺利开展。

第九章　被评价单位资料

第一节　被评价单位基本资料

一　公司基本情况介绍

海川地产有限公司成立于 2015 年 1 月，是由海江控股公司、S 市望向实业合伙企业、董涵、刘玉柱、李文中等出资设立的民营房地产开发企业。前五大控股股东的持股情况为：海江控股公司持股 35%，S 市望向实业合伙企业持股 22%，董涵持股 20%，刘玉柱持股 7%，李文中持股 2%。目前，公司注册资本为 10000 万元，公司员工近 2000 人。公司总部设在 A 省省会新一线城市 N 市，海川公司分别在省内的 Z 市和 M 市设立了两家子公司，海 Z 分公司和海 M 分公司。

公司主营业务范围包括住宅开发、商业地产开发和物业管理。海川公司积极履行社会责任，关注环保和公益事业。公司致力于开发绿色、环保的地产项目，减少对环境的影响。同时，公司也积极参与各种公益活动，回馈社会。展望未来，海川公司将继续秉承"诚信为本、质量为先"的经营理念，不断拓展业务领域，提高项目的品质和服务水平。公司计划在未来几年内，进一步加大在商业地产领域的投入，打造更多具有影响力的商业地标。同时，公司也将积极探索新的开发模式和设计理念，为城市创造更多美好居住与工作环境。

二　公司的组织架构

公司根据《公司法》《证券法》等相关法律规定建立了以股东大会、董事会、监事会为基础的法人治理结构，并结合公司实际，制定了《公司章程》《股东大会议事规则》《董事会议事规则》《监事会议事规则》等制度，对公司的权力机构、决策机构、监督机构和经营管理层进行了规范。

《公司章程》和各项制度对公司股东大会、董事会、监事会的性质、职责权限和工作程序，董事长、董事、监事的任职资格、职权和义务做出了明确规定，确立了股东大会、董事会、监事会、高级管理层之间的权力制衡关系。

董事会共 3 人，董事长为董涵。董事会能够以合理谨慎的态度，勤勉尽责，维护公司整体利益；各董事能够按时出席董事会，认真阅读会议文件，主动调查研究以获取做出决策所需的资料和情况，并对所议事项表达明确的意见；认真阅读公司的财务报告及媒体对公司的有关报道，及时了解并持续关注公司经营管理状况，并及时向股东大会报告公司经营管理中存在的问题。

经营管理层对内部控制制度的制定和有效执行负责，通过指挥、协调、管理、监督各业务管理部门行使经营管理权力，管理公司日常事务。分公司、子公司、各部门实施具体生产经营业务，保证公司的正常经营运转。

公司结合内外部经营环境和自身实际情况，不断对组织结构进行优化调整，在总部层面设立了营销管理中心、营运管理中心、合约管理中心、采购管理中心、产品研发中心、工程管理中心、酒店管理部、投资发展部、法务及风险管理部、人力资源及行政中心、财务管理中心、流程及信息管理部，完善了公司内部组织架构体系，明确规定了各部门的主要职责，形成了各司其职、相互配合、环环相扣的内部控制管理体系，在组织生产、提供产品和服务、提高效益、确保安全等方面都发挥了至关重要的作用。此外，为提升公司在 Z 市和 M 市的业务发展，公司分别成立了海 Z 分公司和海 M 分公司，分公司均纳入总公司财务核算。

为进一步提升公司的内部控制水平，2023 年 5 月董事会决策成立内部审计部，旨在通过该部门定期或不定期的审计活动，对公司或组织的业务流程、内部控制、风险管理等方面进行监督与评估，提升公司运营的合规性、有效性和高效性。该部门设置在总部层面，向财务管理中心汇报。

三　公司主要人员相关信息

（一）公司现任董事主要工作经历及目前在公司的主要职责

1. 董事

董涵先生，汉族，1968 年 4 月出生，北京大学光华管理学院硕士，第十二届、十三届 N 市人大代表，N 市建筑协会副会长。曾任本公司第一届、第二届董事会董事长，第三届、第四届董事会董事。现任本公司第五届董事会董事长。

刘玉柱先生，汉族，1972 年 9 月出生，清华大学经济管理学院硕士，N 市第十三届人大代表。曾任本公司第一届、第二届及第四届董事会董事、常务副总经理，第三届董事会董事。现任本公司第五届董事会董事。

李文中先生，汉族，1965 年 12 月出生，西安交通大学工商管理硕士。曾任本公司第一届、第二届、第三届董事会董事，第四届董事会董事长。现任本公司第五届董事会董事。

2. 监事

吴心怡女士，汉族，1968 年 5 月出生，香港工商管理学院工商管理专业毕业。曾任本公司第一届、第三届、第四届监事会监事，第二届监事会副主席。现任本公司第五届监事会监事、监事长。

侯文菁女士，汉族，1982 年 9 月出生，厦门大学企业管理专业毕业，现任第五届监事会监事。

苏齐山先生，汉族，1993 年 9 月出生，毕业于北京商贸大学，本科，现任公司第五届监事会职工监事。

（二）高管构成

职位	姓名	分管领域
总经理	魏超	全面、人力资源
副总经理	林伟龙	营销、营运、采购、产品研发、工程、海 Z 分公司

职位	姓名	分管领域
副总经理	曹品伟	合约、酒店管理、投资发展、法务及风险、流程及信息、海 M 分公司
财务总监	曾丽莎	财务

（三）采购管理中心人员构成

职位	姓名	分管领域
采购中心经理	李浩然	负责整个采购部门的日常管理和协调工作。直接上级是公司分管副总,直接下级包括采购专员、供应商管理专员和合同专员
采购专员	张天翼	负责具体的采购执行工作,如供应商沟通、组织招投标、询比价、订单下达、交货期控制等。直接上级是采购中心经理,无直接下级
采购专员	王宇轩	
采购专员	刘子墨	
供应商管理专员	陈煜城	负责供应商的开发、选择、考核和管理工作,确保供应商队伍的优化和稳定。直接上级是采购中心经理,无直接下级
合同专员	刘天宇	负责与供应商进行合同谈判,确保合同条款符合公司需求和法律法规要求,并依据采购政策和流程拟定合同草案。在合同签署后,合同专员还需负责监督供应商履行合同义务,并及时处理合同履行过程中的问题。直接上级是采购中心经理,无直接下级

四　发展战略

为实现长期稳定发展,公司制定了《发展战略管理制度》,明确了战略规划、决策、实施、监控、风险管理与调整的整个流程。该制度通过综合分析内外部环境,设定明确的战略目标和绩效指标,并构建相应的实施与监控机制,确保公司战略的有效执行和及时调整。同时,该制度还规定了战略管理的组织结构和各级管理层的职责,确保战略方向的统一性和实施的协调性。这套制度为公司提供了战略管理的全面指导,有助于实现资源的优化配置和公司的可持续发展。

五 人力资源

公司重视人力资源建设，根据《劳动合同法》及有关法律法规，结合公司实际情况，制定了《职位说明书》《招聘管理制度》《绩效管理制度》《培训管理制度》《考勤管理制度》《职工带薪年休假管理制度》《福利管理办法》《海川工作考核办法》等有利于公司可持续发展的人力资源政策，包括人力资源的聘用、培训、转岗、考核、奖惩、晋升和退出等方面，明确了各岗位的任职条件和工作要求，确保选聘人员能够胜任岗位工作，实现了人力资源的合理配置，全面提升公司核心竞争力。

围绕文化价值观、专业能力、管理能力以及新员工培养，总部人力资源及行政中心每年制定相关培训计划，组织具体培训活动。

为进一步完善公司职业道德风险防范体系，公司设立"廉洁海川"作为举报员工舞弊的专门网站，用于宣传海川的廉洁政策，收集各类举报信息，预防和发现员工舞弊。公司发布《职务行为准则》等制度，每年组织全体员工进行潜在利益冲突申报。

六 社会责任

作为一家业务涵盖房地产开发、商业及物业管理的房地产上市公司，海川公司始终坚持"诚信为本、质量为先"的经营理念，倡导"简单透明、结果导向、合作共赢、持续奋斗"的企业文化，坚持"缔造品质生活"的企业使命，以"为股东提供回报、为员工提供平台、为客户创造价值、为社会创造繁荣"为基本价值观，通过对精品建筑的打造，推动建筑技术创新，促进低碳、节能工艺的推广使用，致力于环境保护和可持续发展，实现企业与环境的和谐发展。坚持员工和企业共同成长。坚持经济效益和社会效益兼顾，始终将承担社会责任视作一项应尽的义务和职责，在实现企业快速发展的同时，关注民生，支持公益，携手慈善，共建和谐，为社会发展做出积极贡献。公司在关注利益目标的同时，关注社会、关注环境、关注弱势群体，营造一个重社会责任而受到社会关注和尊敬的企业。关于报告期内公司履行社会责任的具体内容，可详见公司《可持续发展报告》。

七　企业文化

公司总结过去的优良传统，挖掘文化底蕴，明确了体现企业特色的发展愿景、积极向上的价值观、履行社会责任和开拓创新的企业精神。公司遵从"简单透明"来做事、"结果导向"去评价、"合作共赢、持续奋斗"齐发展的企业文化，"为客户创造价值，为员工提供发展，为股东贡献利润，为社会做出奉献"的社会责任，"诚实守信，专业高效，尊重关爱，团队合作，结果导向，客户第一，日事日毕，持续改善"的企业作风。

八　风险评估

公司建立了风险评估管理机制，形成了包括风险识别、风险分析、风险应对等系统的风险评估过程。

（1）针对战略目标，公司法务及风险管理部负责对外部环境、行业和竞争对手进行分析，发现机会与威胁，对内部资源能力进行分析，评估企业的优劣势。

（2）针对经营性目标，人力资源及行政中心根据公司战略规划，编制《公司年度计划大纲草案》，经相关领导评审及董事长审批后，下发《公司年度计划大纲》。总部各部门及分公司各部门组织编制《部门年度经营计划》，部门负责人对其审核。人力资源及行政中心收集汇总各部门的年度经营计划，报董事长审批后下发执行。

（3）为保证业务活动具体目标之间的一致性，公司管理层不断采取措施审查各业务活动的具体目标，根据业务活动的具体情况及发现的问题不断进行补充和完善，每年可以集中修订一次年度计划。公司在确定各个业务活动的目标之后，将公司的财务、人事、技术等资源以计划和预算的形式分配至各部门，以保证各部门能够有实现其业务活动目标的资源。

（4）针对财务报告目标，管理层首先确定与公司财务报告相关的重要会计科目，以及这些重要会计科目可能出现重大错报风险的原因及财务报表认定，并以此为基础进一步确定与重要会计科目相对应的业务流程，即重要业务流程，作为设计相关财务报告的内部控制体系的基础和依据。

（5）针对合规性目标，根据《公司法》《证券法》《上市公司股东大会规则》，公司设立了股东大会、董事会、监事会；同时，公司设了内部审计部，对公司经营活动进行监督。

（6）针对资产安全目标，公司制定了相关的资产管理制度及审查制度，通过业务层面的固定资产、无形资产等管理流程，控制公司资产安全。

在报告期内，受地产行业整体下行等因素的影响，公司出现流动性困难。鉴于风险防控意识和内部控制管理理念多年来已贯穿到各层级、各环节中，公司一直在积极与金融机构友好协商，推进债务重组工作，在保交付的前提下，促进债务风险逐步化解，缓解公司阶段性流动性危机，以期从风险中复苏，实现公司的长期价值，最大限度地保证债权人的利益。

九　资金活动

（一）募集资金

为规范公司募集资金的存放、使用和管理，保证募集资金的安全，最大限度地保障投资者的合法权益，根据《公司法》《证券法》等国家有关法律、法规的规定，结合公司实际情况，公司制定了《融资管理制度》《募集资金管理办法》。其中《融资管理制度》规定了融资工作中的职责分工、融资授信程序、融资审批流程、融资考核标准、融资风险管理及融资担保管理等有关规定。《募集资金管理办法》对募集资金专户存储、募集资金使用、募集资金用途变更、募集资金管理与监督等事项均做出了详细的规定。公司内部审计部定期对募集资金的存放和使用情况进行检查，并及时向董事会报告检查结果。

（二）重大投资

为保障公司规范运作，促进公司健康发展，规避经营投资风险，公司在《公司章程》《董事会议事规则》《董事长工作细则》《证券投资管理办法》《衍生品投资管理制度》《募集资金管理办法》等政策文件中明确了股东大会、董事会对重大投资的审批权限，制定了相应的审议程序。公司重大投资的内部控制遵循合法、审慎、安全、有效的原则，控制投资风险，注重投资效益。公司对外投资均严格执行规定的审批决策程序，防范投资风险，确保投资效益。

（三）营运资金管理

公司实行统一领导、垂直管理的财务管理体制。在《财务管理制度》《三收三支管理办法》《资金结算票据业务管理办法》中规定对营运资金的会计系统控制，严格规范资金的收支条件、程序和审批权限，明确现金开支范围。公司财务管理中心对各部门进行资金控制，申请资金支出或报销事项需通过由财务经理、财务总监、总经理签字审批的《资金支付计划》。

十 采购业务

公司结合实际情况，全面梳理采购业务流程，制定《采购管理制度》《集中采购管理办法》《招标采购的跟标操作指引》《招标采购管理制度》《招标采购实施细则》《销售型项目供货考核管理办法》等制度，对采购业务的计划、申请、审批、比价、合同订立、验收入库等基本流程进行了规范与控制，规定了合理的审批权限，确保了不相容职位相分离，提高了公司采购业务的计划性和可控性。通过《供应商管理细则》，对新增供应商、供应商的评估管理等方面进行规定，进一步完善了公司的采购制度体系。

对重大采购项目采取招投标方式，严格执行国家相关的招投标法律法规，并对招投标的原则、审批权限、招标程序等事项进行了严格规定。上述制度与程序覆盖了采购业务的主要环节，与公司的规模和业务发展相匹配，有效降低了采购成本，避免了采购舞弊现象的滋生，增强了企业的市场应变能力和竞争能力。

十一 资产管理

（一）存货

公司通过《财务管理制度》《物资出入库管理制度》以及其他管理制度等确定了存货管理的原则，明确了存货的范围和分类，规定了存货的出入库流程，对存货的验收入库、领用发出、日常保管、清查盘点、退换货和报废处置等关键环节进行了有效控制。在本报告期内，公司的存货管理、出入库记录真实完整。

（二）固定资产

公司固定资产由各归属部门负责管理。通过《固定资产管理制度》《财务管理制度》以及其他管理办法等，对固定资产的新增、日常管理、调拨、维护保养、盘点、报废处置、投保与索赔等相关控制程序进行了规范，涵盖了固定资产内部控制的各个方面，总体上与公司的规模和业务发展相匹配。固定资产的内部控制设计健全、合理，且执行有效。

（三）无形资产

公司十分重视无形资产管理，在《财务管理制度》中对无形资产的采购、验收、日常管理和处置等重要环节进行了规范，以保护无形资产的安全并维护其价值，提高其使用效率。

十二　销售业务

公司针对不同种类的产品，制定了相对应的《全员营销管理办法》《市场营销资金风险管理制度》等，对销售业务的主要环节进行了规范与控制，明确了各岗位的职责和权限，确保了不相容职位相分离。销售控制内容涵盖销售计划、客户开发与售后服务管理、订单管理、合同管理、定价管理、发货控制、收款、信用管理等相关事项，与公司的实际销售情况相匹配，提高了销售工作效率，确保实现销售目标。

在报告期内，公司销售流程中相关岗位的员工职责明确，各级审批流程执行到位，合同管理和价格管理程序合理有效，销售业务记录真实。与此同时，公司重视对客户的信用管理，根据市场变化及时调整销售策略，有效控制销售费用，未发生违规操作事项。

十三　研究与开发

公司重视产品的开发工作，根据公司的发展战略，结合市场开拓和技术进步要求，科学制定产品开发计划，促进新技术、新工艺和新产品成果的有效利用，不断提高公司的自主创新能力。

公司设有专门的产品研发中心，对项目开发的权责分配、进度管理做出明确规定，并通过制定《研究与开发管理办法》等相关制度，对研发成果的保护做出明确规定。

十四 工程项目

为加强公司的工程建设管理，保证工程项目投资的安全完整，公司建立了《工程评估与合作方考核管理办法》《工程管理策划实施指引》《工程质量控制作业指引》《项目工程管理监控评估办法》《项目现场安全文明管理作业指引》《住宅集中交付作业指引》等相关制度，规范了重大工程项目的立项与审批、工程设计与预算、项目实施、竣工决算、验收与付款程序，明确了相关部门和岗位的职责与审批权限，确保了可行性研究与决策、项目实施与价款支付、竣工决算与审计等不相容职务的相互分离。在报告期内，公司在工程项目管理中不存在不相容职位混岗现象，重要的项目审批记录清晰，手续健全，审批权限合理；项目审批、决策程序完整；相关的项目档案齐全且保存完整；会计相关处理及时到位，不存在违规操作。

十五 财务报告

公司设有财务管理中心，在财务管理和会计核算方面均设置了合理的岗位和职责权限，并配备相应的人员以保证不相容职务的分离。为了规范财务报告，保证财务信息的真实、完整、合法，公司在《财务管理制度》中，明确了财务报告的编制与报送、重大财务事项的判断和处理、财务分析等流程。在报告期内，公司的财务报告编制方案、确定重大事项的会计处理、清查资产核实债务、结账、编制个体财务报告、编制合并财务报告、财务报告对外提供前的审核、财务报告对外提供前的审计、财务报告的对外提供等阶段，均能按照公司现行的制度平稳有序地进行，确保了财务报告信息的真实性、有效性。

十六 全面预算

公司财务管理中心负责公司的全面预算工作。在《海川公司预算管理制度》中，要求公司实行全面预算，明确了预算管理体制以及各预算执行单位的职责权限、授权批准程序和工作协调机制，按照由下而上、上下结合、全面平衡的原则编制全面预算。

公司预算由董事会作为最高决策机构，具体由财务管理中心归口管理，通过对销售额、利润、资金等重点目标进行计划管理，明确经营目标，防范经营风险。

十七　合同管理

为了规范合同管理，防范与控制合同风险，有效维护公司的合法权益，公司制定了《合同管理办法》《印章管理制度》《法务管理制度》等管理制度，对合同的主体、形式与内容，合同的签订、执行、变更，以及合同纠纷的调节、仲裁和诉讼等各方面都做出了明确规定，并规范了合同审批会签流程。同时，公司加强对合同履行情况的监督检查，定期对合同进行统计、分类、归档，实行合同全过程封闭管理，有效减少合同管理风险。

十八　关联交易

公司按照《上市公司治理准则》《深圳证券交易所上市公司关联交易实施指引》等相关制度的有关规定，制定了《关联交易决策及实施制度》，对关联交易做出了明确规定，明确关联范围、关联交易事项、关联交易应遵循的原则、关联交易决策程序和审批权限及关联交易应披露的事项。公司给相关部门下发了《关联方清单》，当交易发生时严格按照《内部控制管理手册》及《关联交易决策及实施制度》规定的程序进行审议，切实履行关联交易的程序并进行披露，维护了公司及中小股东的利益。

十九　内部信息传递

内部信息传递机制指的是及时、准确、完整地采集与企业经营管理密切相关的各种信息，并使这些信息以适当的方式在企业有关层级之间、企业与外部之间进行及时传递、有效沟通和正确使用的过程机制，这是实施内部控制的重要条件。公司定期召开经营分析会以及其他专题会议，实现内部信息的上传下达。

管理层、职能部门、生产和销售部门均可通过公司网站的内部信息平台实现网络信息共享，及时掌握生产经营中的各种情况。

公司建立了反舞弊机制，通过设立员工信箱、投诉邮箱和电话等方式，使管理层与员工之间能够就其职责和控制责任进行有效沟通。沟通的充分性使员工能够有效地履行其职责；员工与客户、供应商、监管者和其他外部人士的有效沟通，使管理层面对各种变化能够及时适当地采取进一步行动。

二十　信息披露控制

为了加强公司信息披露事务管理，充分履行对投资者诚信与勤勉的责任，公司制定了《信息披露事务管理制度》《年报信息披露重大差错责任追究制度》《重大事项事前咨询制度》等，对信息披露的标准、审核流程、职责划分及责任追究机制等进行了规范，确保公司能够真实、准确、完整、及时地进行信息披露。公司定期报告和临时公告均及时披露，公司严格遵守《内幕知情人登记报备制度》，加强对控股股东、董事、监事、高级管理人员等可能的重大事件知情人的培训，从源头上减少内幕交易，保证信息披露真实、及时、准确、完整和公平。公司严格执行《敏感信息排查制度》，进一步强化敏感信息排查、归集、保密及披露制度，保护中小投资者利益。公司信息披露的内部控制执行是有效的。

二十一　内部监督

根据《公司章程》的规定，公司设立了内部审计部、监事会等专职监督机构。内部审计部配备了专职审计人员，根据《海川公司内部审计管理办法》的规定，独立开展公司内部审计、监督工作，采取定期与不定期检查方式，对公司和分公司财务、重大事项、日常生产经营活动等进行审计、核查，对公司内部管理体系以及分公司、子公司内部控制制度的情况进行监督检查，并出具年度内部监督报告。

监事会作为公司治理结构中的重要组成部分，其核心监督职能包括对公司财务状况的审计与审查，对董事及高管人员执行职务行为的监督，以及对公司经营活动的全面监督。在《监事会议事规则》的指导下，监事会通过列席董事会会议并提出质询，向职工和相关部门了解情况提出监事会意见，确保公司运营的规范性，保障股东权益。

第二节　被评价单位采购业务资料

一　采购业务相关制度（部分）

（一）《采购管理制度》

第一章　总则

第一条　为了规范公司采购行为，兼顾质量和成本，在保证公司开发项目正常施工的前提下，提高物资及服务质量，减少投资成本，提高对供应商的谈判能力，以获得较优性价比的采购物资，特制定本制度。

第二条　本制度中所称"本公司"是指海川公司，"分公司"是指海川公司派出之无独立法人资格的区域性公司。

第三条　本制度中采购领导小组是指在采购和招投标过程中实施工作指导和监督工作的管理机构。

第四条　分公司不设采购部，分公司所有采购事项由分公司采购专员上报总公司，由总公司采购管理中心负责。

第五条　本制度所称采购人员指公司采购管理中心人员、各分公司及其他部门直接或间接参与采购工作的人员。

第六条　采购的具体流程和细则在《采购实施细则》中予以明确。

第七条　本制度由总则、采购组织机构、采购人员职责、工作原则、职业规范和罚则六部分组成。

第二章　组织机构和职责

第八条　采购组织架构如下。

（1）公司采购领导小组。

（2）公司采购管理中心。

第九条 公司采购领导小组由公司总经理、副总经理、公司财务总监、工程管理中心经理等组成，公司总经理任组长，其他成员为组员。

第十条 公司监事会和公司内部审计部有权对公司采购及采购招标工作进行监督和指导。

第十一条 公司采购领导小组职责如下。

（1）对公司所有采购工作实施指导和管理。

（2）依据采购管理中心提供的报告确定长期战略合作伙伴。

（3）负责采购招标形式、招标主持人、正式投标人、招标文件的审批及中标人的确定。

（4）对采购招标工作实施监督。

（5）负责对采购管理中心提供的技术、经济、节能等方面的替换方案和建议做出评审和确定。

（6）对采购管理中心上报的供应商及其产品分析、对比报告做出批复。

（7）监督采购管理中心的运行方式、工作方法及相关文件下发。

（8）其他必须由公司采购领导小组完成的工作。

第十二条 采购涉及招标时，招标主持人的职责参照《招标采购管理制度》《招标采购实施细则》《招标采购的跟标操作指引》的规定。

第十三条 公司采购管理中心职责如下。

（1）负责供应商库及需求信息库的建立和维护，依据供应商年度评定结果，对库内供应商进行客观评价并按制度优胜劣汰。

（2）负责对长期战略合作供应商的供货质量、服务等实施监督。

（3）负责合同范本制定。

（4）采购管理中心权限内招标工作的实施及招标文件的制定。

（5）市场行情和新型、节能、环保、高效物资信息的收集、了解、分析工作。

（6）积极响应分公司采购专员的采购需求以及反映的情况和问题，不能解决的应及时向分管副总汇报。

（7）定期与各级采购人员做思想沟通，了解现场基本情况。

（8）定期向主管领导汇报工作情况，以便于解决工作中存在的问题，提高工作效率。

（9）完成上级领导交给的其他任务。

第三章 工作准则

第十四条 在供应商纳入信息库前，采购人员必须对供应商进行综合考评，对其公司简介、生产能力、质量保证、付款要求、售后服务、产品特点等进行比较，并以报告形式按《供应商管理细则》上报公司批准、方能入库。

第十五条 公司所有员工均有权推荐优秀的供应商，经公司采购管理中心审核，经相关部门批准，方可纳入公司供应商库。

第十六条 采购方式主要有邀请招标、询价采购、直接签订合同（长期战略合作伙伴）三种，必要时可采用公开招标形式。

第十七条 分公司采购专员根据《采购实施细则》要求，必须提前做好《采购申请》。

第十八条 分公司采购人员制定的《采购申请》无论金额大小，经分公司采购分管领导批复后提交采购管理中心。

第十九条 采购人员在开展询价采购时，原则上供应商不得少于三家，如有必要，可以采用多轮洽谈、多次谈判等方式进行，以便降低公司的投资成本。

第二十条 报告得到批复后，依照公司领导批示意见，综合考虑"质量、价格、售后服务"等问题，确定供应商。

第二十一条 采购总额预计在 10 万元（不含）以上，原则上应以招投标形式来完成；采购总价预计在 5 万元（不含）以上，10 万元及以下，原则上应采用比价形式完成；5 万元及以下的可以直接采购。

第二十二条 采购管理中心权限内的招标工作由公司采购领导小组委派专人主持，由公司采购领导小组和公司审计部实施监督。

第二十三条 在采购招标过程中必须坚持以下原则。

（1）在招标过程中，应及时、准确、真实、完整地公开必要的信息资料。

（2）在招投标采购活动中，具备招标文件要求的法人或组织均享有公平同等的机会参与投标竞争。

（3）在招投标采购活动中，严禁任何投标方以非正常渠道获取特权，使其他投标人受到不公平的对待。

（4）在招投标采购过程中，招投标双方都应本着诚实守信的原则履行其应尽义务。

第二十四条　在采购过程中，违反以上操作规程，为供应商谋取利益的，一经查出，公司将依本制度严肃处理。

第二十五条　公司采购时必须签订《采购合同》，一式四份，供需双方各执两份，一份提交采购管理中心，一份留总经理办公室保存。

第四章　采购人员职业规范

（省略）

第五章　罚则

第三十一条　采购人员有下列情形之一，给公司造成经济或名誉损失的，根据情节轻重，公司将分别给予相关责任人记过、免职、辞退等行政处罚及 200～10000 元经济处罚；给公司造成重大损失的，公司将依法追究法律责任。

（1）采购人员私自接受或向供应商索取财、物。

（2）采购人员接受财、物后未主动上缴公司。

（3）采购人员应严格遵守保密制度，杜绝任何有意或无意的泄密行为，以下行为均视为泄密。

①泄密其他供应商对同类产品的报价。

②招投标中泄露其他参与的供应商名称。

③泄露标底。

④泄露其他对公司不利的秘密或公司认定是泄密行为的。

（4）故意规避本制度或未按本制度规定、《采购实施细则》以及其他采购相关制度执行的。

（5）隐瞒供应商及验收问题，给公司造成经济损失或工程质量问题的。

（6）因工作疏忽或知情不报甚至与投标人串通在投标过程中作弊的。

（7）在供应商年度考评中徇私舞弊的。

（8）其他有损于公司形象或不利于公司行为的。

第六章　附则

第三十二条　本制度由公司流程及信息管理部负责解释、修订和补充。

第三十三条　本制度由公司采购管理中心监督各级采购人员实施。

第三十四条　本制度自签发之日起开始实施。

（二）《供应商管理细则》

第一章　总则

第一条　为规范海川公司供应商管理工作，包括供应商注册、考察入库、评估、评定级、奖罚等内容，以建立长期稳定的供应商队伍，为海川公司提供优质高效的产品和服务，特制定本细则。

第二条　适用于海川公司采购业务的供应商管理，各项目公司参照本实施细则，按其组织架构做适应性调整后执行，本细则所涉及货币单位均为人民币元。

第三条　本细则中的关键定义如下。

（1）供应商管理主责部门：负责采购单位相应供应商全过程管理的部门。

（2）供应商管理：供应商注册、考察、入库审批、评估（过程评估、履约评估）、评定级等管理行为，并包括供应商合作过程中的绩效改进、约谈、奖罚等。

（3）供应商引入：供应商按公司要求进行资料填写并提交后，对通过资料审核的供应商进行资格初审及考察，确定其是否达到公司要求的标准，并履行相应流程审批，纳入供应商库管理，作为与其开展采购业务的前提条件。

（4）供应商库：供应商信息数据库，包括供应商的基本信息、投标报价信息、履约信息等，分为交易平台供应商库和公司内部管理供应商库。

（5）供应商考核：每年一季度对上年度有合作的供应商展开分阶段的合作表现综合评估，根据过程评估、履约评估得分情况进行评定级，并根据评定级结果对供应商实施分级管理。

（6）供应商绩效改进：针对供应商履约过程中出现的质量、进度、安全、交付等问题提出绩效改进要求，并发出绩效改进通知，审核供应商提交的绩效改进计划，跟踪改进情况。

（7）供应商等级：公司供应商库内的供应商分为潜在供应商和 A 级、B

级、C级、D级、E级供应商。

（8）潜在供应商：已通过平台注册并经初审，但未考察入库的供应商；三年内未参与投标报价、签订合约的合格供应商自动调整为潜在供应商，如需参与投标报价，需重新组织考察、入库。

（9）合格供应商：履约评估为60分及以上，评定为C级、B级、A级的供应商。

（10）不合格供应商：履约评估为60分以下、评定为D级的供应商和考察未通过的潜在供应商。

（11）诚信黑名单供应商：因违规行为、重大质量事故不得再参与公司业务的评定为E级的供应商及实际履约人，以及交易平台公布的黑名单供应商。

（12）垄断类供应商：单一来源供应商，包括但不限于政府行政事业单位类以及地方垄断性质的工程或服务（主要指水、电、燃气等）、资源垄断（包括但不限于广告立柱、广告牌、独家经营的电视台、报纸、电台广告）、技术垄断（主要技术采用特定的专利或者专有技术）、行业垄断等，且标的物无替代性的。

第二章　工作程序

第四条　供应商的分类

按采购模式划分：区域战略供应商、总部各中心及项目公司年度合作和常规采购供应商。

第五条　供应商引入

1. 供应商基本信息管理

（1）所有供应商应在公司供应商管理信息平台进行注册、认证，并获取CA证书。

（2）供应商注册时，按要求填写《供应商基本情况表》，上传加盖公章的营业执照、税务登记证（含国税、地税）的复印件。

2. 供应商注册信息审核

（1）由公司采购管理中心、财务管理中心以及相应的采购需求部门负责审核《供应商基本情况表》及相关资料。

（2）初审通过，被认为符合采购项目要求的，可由采购需求部门发起组织考察申请。

（3）同一供应商单次注册入库的资质或产品、服务类别不得超过三项。

3. 供应商考察

（1）采购管理中心牵头组成考察小组，小组成员一般由采购管理中心、合约管理中心成本组、财务管理中心、工程管理中心等采购需求部门派员组成，考察小组成员应跨部门且不少于2人。

（2）如参与部门无法派员参与实地考察的，须负责审核该部门负责的相关考察材料。

（3）供应商考察、审核：考察小组应当综合不同方式进行考察、审核。

①实地考察：考察小组对供应商的生产办公场所、项目现场、案例进行实地考察。

首先，考察小组按照各类型《供应商认证表》"基本信息"要求，核对《供应商基本情况表》对应的各类证照、报表、资质等重要文件的原件并考察供应商的基本情况。如"基本信息"内容中有任何一项未通过，则不再对该供应商进行后续考察，即实行一票否决；如"基本信息"考察通过，则进行"专业信息"考察。

其次，按照各类型《供应商认证表》中"专业信息"内容的要求，考察小组对不同类型供应商的要求进行考察和评分，主要包括对过往案例、公司架构及人力资源状况、产品的生产管理情况、认证及获奖情况、配送及后续服务等进行考察。

②非实地考察：下列三类供应商经采购管理中心审批，可不再强制要求实地考察，可由考察小组通过网络查询、视频、电话咨询等方式认真核实其注册信息真实性、承揽业务能力的真实性，并承担因此造成不良后果的责任。

第一，境外著名设计、咨询等服务类供应商或其在国内注册的公司。

第二，属于垄断类等单一来源采购项目的供应商。

第三，公司同行业标杆TOP10以内公司（参照克尔瑞每年发布的信息）近两年的优秀工程材料设备类、工程服务类、营销类供应商，优秀供应商以获得各公司颁发的优秀供应商证书为准，主责部门应核实其真实性。

③特殊事项：工程施工、国产材料设备、监理、勘察等供应商原则上需提供审计报告及税务局出具的纳税证明，法律法规规定不能提供的除外（如未到公示期的上市公司等，其他特殊情况无法提供的应予以说明），财务管理中心负责审核，财务管理中心是否参与实地考察由其根据具体情况决定；其他类供应商不强制要求提供审计报告、财务报表及税务局出具的纳税证明，如不提供，则财务管理中心不参与实地考察，供应商认证表中"基本信息"的"财务状况"不再实行一票否决，以其他维度得分对比剔除××部门财务组权重总分计算其考察得分。

考察评估得分＝（剔除××部门财务组维度实际得分/剔除××部门财务组权重后总分）×100%。

考察结束后，采购单位需求主责部门完成《供应商认证表》以及考察报告，考察评估得分大于等于60分的供应商为考察合格，小于60分为考察不合格。

材料设备类供应商，如为代理商的，填写《材料设备代理商认证表》；如为厂家的，填写《材料设备供应商认证表》。

供应商库内合格供应商增加产品、服务类别，或变更代理商的，仍须进行考察。

《考察报告》应由所有考察人员签署意见，如不签字，视为同意，并承担由此造成不良后果的责任。《供应商认证表》已固化到内部管理系统内，只需在发起入库审批时填写，不再强制在纸质文件上签字和审批时上传纸质文件。

4. 供应商入库审批

（1）审批流程

①供应商考察完成后，由采购管理中心供应商管理专员发起供应商入库审批并后附签字完整的《考察报告》及考察资料附件（营业执照、税务登记证等资质文件不需重复上传）。

②供应商入库审批由采购管理中心经理审核，经财务管理中心、工程管理中心或其他采购需求部门负责人会签后，报分管副总审批。

（2）经审批通过的合格供应商，根据考察评估得分，70分及以上列为B级，60~70分的列为C级。

（3）合格供应商的单位名称、营业执照等内容变更时，供应商应提供变更申请并附带法人证明、授权委托书等报采购单位供应商主责部门备案、更改，不需重新考察入库。

第六条　供应商评估

1. 评估方案的制定

供应商评估方案由采购管理中心制定。评估方案应当关注供应商的供货、工程及服务，根据不同类别的供应商可酌情调整评估的侧重点。

2. 评估过程

（1）采购管理中心需求主责部门在竣工（或完工）后、合同结算前须完成对供应商的履约评估。

（2）参与评估人员须按《供应商履约评估表》的要求进行打分，对于评为 5 分、1 分的评估指标须做具体情况说明。

（3）评估完成后，由采购管理中心填写《供应商履约评估审批表》，并由供应商管理专员归档保存。

（4）《供应商过程评估表》《供应商过程评估审批表》《供应商履约评估表》《供应商履约评估审批表》已固化到内部管理系统的，不强制走纸质文件。

二　采购业务资料

（一）2023 年新引入供应商情况

1. 新供应商名单

品类	供应商	地址	联系人	经办人	入库日期
办公物品类	优品办公商贸有限公司	N 市大田区上扬街道永辉路 24 号	徐林荣	陈煜城	2023 年 5 月 23 日
活动策划类	盛典创意活动策划有限公司	N 市白鹭区创新大道 88 号	张伟	陈煜城	2023 年 8 月 12 日
监理类	Z 市建忠监理有限公司	Z 市高新区科技大道 888 号建忠大厦 301 室	李华	陈煜城	2023 年 9 月 21 日

2. 新供应商引入文件

（1）优品办公《考察报告》

供应商入库考察报告

①**考察基本信息**

单位名称	优品办公商贸有限公司		
企业性质	民营企业	成立时间	2006 年
注册资金	10 万元	年产值	30 万元
来我司接洽人	徐林荣		
公司考察接待人	陈煜城		
公司考察地址	N 市大田区上扬街道永辉路 24 号		
考察项目名称	过往合作案例		
考察时间	2023 年 4 月		
参与考察人员	陈煜城		
考察最终评分	70 分		
考察结论	经考察,该公司在 N 市大田区有较大门店,在 N 市与较多事业单位有办公物品供应合同。该公司出售的办公用品均为一线大牌。经综合评价,该公司满足入库要求,考察合格。		
考察人员签字	陈煜城		

②**考察详情**

1. 公司门头	
	考察情况说明: 不适用

2. 前台、办公区	
	考察情况说明: 不适用

3. 过往合同	
	考察情况说明: 不适用

③**考察报告审批记录**

职位	审批人	意见	审批日期
采购管理中心经理	李浩然	同意	2023.04.28
财务管理中心经理	杨丽琳	同意	2023.05.05
工程管理中心经理	王智伟	同意	2023.05.06
分管副总经理	林伟龙	同意	2023.05.10

（2）盛典创意《考察报告》

供应商入库考察报告

①考察基本信息

单位名称	盛典创意活动策划有限公司		
企业性质	民营企业	成立时间	2010 年
注册资金	100 万元	年产值	150 万元
来我司接洽人	张伟		
公司考察接待人	陈煜城		
公司考察地址	N 市白鹭区创新大道 88 号		
考察项目名称	过往策划案例		
考察时间	2023 年 10 月		
参与考察人员	陈煜城		
考察最终评分	90 分		
考察结论	经考察，该公司组织构架完整，管理及施工人员充足，在 N 市及周边市有大量的策划案例。其大型演艺类策划经历较多，与龙科、万湖等知名房企有合作，经验丰富。该公司活动策划质量较好。经综合评价，该公司满足入库要求，考察合格。		
考察人员签字	陈煜城		

②考察详情

1. 公司门头	
	考察情况说明： 不适用
2. 前台、办公区	
	考察情况说明： 不适用
3. 过往合同	
	考察情况说明： 不适用

③考察报告审批记录

职位	审批人	意见	审批日期
采购管理中心经理	李浩然	同意	2023.08.01
财务管理中心经理	杨丽琳	同意	2023.08.08
工程管理中心经理	王智伟	同意	2023.08.09
分管副总经理	林伟龙	同意	2023.08.11

（3）建忠监理《考察报告》

供应商入库考察报告

①考察基本信息

单位名称	Z 市建忠监理有限公司		
企业性质	民营企业	成立时间	2015 年
注册资金	500 万元	年产值	1000 万元
来我司接洽人	李华		
公司考察接待人	陈煜城		
公司考察地址	Z 市高新区科技大道 888 号建忠大厦 301 室		
考察项目名称	公司案例现场		
考察时间	2023 年 9 月		
参与考察人员	陈煜城		
考察最终评分	90 分		
考察结论	经考察,该公司组织构架完整,管理及施工人员充足,在 Z 市及周边市有大量的策划案例。其工程监理经验较多,与龙科、万湖等知名房企有合作,经验丰富。经综合评价,该公司满足入库要求,考察合格。		
考察人员签字	陈煜城		

②考察详情

1. 公司门头	
	考察情况说明: 不适用
2. 前台、办公区	
	考察情况说明: 不适用
3. 过往合同	
	考察情况说明: 不适用

③考察报告审批记录

职位	审批人	意见	审批日期
采购管理中心经理	李浩然	同意	2023.09.22
财务管理中心经理	杨丽琳	同意	2023.09.25
工程管理中心经理	王智伟	同意	2023.09.26
分管副总经理	林伟龙	同意	2023.09.27

（二）2023年采购台账节选——工程服务类

合同编号	项目分期	采购方式	合同名称	状态	经办人	甲方	乙方	份数	总价	合同类别	备注
GFHT20230107001	M市名邸五期	询价	M市名邸五期劳务合同	已归档	张天翼	海川地产	金蝉劳务派遣有限公司	4	95000	工程服务类	2023年年度费用
GFHT20230114001	Z市未来城邦一期	招投标	Z市未来城邦一期营销咨询合同	已归档	王宇轩	海川地产	Z市嘉禾营销策划有限公司	4	150000	工程服务类	2023年2月完成方案
GFHT20230114002	Z市未来城邦一期	招投标	Z市未来城邦一期监理合同	已归档	王宇轩	海川地产	Z市建忠监理有限公司	4	190000	工程服务类	2023年年度费用
GFHT20230115001	M市名邸五期	询价	M市名邸五期市场研究合同	已归档	张天翼	海川地产	M市精实装饰工程有限公司	4	67000	工程服务类	2023年1月进场,3月提交调研报告
GFHT20230118001	Z市春风十里一期	招投标	Z市春风十里一期销售代理合同	已归档	张天翼	海川地产	Z市瑞赢广告有限公司	4	207500	工程服务类	2023年年度费用
GFHT20230118002	Z市春风十里一期	招投标	Z市春风十里一期营销策划合同	已归档	张天翼	海川公司	Z市鸿运达广告有限公司	4	201600	工程服务类	2023年年度费用
GFHT20230125001	M市明日里项目一期	询价	M市明日里项目一期市场研究合同	已归档	刘子墨	海川公司	M市精实装饰工程有限公司	4	88600	工程服务类	2023年1月进场,3月提交调研报告
GFHT20230209001	M市名邸五期	直接采购	M市名邸五期环境评估合同1	已归档	张天翼	海川公司	M市天诚环评有限公司	4	27000	工程服务类	2023年2月进场,4月提交项目环评报告

续表

合同编号	项目分期	采购方式	合同名称	状态	经办人	甲方	乙方	份数	总价	合同类别	备注
GFHT20230209002	M市名邸五期	直接采购	M市名邸五期环境评估合同2	已归档	张天翼	海川公司	M市天诚环评有限公司	4	40000	工程服务类	2023年2月进场，4月提交项目环评报告
GFHT20230211001	Z市春风十里一期	询价	Z市春风十里一期劳务合同	已归档	王宇轩	海川公司	金蝉劳务派遣有限公司	4	95000	工程服务类	2023年度费用
GFHT20230213001	Z市未来城邦一期	招投标	Z市未来城邦一期景观设计合同	已归档	王宇轩	海川公司	Z市精实景观设计有限公司	4	150000	工程服务类	2023年4月完成设计
GFHT20230215001	Z市春风十里一期	招投标	Z市春风十里一期景观设计合同	已归档	王宇轩	海川公司	Z市精实景观设计有限公司	4	120000	工程服务类	2023年4月完成设计
GFHT20230301001	Z市春风十里一期	招投标	Z市春风十里一期建筑工程合同	已归档	王宇轩	海川公司	Z市远捷工程有限公司	4	205000	工程服务类	2023年3月进场施工
GFHT20230310001	M市明日里项目一期	询价	M市明日里项目一期劳务合同	已归档	刘子墨	海川公司	卡提劳务派遣有限公司	4	100000	工程服务类	2023年度费用
GFHT20230313001	Z市未来城邦一期	招投标	Z市未来城邦一期销售代理合同	已归档	王宇轩	海川公司	Z市瑞赢广告有限公司	4	163000	工程服务类	2023年度费用
GFHT20230512001	M市明日里项目一期	招投标	M市明日里项目一期建筑工程合同	已归档	刘子墨	海川公司	M市瑞赢工程施工有限公司	4	174000	工程服务类	2023年5月进场施工
GFHT20230718001	Z市未来城邦一期	招投标	Z市未来城邦一期园林分包合同	已归档	张天翼	海川公司	Z市青禾园林有限公司	4	204750	工程服务类	2023年完成设计，2024年进场施工

续表

合同编号	项目分期	采购方式	合同名称	状态	经办人	甲方	乙方	份数	总价	合同类别	备注
GFHT20230810001	M市明日里项目一期	招投标	M市明日里项目一期景观外包合同	已归档	刘子墨	海川公司	M市美林园林设计有限公司	4	260000	工程服务类	2023年完成设计，2024年进场施工
GFHT20230810002	Z市春风十里一期	直接采购	Z市春风十里一期户外品牌广告合同	已归档	王宇轩	海川公司	Z市祥和装饰工程有限公司	4	47300	工程服务类	2023年年度费用
GFHT20230813001	Z市未来城邦一期	招投标	Z市未来城邦一期室内装饰分包合同	已归档	王宇轩	海川公司	Z市金板斧装饰有限公司	4	457000	工程服务类	2023年完成设计，2024年进场施工
GFHT20230822001	M市明日里项目一期	招投标	M市明日里项目一期室内装饰分包合同	已归档	张天翼	海川公司	M市瑞赢工程施工有限公司	4	174820	工程服务类	2023年完成设计，2024年进场施工
GFHT20231008001	Z市未来城邦一期	直接采购	Z市未来城邦一期户外品牌广告合同	已归档	王宇轩	海川公司	Z市中传装饰工程有限公司	4	33100	工程服务类	2023年年度费用
GFHT20231107001	M市名邸五期	直接采购	M市名邸五期户外品牌广告合同	已归档	张天翼	海川公司	M市天达装饰工程有限公司	4	24000	工程服务类	2023年年度费用
GFHT20231207001	Z市春风十里一期	招投标	Z市春风十里一期室内装饰分包合同	已归档	王宇轩	海川公司	Z市精实装饰工程有限公司	4	389000	工程服务类	2023年完成设计，2024年进场施工

续表

合同编号	项目分期	采购方式	合同名称	状态	经办人	甲方	乙方	份数	总价	合同类别	备注
GFHT2023121700l	M市明日里项目一期	直接采购	M市明日里项目一期户外桥体广告合同	已归档	刘子墨	海川公司	M市远博装饰工程有限公司	4	12480	工程服务类	2023年年度费用
GFHT2023121800l	M市明日里项目一期	直接采购	M市明日里项目一期公交站牌广告合同	已归档	刘子墨	海川公司	M市远博装饰工程有限公司	4	12480	工程服务类	2023年年度费用

（三）2023 年部分采购付款资料

1. 付款清单——Z 市嘉禾

付款申请单

申请日期：2023 年 2 月 24 日

项目名称	合同 GFHT20230114001 付款申请		
付款单位	海川公司		
收款单位	Z 市嘉禾营销策划有限公司	付款金额	150000
开户银行	工商银行 Z 市支行	银行账户	1001234509012345678
付款方式	□支票 √电汇 □现金 □其他	发票情况	√增票 □普票 □收据 □其他
付款事由	采购产品:咨询项目		
	采购时间:2023 年 1 月 14 日	联系人及电话:刘天宇 18912345678	
	付款条件:√货到付款 □款到发货		
	货款说明:已收到策划书,且经过总经理办公会评议通过验收		

申请人：刘天宇　　复核：李光路　　经办人：李娜　　出纳：刘怡然

营销咨询方案以及相应的董事会流程等原始凭证已提交至财务管理中心，审核无误。

2. 付款清单——金蝉

付款申请单

申请日期： 2023 年 4 月 3 日

项目名称	GFHT20230107001M 市名邸五期 2023 年劳务合同预付一季度		
付款单位	海川公司		
收款单位	金蝉劳务派遣有限公司	付款金额	23750
开户银行	工商银行 M 市支行	银行账户	1001123409013579246
付款方式	□支票 √电汇 □现金 □其他	发票情况	√增票 □普票 □收据 □其他
付款事由	采购产品:劳务派遣		
	采购时间:2023 年 1 月 7 日	联系人及电话:刘天宇 18912345678	
	付款条件:□货到付款 □款到发货		
	货款说明:一季度劳务派遣费用,已收到金蝉公司的劳务清且通过人力资源及行政中心审核。		

申请人：刘天宇　　复核：李光路　　经办人：李娜　　出纳：刘怡然

劳务清单以及相应的审核审批流程等原始凭证已提交至财务管理中心，审核无误。

3. 付款清单——天城环评

付款申请单

申请日期：2023 年 5 月 24 日

项目名称	合同 GFHT20230209001 及 GFHT20230209002 的合并付款申请		
付款单位	海川公司		
收款单位	M 市天诚环评有限公司	付款金额	67000
开户银行	工商银行 M 市支行	银行账户	1001123409087654321
付款方式	□支票 √电汇 □现金 □其他	发票情况	√增票 □普票 □收据 □其他
付款事由	采购产品：咨询项目		
	采购时间：2023 年 1 月 14 日	联系人及电话：刘天宇 18912345678	
	付款条件：√货到付款 □款到发货		
	货款说明：已收到环评报告，且经过总经理办公会评议通过验收		

申请人：刘天宇　　复核：李光路　　经办人：李娜　　出纳：刘怡然

环评报告以及相应的董事会流程等原始凭证已提交至财务管理中心，审核无误。

4. 付款清单——祥和装饰

付款申请单

申请日期：2023 年 9 月 27 日

项目名称	GFHT20230810002Z 市春风十里一期户外品牌广告费 9 月		
付款单位	海川公司		
收款单位	Z 市祥和装饰工程有限公司	付款金额	10500
开户银行	工商银行 Z 市支行	银行账户	1001123409024681357
付款方式	□支票 √电汇 □现金 □其他	发票情况	√增票 □普票 □收据 □其他
付款事由	采购产品：劳务派遣		
	采购时间：2023 年 9 月 1 日	联系人及电话：刘天宇 18912345678	
	付款条件：□货到付款 □款到发货		
	货款说明：春风十里一期 9 月户外广告费，已收到祥和装饰请款明细及 9 月上中下旬的广告张贴展示照片，通过营销管理中心验收。		

申请人：刘天宇　　复核：李光路　　经办人：李娜　　出纳：刘怡然

祥和装饰请款明细、9月上中下旬的广告张贴展示照片及相应的审核审批流程等原始凭证已提交至财务管理中心，审核无误。

5. 付款清单——金蝉

付款申请单

申请日期：2023 年 11 月 24 日

项目名称	M 市名邸五期 2024 年劳务合同预付		
付款单位	海川公司		
收款单位	金蝉劳务派遣有限公司	付款金额	950000
开户银行	工商银行 M 市支行	银行账户	1001123409013579246
付款方式	□支票 √电汇 □现金 □其他	发票情况	√增票 □普票 □收据 □其他
付款事由	采购产品：劳务派遣		
	采购时间：2023 年 11 月 24 日	联系人及电话：刘天宇 18912345678	
	付款条件：□货到付款 □款到发货		
	货款说明：收到总经理指示，提前向金蝉公司支付劳务合同预付款，合同将于 2024 年年初后补。		

申请人：刘天宇　　复核：李光路　　经办人：李娜　　出纳：刘怡然

付款申请已提交至财务管理中心，审核无误。

第三节　被评价单位 2023 年度内部监督报告

尊敬的海川公司董事会：

　　基于《公司章程》和《海川公司内部审计管理办法》相关规定的要求，内部审计部门就公司 2023 年的内部监督状况进行了了解和检查。经过全面的审查与测试，本报告确认公司的内部监督在报告期内覆盖了公司的重点及高风险领域，日常监督和专项监督均得到有效执行，监督有效。

　　以下内容为销售、采购、工程领域的检查结论摘要。

一　销售领域

　　公司建立了完善的销售流程，包括客户接待、需求了解、合同签订、款项收取等各个环节。销售人员严格遵守销售政策和流程，确保销售活动的合规性和准确性。

公司对销售合同进行严格的审核和管理，确保合同条款的合规性和完整性。同时，公司还建立了合同履行情况的跟踪机制，确保合同按时履行。

公司制定了严格的销售收款政策，并对收款流程进行监控。通过定期与客户对账，确保销售收入的准确性和完整性。

二 采购领域

公司建立了供应商准入机制，对供应商进行严格的评估和选择。同时，公司还定期对供应商进行评估和审核，确保供应商的质量和服务符合公司要求。

公司制定了完善的采购流程，包括需求申请、供应商选择、合同签订、付款等各个环节。采购人员严格按照采购政策和流程执行，确保采购活动的合规性和准确性。

公司建立了完善的物资管理制度，对各类物资进行严格的分类、计量和保管。通过定期盘点和核对，确保各类物资的安全和完整。

三 工程领域

公司建立了完善的工程管理流程，包括项目立项、设计、施工、验收等各个环节。工程管理人员严格按照工程管理政策和流程执行，确保工程项目的质量和进度。

公司制定了严格的成本控制措施，对工程项目的成本进行预算、核算和控制。通过定期的成本分析和调整，确保工程项目的经济效益。

公司建立了质量安全监督体系，对工程项目的质量和安全进行严格的监督和管理。通过定期的质量检查和安全评估，确保工程项目的质量和安全符合相关标准和要求。

四 结论

经过全面的审查与测试，本报告确认海川房地产开发公司在销售、采购、工程等高风险领域的内部控制体系是有效的。公司在这些领域的内部控制体系覆盖了关键控制点，并且得到了有效执行。在报告期内，公司未因内部控制缺陷而导致重大风险事件的发生。公司将继续加强内部控制体系的建设和完善，确保房地产项目的顺利进行和公司的可持续发展。

海川公司内部审计部

2024 年 1 月

第十章 内部控制评价底稿及报告

第一节 关于评价流程与底稿的使用说明

一 评价流程

开展内部控制评价模拟实训时，由于任务较多，资料较繁杂，建议评价流程按照图 10-1 所示的顺序开展。

首先，学生应当了解公司的基本情况和内部控制概况，对风险做出判断，完成组织架构图的绘制和制度汇编以及风险清单的编写。在此基础上，制定评价工作方案用以指导及管理后续的评价工作。在开展具体的评价工作之前，学生应当围绕本次实训选取的采购业务展开具体的业务流程梳理，深入了解被评价单位采购业务的内部控制设计现状，继而形成流程图和风险控制矩阵等成果。在这两部分工作的基础上，学生应当结合实训资料对海川公司开展公司层面的内部控制设计评价与采购业务层面的内部控制设计及运行评价，完成对海川公司内部控制有效性的综合评价。由于模拟实训旨在从零开始培养学生的业务实操能力，实训中的情景设计较为简化，未提供采购业务以外的控制执行资料，针对这类缺少内部控制运行资料的非采购业务领域的控制，建议学生从设计维度评价其有效性。最后，结合所有要素的评价结果，提取海川公司存在的内部控制缺陷，并按照第八章的要求进行分类，完成内部控制评价报告。

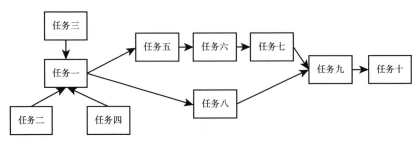

图 10-1　建议的任务完成顺序

二　底稿编制要求

内部控制评价底稿通常包含封面、表头、统计、缺陷认定表、自我评价底稿及测试底稿等部分。各实训小组可以参照上编章节对应的内容设计底稿的样式，难以获取数据的表格内容可酌情删去，指导教师可以给予建议。

其中，底稿和评价表封面部分记录评价单位的信息，根据企业情况如实填写。

表头部分填写企业名称、底稿的编制和复核人员姓名以及编制和复核时间。

自我评价底稿根据内部控制规范五要素的相关内部控制项目分为内部控制环境、风险评估、信息与沟通、内部监督和各项控制活动五部分。

控制活动根据内部控制指引和公司业务特点进行分类，本实训主要针对采购业务，因此只需要制作采购业务的底稿，但在实务中需要评价人如实根据企业自身特点进行设计。

编制人为评价小组成员，复核人为项目组经理，即各实训小组组长。

注意，在内部控制测试过程中，应当对评价证据进行索引、留存。证据索引为测试档案的编号，应明确对应底稿内的项目内容。此外，在任务九要求的缺陷认定表中，还应当列明缺陷整改方案，这部分内容可以由指导老师扮演海川公司相应负责人员进行整改方案确认。缺陷整改措施的内容请参考第八章的具体任务描述。

第二节 内部控制评价文档结构

随着各项实训任务的完成，学生会制作较多类型的文档。这些文档并非独立分散的资料，部分文档的完成质量会直接影响后续任务的开展。

例如，实训小组在编制评价工作方案时，应当将公司组织架构、现有制度、风险等作为评价范围、评价方法等内容的影响因素加以考虑；评价工作方案对后续实施阶段的工作具有引领性的作用；具体业务的流程图和风险控制矩阵梳理均有助于评价者理解业务及控制的具体现状，并设计相应的评价底稿；评价底稿又可以是评价表的主要信息来源；汇总并分析所有要素评价表中的缺陷，形成缺陷汇总表；评价表和缺陷汇总表的编制又能够为最终内部控制评价报告的编制奠定坚实的基础。

各项实训任务的执行，可参考图 10-2 所示的流程。

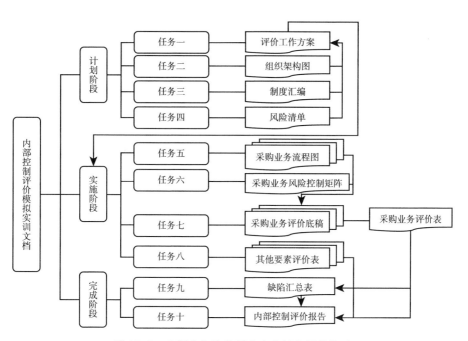

图 10-2 实训中各阶段所产生文档之间的关系

第三节 内部控制评价报告模板

基于财政部会计司对《评价指引》的解读，提供以下模板供参考。

××股份有限公司 20××年度内部控制评价报告

××股份有限公司全体股东：

根据《企业内部控制基本规范》等法律法规的要求，我们对本公司（以下简称"公司"）内部控制的有效性进行了自我评价。

一、董事会声明

公司董事会及全体董事保证本报告内容不存在任何虚假记载、误导性陈述或重大遗漏，并对报告内容的真实性、准确性和完整性承担个别及连带责任。

建立健全并有效实施内部控制是公司董事会的责任；监事会对董事会建立与实施内部控制进行监督；经理层负责组织领导公司内部控制的日常运行。

公司内部控制的目标是……（一般包括合理保证经营合法合规、资产安全、财务报告及相关信息真实完整，提高经营效率和效果，促进实现发展战略目标）。由于内部控制存在固有局限性，故仅能对达到上述目标提供合理保证。

二、内部控制评价工作的总体情况

公司董事会授权内部审计机构（或其他专门机构）负责内部控制评价的具体组织实施工作，对纳入评价范围的高风险领域和单位进行评价（描述评价工作的组织领导体制，一般包括评价工作组织结构图、主要负责人及汇报途径等）。

公司（是/否）聘请了专业机构（中介机构名称）实施内部控制评价，并编制内部控制评价报告；公司（是/否）聘请会计师事务所（会计师事务所名称）对公司内部控制有效性进行独立审计。

三、内部控制评价的依据

本评价报告旨在根据中华人民共和国财政部等五部委联合发布的《企

业内部控制基本规范》（以下简称"基本规范"）及《企业内部控制评价指引》（以下简称"评价指引"）的要求，结合企业内部控制制度和评价办法，在内部控制日常监督和专项监督的基础上，对公司截至20××年12月31日内部控制的设计与运行的有效性进行评价。

四、内部控制评价的范围

内部控制评价的范围涵盖了公司及其所属单位的各种业务和事项，重点关注下列高风险领域：

（列示公司根据风险评估结果确定的前十大主要风险）

纳入评价范围的单位包括：

（描述公司及其所属单位的明确范围）

纳入评价范围的业务和事项包括（根据实际情况充实调整）：

（一）组织架构

（二）发展战略

（三）人力资源

（四）社会责任

（五）企业文化

（六）资金活动

（七）采购业务

（八）资产管理

（九）销售业务

（十）研究与开发

（十一）工程项目

（十二）担保业务

（十三）业务外包

（十四）财务报告

（十五）全面预算

（十六）合同管理

（十七）内部信息传递

（十八）信息系统

上述业务和事项的内部控制涵盖了公司经营管理的主要方面，不存在重大遗漏。

（如存在重大遗漏）公司本年度未能对以下构成内部控制重要方面的单位或业务（事项）进行内部控制评价：

［逐条说明未纳入评价范围的重要单位或业务（事项），包括单位或业务（事项）描述、未纳入的原因、对内部控制评价报告真实完整性产生的重大影响等］。

五、内部控制评价的程序和方法

内部控制评价工作严格遵循基本规范、评价指引及公司内部控制评价办法规定的程序执行（描述公司开展内部控制检查评价工作的基本流程）。

评价过程中，我们采用了（个别访谈、调查问题、专题讨论、穿行测试、实地查验、抽样和比较分析）等适当方法，广泛收集公司内部控制设计和运行是否有效的证据，如实填写评价工作底稿，分析、识别内部控制缺陷（说明评价方法的适当性及证据的充分性）。

六、内部控制缺陷及其认定

公司董事会根据基本规范、评价指引对重大缺陷、重要缺陷和一般缺陷的认定要求，结合公司规模、行业特征、风险水平等因素，研究确定了适用本公司的内部控制缺陷具体认定标准，并与以前年度保持了一致（描述公司内部控制缺陷的定性及定量标准），或做出了调整（描述具体调整标准及原因）。

根据上述认定标准，结合日常监督和专项监督情况，我们发现报告期内存在（数量）个缺陷，其中重大缺陷（数量）个，重要缺陷（数量）个。重大缺陷分别为……（对重大缺陷进行描述，并说明其对实现相关控制目标的影响程度）。

七、内部控制缺陷的整改情况

针对报告期内发现的内部控制缺陷（含上一期间未完成整改的内部控制缺陷），公司采取了相应的整改措施（描述整改措施的具体内容和实际效果）。对于整改完成的重大缺陷，公司有足够的测试样本显示，与重大缺陷（描述该重大缺陷）相关的内部控制设计且运行有效（运行有效的结论需提供 90 天内有效运行的证据）。

经过整改，公司在报告期末仍存在（数量）个缺陷，其中重大缺陷

（数量）个，重要缺陷（数量）个。重大缺陷分别为：（对重大缺陷进行描述）。

针对报告期末未完成整改的重大缺陷，公司拟进一步采取相应措施加以整改（描述整改措施的具体内容及预期达到的效果）。

八、内部控制有效性的结论

公司已经根据基本规范、评价指引及其他相关法律法规的要求，对公司截至20××年12月31日的内部控制设计与运行的有效性进行了自我评价。

（存在重大缺陷的情形）报告期内，公司在内部控制设计与运行方面存在尚未完成整改的重大缺陷（描述该缺陷的性质及其对实现相关控制目标的影响程度）。由于存在上述缺陷，可能会给公司未来生产经营带来相关风险（描述该风险）。

（不存在重大缺陷的情形）报告期内，公司对纳入评价范围的业务与事项均已建立了内部控制，并得以有效执行，达到了公司内部控制的目标，不存在重大缺陷。

自内部控制评价报告基准日至内部控制评价报告发出日之间（是/否）发生对评价结论产生实质性影响的内部控制的重大变化（如存在，描述该事项对评价结论的影响及董事会拟采取的应对措施）。

我们注意到，内部控制应当与公司经营规模、业务范围、竞争状况和风险水平等相适应，并随着情况的变化及时加以调整（简要描述下一年度内部控制工作计划）。未来期间，公司将继续完善内部控制制度，规范内部控制制度执行，强化内部控制监督检查，促进公司健康、可持续发展。

董事长：（签名）

××股份有限公司

20××年××月××日

资料来源：《切实做好内部控制评价　不断实现内部控制自我提升——财政部会计司解读〈企业内部控制评价指引〉》，财政部会计司官网，https：//kjs.mof.gov.cn/zhengcejiedu/202304/t20230425_3881021.htm。

附录：二维码资料信息来源

章	序号	标题	资料来源
第一章	1-1	河南新野 2023 年内部控制审计报告	《*ST 新纺：内部控制审计报告（2023 年度）》，巨潮资讯网，http://www.cninfo.com.cn/new/disclosure/detail？orgId＝9900001421&announcementId＝1219927154&announcementTime＝2024-04-30
第一章	1-2	最高人民检察机关《涉案企业合规典型案例（第四批）》	《检察机关依法保护民营企业产权和企业家权益典型案例》，最高人民检察院官网，https://www.spp.gov.cn/zdgz/202307/t20230731_623592.shtml
第一章	1-3	中央企业合规管理办法	《中央企业合规管理办法》，国务院国资委官网，http://www.sasac.gov.cn/n2588035/c26018430/content.html
第一章	1-4	中国建材集团落实中央生态环境保护督察反馈意见整改情况报告	《中国建材集团落实中央生态环境保护督察反馈意见整改情况报告》，国务院国资委官网，http://www.sasac.gov.cn/n2588020/n2588072/n23746822/n23746853/c25413806/part/25435423.pdf
第一章	1-5	企业内部控制基本规范	《财政部 证监会 审计署 银监会 保监会关于印发〈企业内部控制基本规范〉的通知》，财政部会计司官网，https://kjs.mof.gov.cn/zhengcefabu/200807/t20080704_55982.htm
第一章	1-6	企业内部控制应用指引	《关于印发企业内部控制配套指引的通知》，财政部会计司官网，https://kjs.mof.gov.cn/zhengcefabu/201005/P020230421440664863663.pdf

章	序号	标题	资料来源
第一章	1-7	企业内部控制评价指引	《关于印发企业内部控制配套指引的通知》，财政部会计司官网，https://kjs.mof.gov.cn/zhengcefabu/201005/P020230421440665077950.pdf
第一章	1-8	企业内部控制审计指引	《关于印发企业内部控制配套指引的通知》，财政部会计司官网，https://kjs.mof.gov.cn/zhengcefabu/201005/P020230421440665264815.pdf
第一章	1-9	财政部：关于印发企业内部控制规范体系实施中相关问题解释第1号的通知	《财政部关于印发企业内部控制规范体系实施中相关问题解释第1号的通知》，财政部官网，https://www.mof.gov.cn/gkml/caizhengwengao/2012wg/wg201204/201207/t20120711_665500.htm
第一章	1-10	财政部：关于印发企业内部控制规范体系实施中相关问题解释第2号的通知	《财政部关于印发企业内部控制规范体系实施中相关问题解释第2号的通知》，财政部官网，https://www.mof.gov.cn/gkml/caizhengwengao/2012wg/wg201211/201302/t20130204_732022.htm
第一章	1-11	电力行业内部控制操作指南	《关于印发〈电力行业内部控制操作指南〉的通知》，财政部会计司官网，https://kjs.mof.gov.cn/zhengcefabu/201501/P020240125334923609855.pdf
第一章	1-12	湘邮科技内部控制应用手册（2020版）	《湘邮科技：内部控制应用手册（2020版）》，巨潮资讯网，http://www.cninfo.com.cn/new/disclosure/detail?orgId=gssh0600476&announcementId=1208235659&announcementTime=2020-08-25
第一章	1-13	獐子岛：关于收到中国证券监督管理委员会行政处罚及市场禁入事先告知书的公告	《獐子岛：关于收到中国证券监督管理委员会行政处罚及市场禁入事先告知书的公告》，巨潮资讯网，http://www.cninfo.com.cn/new/disclosure/detail?orgId=9900000781&announcementId=1206438768&announcementTime=2019-07-11
第二章	2-1	中公教育：2023年内部控制评价报告	《中公教育：2023年内部控制评价报告》，巨潮资讯网，http://www.cninfo.com.cn/new/disclosure/detail?orgId=9900021221&announcementId=1219926649&announcementTime=2024-04-30

续表

章	序号	标题	资料来源
第二章	2-2	永兴股份内部控制评价制度	《永兴股份：内部控制评价制度》，巨潮资讯网，http://www.cninfo.com.cn/new/disclosure/detail? orgId＝9900056832&announcementId＝1219916710&announcementTime＝2024-04-30
第二章	2-3	COSO：实现对可持续发展报告的有效内部控制（ICSR）	《实现对可持续发展报告的有效内部控制（ICSR）：通过COSO〈内部控制——整合框架〉建立信任与信心》，COSO官网，https://www.coso.org/_files/ugd/719ba0_445b1851cd694547883efa947c46d63b.pdf
第二章	2-4	海格通信：全面风险管理制度2023版	《海格通信：全面风险管理制度（2023版）》，巨潮资讯网，http://www.cninfo.com.cn/new/disclosure/detail? orgId＝9900014188&announcementId＝1218536050&announcementTime＝2023-12-07
第二章	2-5	管理会计应用指引第503号——情景分析	《管理会计应用指引第503号——情景分析》，财政部会计司官网，https://kjs.mof.gov.cn/zhengcefabu/201808/P020180828399304094266.pdf
第二章	2-6	管理会计应用指引第402号——敏感性分析	《管理会计应用指引第402号——敏感性分析》，财政部会计司官网，https://kjs.mof.gov.cn/zhengcefabu/201710/P020171019290297338815.pdf
第二章	2-7	广西绿城水务股份有限公司内部控制制度——存货	《绿城水务：广西绿城水务股份有限公司内部控制制度——存货》，巨潮资讯网，http://www.cninfo.com.cn/new/disclosure/detail? orgId＝9900023964&announcementId＝1217346914&announcementTime＝2023-07-21
第二章	2-8	厦门港务发展股份有限公司全面预算管理制度（修订稿）	《厦门港务：厦门港务发展股份有限公司全面预算管理制度（修订稿）》，巨潮资讯网，http://www.cninfo.com.cn/new/disclosure/detail? orgId＝gssz0000905&announcementId＝1219463531&announcementTime＝2024-03-30
第二章	2-9	富泰科技信息披露管理制度	《富泰科技：信息披露管理制度》，巨潮资讯网，http://www.cninfo.com.cn/new/disclosure/detail? orgId＝gfbj0872354&announcementId＝1220194915&announcementTime＝2024-05-29

章	序号	标题	资料来源
第二章	2-10	杭齿前进内控制度——《信息系统》	《杭齿前进：内控制度——〈信息系统〉》，巨潮资讯网，http://www.cninfo.com.cn/new/disclosure/detail？orgId＝9900014907&announcementId＝1204600236&announcementTime＝2018-04-11
第二章	2-11	腾讯阳光准则	《腾讯：阳光准则》，腾讯官网，https://www.tencent.com/zh-cn/integrity-policy.html
第二章	2-12	三钢闽光：内部控制检查监督制度（2023年修订）	《三钢闽光：内部控制检查监督制度（2023年修订）》，巨潮资讯网，http://www.cninfo.com.cn/new/disclosure/detail？orgId＝9900002010&announcementId＝1217418843&announcementTime＝2023-07-29
第二章	2-13	广联达内控合规制度汇编	《广联达：内控合规制度汇编》，巨潮资讯网，http://www.cninfo.com.cn/new/disclosure/detail？orgId＝9900012609&announcementId＝1209810722&announcementTime＝2021-04-27
第二章	2-14	东方明珠制度流程管理制度	《东方明珠：东方明珠制度流程管理制度》，巨潮资讯网，http://www.cninfo.com.cn/new/disclosure/detail？orgId＝gssh0600637&announcementId＝1212319652&announcementTime＝2022-02-08
第二章	2-15	中国移动：2022年年度报告	《中国移动：2022年年度报告》，巨潮资讯网，http://www.cninfo.com.cn/new/disclosure/detail？plate＝sse&orgId＝gshk0000941&stockCode＝600941&announcementId＝1216200838&announcementTime＝2023-03-24
第三章	3-1	中信出版董事会议事规则	《中信出版：董事会议事规则》，巨潮资讯网，http://www.cninfo.com.cn/new/disclosure/detail？orgId＝gfbj0834291&announcementId＝1220223770&announcementTime＝2024-06-01
第三章	3-2	诚通证券股份有限公司关于青岛鑫光正钢结构股份有限公司2022年度公司治理专项自查及规范活动的专项核查报告	《鑫光正：诚通证券股份有限公司关于青岛鑫光正钢结构股份有限公司2022年度公司治理专项自查及规范活动的专项核查报告》，巨潮资讯网，http://www.cninfo.com.cn/new/disclosure/detail？orgId＝gfbj0834422&announcementId＝1216531353&announcementTime＝2023-04-21

续表

章	序号	标题	资料来源
第三章	3-3	韵达股份控股子公司管理制度	《韵达股份：控股子公司管理制度》，巨潮资讯网，http：//www.cninfo.com.cn/new/disclosure/detail？orgId＝9900002261&announcementId＝1219330744&announcementTime＝2024-03-19
第三章	3-4	广西能源股份有限公司贯彻落实"三重一大"决策制度实施办法（2024年3月修订）	《广西能源：广西能源股份有限公司贯彻落实"三重一大"决策制度实施办法（2024年3月修订）》，巨潮资讯网，http：//www.cninfo.com.cn/new/disclosure/detail？orgId＝gssh0600310&announcementId＝1219426876&announcementTime＝2024-03-28
第四章	4-1	中华人民共和国招标投标法	《中华人民共和国招标投标法》，中国人大网，http：//www.npc.gov.cn/zgrdw/npc/xinwen/2018-01/04/content_2036284.htm
第四章	4-2	中华人民共和国合同法	《中华人民共和国合同法》，中国人大网，http：//www.npc.gov.cn/zgrdw/npc/lfzt/rlyw/2016-07/01/content_1992739.htm？eqid＝a8d683c7001b077d000000026476aa06
第五章	5-1	常青科技未来三年（2024—2026）业务发展目标和经营规划	《常青科技：常青科技未来三年（2024——2026）业务发展目标和经营规划》，巨潮资讯网，http：//www.cninfo.com.cn/new/disclosure/detail？orgId＝9900048108&announcementId＝1219493565&announcementTime＝2024-04-02
第五章	5-2	管理会计应用指引第702号——风险清单	《管理会计应用指引第702号——风险清单》，财政部办公厅官网，https：//bgt.mof.gov.cn/zhuantilanmu/rdwyh/czyw/201812/P02018122866565492966634.pdf
第五章	5-3	黔源电力内控合规风险管理实施办法	《黔源电力：内控合规风险管理实施办法》，巨潮资讯网，http：//www.cninfo.com.cn/new/disclosure/detail？orgId＝gssz0002039&announcementId＝1217617744&announcementTime＝2023-08-24
第五章	5-4	管理会计应用指引第701号——风险矩阵	《管理会计应用指引第701号——风险矩阵》，中央人民政府网，https：//www.gov.cn/zhengce/zhengceku/2018-12/31/5440875/files/715d91c76dc84e349b2f4ee0048a1070.pdf

续表

章	序号	标题	资料来源
第五章	5-5	中央纪委国家监委：记者观察|严惩严治"侵占"行为	《记者观察|严惩严治"侵占"行为》，中央纪委国家监委网，https://www.ccdi.gov.cn/toutiao/202403/t20240321_335891_m.html
第六章	6-1	ST康美药业股份有限公司关于收到中国证券监督管理委员会《行政处罚及市场禁入事先告知书》的公告	《ST康美：关于收到中国证券监督管理委员会〈行政处罚及市场禁入事先告知书〉的公告》，巨潮资讯网，http://www.cninfo.com.cn/new/disclosure/detail? orgId=gssh0600518&announcementId=1206541471&announcementTime=2019-08-17
第六章	6-2	海康威视授权管理制度（2024年4月）	《海康威视：授权管理制度（2024年4月）》，巨潮资讯网，http://www.cninfo.com.cn/new/disclosure/detail? orgId=9900012688&announcementId=1219703077&announcementTime=2024-04-20
第六章	6-3	国光股份：无形资产管理制度	《国光股份：无形资产管理制度》，巨潮资讯网，http://www.cninfo.com.cn/new/disclosure/detail? orgId=9900023788&announcementId=1218637196&announcementTime=2023-12-16
第六章	6-4	中国证券监督管理委员会广东监管局行政处罚决定书〔2021〕21号	《中国证券监督管理委员会广东监管局行政处罚决定书〔2021〕21号》，证监会官网，http://www.csrc.gov.cn/guangdong/c104558/c1661944/content.shtml
第六章	6-5	海南发展：全面预算管理办法	《海南发展：全面预算管理办法》，巨潮资讯网，http://www.cninfo.com.cn/new/disclosure/detail? orgId=9900003444&announcementId=1219667930&announcementTime=2024-04-19
第六章	6-6	前瞻产业研究院2024年中国活性炭行业经营效益分析	《2024年中国活性炭行业经营效益分析》，前瞻网，https://xw.qianzhan.com/analyst/detail/220/240604-fe5365fd.html
第六章	6-7	江南水务：江南水务董事、监事、高级管理人员薪酬及绩效考核管理制度	《江南水务：江南水务董事、监事、高级管理人员薪酬及绩效考核管理制度》，巨潮资讯网，http://www.cninfo.com.cn/new/disclosure/detail? orgId=9900018832&announcementId=1220063644&announcementTime=2024-05-16

章	序号	标题	资料来源
第六章	6-8	云南:构建权责明确透明高效监管机制	《云南:构建权责明确透明高效监管机制》,中央人民政府网,https://www.gov.cn/xinwen/2016-07/25/content_5094375.htm
第六章	6-9	财政部 证监会关于进一步提升上市公司财务报告内部控制有效性的通知	《财政部 证监会关于进一步提升上市公司财务报告内部控制有效性的通知》,财政部官网,https://www.mof.gov.cn/gkml/caizhengwengao/wg2022/wg202205/202207/t20220729_383096 7.htm
第六章	6-10	财政部关于全面推进行政事业单位内部控制建设的指导意见	《财政部关于全面推进行政事业单位内部控制建设的指导意见》,财政部官网,https://www.mof.gov.cn/gkml/caizhengwengao/wg2016/wg201602/201606/t20160601_2116322.htm
第六章	6-11	山东出台安全生产风险管控办法,建立分级管控制度	《山东出台安全生产风险管控办法,建立分级管控制度》,山东省人民政府网,http://www.shandong.gov.cn/art/2020/1/6/art_116787_33 7930.html
第七章	7-1	监督执纪的"四种形态"	《监督执纪的"四种形态"》,共产党员网,https://www.12371.cn/2019/10/06/VIDE1570 293723403609.shtml
第七章	7-2	深圳市菲菱科思通信技术股份有限公司离任审计管理制度	《菲菱科思:深圳市菲菱科思通信技术股份有限公司离任审计管理制度》,巨潮资讯网,http://www.cninfo.com.cn/new/disclosure/detail?orgId=9900036056&announcementId=1217618229&announcementTime=2023-08-24
第七章	7-3	切实做好内部控制评价 不断实现内部控制自我提升——财政部会计司解读《企业内部控制评价指引》	《切实做好内部控制评价 不断实现内部控制自我提升——财政部会计司解读〈企业内部控制评价指引〉》;财政部会计司官网,https://kjs.mof.gov.cn/zhengcejiedu/202304/t20230425_3881021.htm
第七章	7-4	证通电子2023年度内部控制自评价报告	《证通电子:内部控制自我评价报告》,巨潮资讯网,http://www.cninfo.com.cn/new/disclosure/detail?orgId=9900003915&announcementId=1219915261&announcementTime=2024-04-30

续表

章	序号	标题	资料来源
第七章	7-5	民生证券股份有限公司关于浙江维康药业股份有限公司2023年度内部控制自我评价报告的核查意见	《维康药业:民生证券股份有限公司关于浙江维康药业股份有限公司2023年度内部控制自我评价报告的核查意见》,巨潮资讯网,http://www.cninfo.com.cn/new/disclosure/detail? orgId=9900033229&announcementId=1220053275&announcementTime=2024-05-14%2020:28
第七章	7-6	中信证券股份有限公司关于徐工集团工程机械股份有限公司2023年度内部控制自我评价报告的核查意见	《徐工机械:中信证券股份有限公司关于徐工集团工程机械股份有限公司2023年度内部控制自我评价报告的核查意见》,巨潮资讯网,http://www.cninfo.com.cn/new/disclosure/detail? orgId=gssz0000425&announcementId=1219914133&announcementTime=2024-04-30
第七章	7-7	2022年证监稽查20起典型违法案例	《2022年证监稽查20起典型违法案例》,证监会官网,http://www.csrc.gov.cn/csrc/c100028/c7397653/content.shtml
第七章	7-8	比亚迪2023年度内部控制自我评价报告	《比亚迪:内部控制自我评价报告(2023年度)》,巨潮资讯网,http://www.cninfo.com.cn/new/disclosure/detail? orgId=gshk0001211&announcementId=1219412056&announcementTime=2024-03-27
第七章	7-9	2021年证监稽查20起典型违法案例	《2021年证监稽查20起典型违法案例》,证监会官网,http://www.csrc.gov.cn/csrc/c100028/c2265190/content.shtml
第七章	7-10	习近平:在中央和国家机关党的建设工作会议上的讲话	《习近平:在中央和国家机关党的建设工作会议上的讲话》,中国政府法制信息网,https://www.moj.gov.cn/pub/sfbgw/gwxw/ttxg/201911/t20191101_168241.html
第七章	7-11	《中国注册会计师审计准则第1314号——审计抽样》应用指南	《〈中国注册会计师审计准则第1314号——审计抽样〉应用指南》,中国注册会计师协会官网,http://cicpa.org.cn/xxfb/tzgg/202304/W020230410260829928436.pdf
第七章	7-12	第2108号内部审计具体准则——审计抽样	《第2108号内部审计具体准则——审计抽样》,中国内部审计协会官网,https://www.ciia.com.cn/cndetail.html? id=52084

续表

章	序号	标题	资料来源
第七章	7-13	2020 年证监稽查 20 起典型违法案例	《2020 年证监稽查 20 起典型违法案例》，证监会官网，http://www.csrc.gov.cn/csrc/c100200/c05c3c60224614884871d98cf84f9f39b/content.shtml
第七章	7-14	第 1101 号——内部审计基本准则	《第 1101 号——内部审计基本准则》，中国内部审计协会官网，https://www.ciia.com.cn/ueditor/jsp/upload/file/20230613/1686641887484021320.pdf

图书在版编目（CIP）数据

内部控制：理论、工具与实训 / 吕垚主编；李洋
副主编 . -- 北京：社会科学文献出版社，2024.9.
ISBN 978-7-5228-4101-4

Ⅰ. F272.3

中国国家版本馆 CIP 数据核字第 2024AJ0779 号

内部控制：理论、工具与实训

主　　编／吕　垚
副 主 编／李　洋

出 版 人／冀祥德
组稿编辑／高　雁
责任编辑／颜林柯
责任印制／王京美

出　　版／社会科学文献出版社·经济与管理分社（010）59367226
　　　　　　地址：北京市北三环中路甲 29 号院华龙大厦　邮编：100029
　　　　　　网址：www.ssap.com.cn
发　　行／社会科学文献出版社（010）59367028
印　　装／三河市龙林印务有限公司

规　　格／开　本：787mm×1092mm　1/16
　　　　　　印　张：20.75　字　数：326 千字
版　　次／2024 年 9 月第 1 版　2024 年 9 月第 1 次印刷
书　　号／ISBN 978-7-5228-4101-4
定　　价／69.00 元